全国革命老区县发展史丛书——河南商丘市卷

宁陵县革命老区发展史

宁陵县革命老区建设促进会 编

郑州大学出版社

图书在版编目(CIP)数据

宁陵县革命老区发展史 / 宁陵县革命老区建设促进会编. — 郑州 : 郑州大学出版社, 2023. 2

ISBN 978-7-5645-9391-9

Ⅰ. ①宁… Ⅱ. ①宁… Ⅲ. ①宁陵县 - 地方史 Ⅳ. ①K296. 14

中国国家版本馆 CIP 数据核字(2023)第 021251 号

宁陵县革命老区发展史

NINGLING XIAN GEMING LAOQU FAZHAN SHI

策划编辑	吴 昕 胥丽光	封面设计	苏永生
责任编辑	寇小艳	版式设计	苏永生
责任校对	魏 彬	责任监制	李瑞卿
出版发行	郑州大学出版社	地 址	郑州市大学路 40 号(450052)
出 版 人	孙保营	网 址	http://www. zzup. cn
经 销	全国新华书店	发行电话	0371-66966070
印 刷	河南文华印务有限公司		
开 本	710 mm×1 010 mm 1 / 16		
印 张	19	字 数	284 千字
版 次	2023 年 2 月第 1 版	印 次	2023 年 2 月第 1 次印刷
书 号	ISBN 978-7-5645-9391-9	定 价	86. 00 元

本书如有印装质量问题,请与本社联系调换。

《宁陵县革命老区发展史》
编 委 会

总 序

在举国欢庆新中国成立 70 周年前夕，中国老区建设促进会王健会长请我为“全国革命老区县发展史”丛书作序。作为一名在老区战斗过并得到老区人民生死相助的老兵，回首往事，心潮澎湃，感慨万千，深感义不容辞，欣然应允。

中国革命老区，是以毛泽东为主要代表的中国共产党人在领导人民推翻帝国主义、封建主义和官僚资本主义三座大山，争取民族独立和人民解放伟大斗争中建立的革命根据地。在这片红色的土地上，诞生了无数可歌可泣的革命英雄儿女，为后人树起了一座不朽的丰碑。她是新中国的摇篮，是党和军队的根。

在艰苦卓绝的战争年代，老区人民把自己的命运与中华民族的命运紧紧地联系在一起，与中国共产党和人民军队的命运紧紧地联系在一起，他们生死相依，患难与共。我曾亲历过战争年代，并得到过老区红哥红嫂的救助，切身感受到发生在身边的一幕幕撼天动地的革命故事，在那极其艰难的条件下，老区人民倾其所有、破家支前，不怕艰难困苦，不怕流血牺牲。“最后一碗米送去做军粮，最后一尺布送去做军装，最后一件老棉袄盖在担架上，最后一个亲骨肉送去上战场”，这是当时伟大的老区人民为建立新中国做出巨大牺牲的真实写照，它将永远镌刻在中国共产党、中国人民解放军、中华人民共和国的历史丰碑上。他们的光辉业绩永载史册，他们的革命精神必将影响一代又一代的革命新人，造就一代又一代的民族脊梁。

在社会主义革命和建设时期，革命老区和老区人民响应党的号召，面对落后的面貌、脆弱的经济、恶劣的生态环境，他们本色不变，精神不丢，自力更生，艰苦奋斗，干一行爱一行。他们始终坚持“革命理想高于天”，自觉做共产主义远大理想的坚定信仰者和忠实实践者，勇于向恶劣的自然环境和贫穷落后宣战，在各条战线上为国建功立业，用平凡的双手创造了一个又一个不平凡的奇迹，彰显了老区人的崇高精神和人格力量。

在改革开放的伟大进程中，老区人民解放思想，勇于创新，发奋图强，攻坚克难，老区的经济社会建设取得了辉煌成就。特别是在改变中国的面貌、中华民族的面貌、中国人民的面貌、中国共产党的面貌的伟大实践中发挥了至关重要的作用。老区人民既是改革开放的参与者，也是改革开放的推动者。

艰苦练意志，危难见精神。老区人民在近百年的革命战争、社会主义建设和改革开放的伟大实践中，孕育形成伟大的老区精神：爱党信党、坚定不移的理想信念；舍生忘死、无私奉献的博大胸怀；不屈不挠、敢于胜利的英雄气概；自强不息、艰苦奋斗的顽强斗志；求真务实、开拓创新的科学态度；鱼水情深、生死相依的光荣传统。这是党和人民宝贵的精神财富、丰厚的政治资源，是凝心聚力、振奋民族精神的重要法宝，也是社会主义核心价值观的重要内容。

中国老区建设促进会怀着强烈的政治责任感和历史使命感，组织全国各地老促会人员克服困难，尽心竭力编纂“全国革命老区县发展史”丛书，记录老区的光辉历史和辉煌成就，传承红色基因，弘扬老区精神，是功在当代、利于千秋的一件大事。手捧这部丛书的部分书稿，读着书中的故事，倍感亲切，深感这部丛书具有资政、育人、存史的社会功能，有着重要的时代和历史价值。它是不忘初心、牢记使命的源头活水，是赞颂共产党、讴歌老区人民的一部精品力作，是弘扬老区精神、传承红色记忆的丰厚载体，是一项继承优秀传统文化、弘扬革命文化、发展社会主义先进文化，坚定“四个自信”的宏大文化工程。它必将成为一种文化品牌，为各界人士了解老区、宣传老区、支持老区提供一部有价值的研究史料。希望读者朋友们能从中了解并牢记这些为党和民族的利益不断奉献的老区人民，从中得到教益，汲取人生奋斗的精神动力。

新时代赋予新使命，新起点开启新征程。让我们更加紧密地团结在以习近平同志为核心的党中央周围，坚持以习近平新时代中国特色社会主义思想为指导，增强“四个意识”，坚定“四个自信”，做到“两个维护”，弘扬老区精神，铭记苦难辉煌。为实现“两个一百年”奋斗目标，实现中华民族伟大复兴的中国梦作出新的更大的贡献！

迟浩田

2019 年 4 月 11 日

编写说明

2017 年 6 月，中国老区建设促进会组织全国各地老促会启动编纂“全国革命老区县发展史”丛书，按照“建立中国共产党、成立中华人民共和国、推进改革开放和中国特色社会主义事业”三大里程碑的历史脉络，系统书写革命老区百年历史，深入挖掘革命老区红色文化资源，这对充实丰富中国革命史籍宝库，在新时代传承红色基因、弘扬革命精神、强固根本；对激励人们在新的历史条件下夺取中国特色社会主义伟大胜利，实现中华民族伟大复兴的中国梦具有重要意义。

丛书编纂以习近平新时代中国特色社会主义思想为指导，以《中国共产党历史》《中国共产党的九十年》等重要文献为基本依据，以党的领导为核心，以老区人民为主体，以老区发展为主线，体现历史进程特征，突出时代发展特色，坚持辩证唯物主义和历史唯物主义相统一、历史真实性与内容可读性相统一的原则，书写革命老区从站起来、富起来到强起来的光辉革命史、不懈奋斗史、辉煌成就史，把老区人民的伟大贡献、伟大创造、伟大成就、伟大精神充分展示出来，形成一部具有厚重历史特征和鲜明时代特色的精品力作。这是一部培根铸魂、守正创新，既为历史立言，又为时代服务，字里行间流淌着红色血脉、催生着革命激情的传世之作。丛书的编纂出版将成为讴歌党、讴歌人民、讴歌时代、传播红色文化、为革命老区和老区人民树碑立传的重要载体。

丛书按照编年体与纪事本末体相结合、以编年体为主的编写体例确定框架结构；运用时经事纬、点面结合的方式记述史实；坚持人事结合、以事带人的原则处理人与事的关系；采取夹叙夹议、叙论结合、以叙为主的方法展开，做到了史料与史论、历史与现实、政治与学术统一，文献性、学术性、知识性相兼容。

为编纂好“全国革命老区县发展史”丛书，打造红色文化品牌，中国老区建设促进会认真组织积极协调，提出政治立场鲜明、史料真实准确、思想论述深刻、历史维度厚重、时代特色突出、编写体例规范、篇目布局合理、审读把关严格、出版制作精良的编纂出版总要求，力求达到革命史籍精品的精神高度、思想深度、知识广度、语言力度，增强丛书的权威性和社会影响力。各省（区、市）、市（州、盟）、县（市、区、旗）老促会的同志，以强烈的使命感、责任感和紧迫感，勇于担当，积极作为，认真实施，组织由老促会成员、专家学者等参加的十余万人编纂队伍。编纂工作主体责任在县，省、市组织协调、有力指导、审读把关。各方面人员以高度负责的精神和科学严谨的态度，满腔热情地投入工作，为丛书编纂出版做出了重要贡献。丛书编纂工作还得到了党和国家有关部委、地方各级党委政府及有关部门的大力支持和积极参与，社会各界也给予了热情帮助。中共中央政治局原委员、中央军委原副主席、原国务委员兼国防部部长迟浩田上将，对老区人民怀有深厚感情，对革命老区建设发展十分关注，欣然为“全国革命老区县发展史”丛书作总序。

丛书由总册和1599部分册（每个革命老区县编纂1部分册）组成，共1600册。鉴于丛书所记述的史实内容多、时间跨度长和编纂时间紧，不妥之处，敬请批评指正。

中国老区建设促进会

2019年5月14日

不忘历史　牢记初心
为实现宁陵高质量跨越式发展而努力奋斗
（代序）

为认真贯彻落实习近平总书记2021年2月20日党史学习教育动员大会上的重要讲话精神，教育引导全县党员干部不忘历史、牢记初心、践行使命，根据中国老区建设促进会的统一部署，宁陵县革命老区建设促进会组织编写《宁陵县革命老区发展史》一书。该书对于我们铭记历史，缅怀先烈，珍爱和平，进一步弘扬爱国主义和民族精神，加快建设富裕、开放、魅力、生态、平安新宁陵，具有非常重要的历史意义和现实意义。

回顾过往，宁陵地区也是一块红色的热土。自大革命开始，不甘被压迫剥削的宁陵人民，积极投身于轰轰烈烈的革命斗争。全民族抗日战争全面爆发后，宁陵大地抗日救亡运动风起云涌，积极抵抗日本帝国主义的侵略。全国解放战争时期，宁陵县及周边地区是豫皖苏解放区的重要组成，为赢得全国解放战争的胜利，数以万计的宁陵人民，抛家弃舍，加入支前大军，运送物资，抢救伤员，送子送郎，参军参战，节衣缩食，捐资捐物，为中国革命的解放事业作出了重大贡献。

新中国成立以后，宁陵人民始终坚定中国共产党的领导，紧跟党中央的步伐不动摇，在各个重要发展阶段都充分展示了宁陵人民的奉献精神。宁陵人民顾全大局，同心同德，艰苦创业，在政治、经济、社会、文化等诸多方面都创造了辉煌成就。改革开放以后，经过全县上下几十年的励精图治，接力创业，砥砺奋进，宁陵县革命老区发展实现了沧桑巨变。特别是进入新时代，宁陵县委、县政府以习近平新时代中国特色社会主义思想为指导，深入学习贯彻习近平总书记视察河南工作的重要讲话和指示批示精神，统筹推进“五位一体”总体布局，协调推进“四个全面”战略布局，坚定不移贯彻新发展理念，坚持稳中求进工作总基调，深入落实“四个着力”，持续打好“四张牌”，全面建成小康社会。现代化建设迈出新步伐，综合实力显著提升，顺利实现脱贫摘帽。生态建设成绩斐然，城乡建设步伐加快，社会事业全面发展，党的建设成果丰硕，古老的宁陵大地旧貌变新颜。

回顾历史，我们意志更坚。在第一次和第二次国内革命战争时期，宁陵走出众多革命先驱血洒在推翻三座大山的前进道路上。全民族抗日战争时期，英勇的宁陵人民同仇敌忾、浴血奋战，积极配合主力部队与日军、日伪军进行了艰苦卓绝的战斗，宁陵革命老区的抗战历史是中华民族抗击日寇的缩影。在全国解放战争时期，宁陵人民全力以赴、倾家荡产支援革命战争，涌现出许许多多不惜抛头颅、洒热血的革命志士，奏响了一曲曲气壮山河的英雄赞歌！书写了一篇篇不畏强暴的壮丽华章！重温红色历史，我们体会到不曾亲历的山河破碎和同胞悲苦，感受到革命先辈为革命胜利付出的巨大牺牲和卓越贡献。对此，我们怀着无比崇敬之情向先烈致敬！向人民致敬！

不忘历史，我们薪火传承。始终保持同人民群众的血肉联系，是党的事业不断取得胜利的根本。在烽火连天的战争岁月中，许许多多的共产党人牢记党的宗旨，忠于党的事业，冲锋在前，不计得失，以身作则，严守纪律，与人民群众血肉相连，无论环境多么艰苦、斗争多么残酷，他们都矢志不渝、顽强奋斗，表现了共产党人崇高的革命坚定性和无私的自我牺牲精神，充分发挥了先锋模范作用。这种榜样作用，使人民群众深刻地认识到中国共产党是自己利益和意志的忠实代表，从而自愿选择和接受党的领导，赢得了人民广泛支持和积极参与，经受住了残酷的历史考验，最终取得了举世瞩目的伟大成就。

牢记历史，我们初心不改。历史证明，只要党员干部始终与人民群众同呼吸、共命运，就没有战胜不了的困难、解决不了的问题。站在新的历史起点上，以习近平同志为核心的党中央高瞻远瞩、擘画蓝图，提出了“实现社会主义现代化和中华民族伟大复兴，在全面建成小康社会的基础上，分两步走在本世纪中叶建成富强民主文明和谐美丽的社会主义现代化强国”的奋斗目标。这是历史的选择，这是百年的伟业，这是中华民族再次屹立于世界民族之林的伟大实践。

以史鉴今，面向未来。当前，宁陵正处于加快转型升级，加快高质量发展的关键期，全县各级党组织都要充分利用好这一宝贵的红色革命基因，继承和发扬先烈们大无畏的革命精神，以攻坚克难、砥砺前行、舍我其谁的精神气概，奋力推进宁陵高质量发展，为实现新时代中原更加出彩书写宁陵新的篇章！

本书的出版对全县党员干部深入学习贯彻党的二十大精神将起到积极的推动作用。

中共宁陵县委书记　蔡　勇
2023 年 1 月

目　录

第一章
宁陵概况

第一节　环境宜人的地理概貌

一、四通八达的地理位置

在中国版图中，宁陵县位于河南省东部黄河下游地区，地处东经115°86至115°2717，北纬34°1446至34°3734之间，南北长42.18千米，东西宽29.11千米，总面积797.12平方千米，县境呈靴形。宁陵县属河南省商丘市，东与梁园区、睢阳区接壤，西和睢县毗邻，南同柘城县交界，北枕黄河故道与民权县相连。

宁陵县辖城关回族、张弓、柳河、逻岗、黄岗、华堡、石桥7镇及城郊、乔楼、赵村、孔集、阳驿、刘楼、程楼7乡和一个产业聚集区，359个行政村，1 061个自然村，总人口70万，其中乡村人口56.27万，耕地面积80.81万亩。境内民族主要为汉族，其次为回族，还有极少数藏、满、蒙、壮等民族散居各乡、镇。

宁陵县境内，陇海铁路、连霍高速、商登高速、310国道、343国道、316省道横贯东西，220国道纵穿南北；东靠京九铁路，全县乡村公路通达率为100%。2017年被交通运输部命名为首批“四好农村公路全国示范县”，境内有柳河镇火车站。

二、一望无际的平原地貌

宁陵县地层深厚，从古生界到新生界均有分布。地表形态受黄河冲击的影响，到清代基本定型。宁陵县属黄河冲积平原，为华北黄淮海平原的一部分，地势由西北向东南略微倾斜。地势平坦的平原地貌中，又有着黄河故道高滩地、背河洼地、槽形或碟形洼地、缓斜泛滥平地4种不同的微地貌地形。其中，黄河故道高滩地40.8平方千米，占全县总面积得5.5%；背河洼地42.9平方千米，占5.5%；槽形和碟形洼地26.3平方千米，占3.4%；缓斜泛滥平地675.5平方千米，占85.9%。土壤以沙土和两合土面积较大，占全县耕地面积得74.23%；淤土占总面积得12.95%；另有盐化潮土、碱化潮土。

三、四季分明的气候特点

宁陵地处北温带，系暖温带半湿润大陆性季风气候，一年四季气候分明：春季干燥多风，夏季炎热多雨，秋季凉爽晴朗，冬季寒冷少雪。年平均气温为14.2 ℃，年降水量为674.7毫米，空气湿度历年平均相对湿度72%。年可照时数4 430.7小时，实照时数2 230.1小时，年日照率50%。雾日历年平均为24.3天，无霜期年均为212天。全县热量丰富，作物生长季节积温较高，能满足粮食一年两熟的要求。

四、纵横交错的河流水系

宁陵县属淮河流域，分属涡河、南四湖（大沙河、洮河、上清水河、古宋河）两大水系。涡河水系境内流域面积744.7平方千米，分布在本县黄河古堤以南的各乡镇，占全县面积的94.8%。此水系在境内又分惠济河、大沙河两个扇形小水系，有大小河流23条。流域面积在100平方千米以上的河流有8条，其中属惠济河水系的申家沟（132.5平方千米，境内14.9平方千米）、废黄河（373平方千米，境内102.3平方千米）、太平沟（295平方千米，境内50平方千米），属大沙河水系的有古宋河（412平方千米，境内113.8平方千米）、陈两河（113平方千米，境内91平方千米）、下清水河（275平方千米，境内70平方千米）、大沙河（1 246平方千米，境内286平方千米）、洮河（境内93.6平方千米）等。南四湖水系境内流域面积40.8平方千米，分布在黄河故道的高滩地区，占全县总面积得5.2%。此水系中，境内仅有朱刘沟（131平方千米，境内34.4平方千米）一条支流。境内沟河均属雨源型河流，汛期遇大、暴雨，河水猛涨，洪峰显著，水位、流量变化很大。

五、丰富的矿藏、动植物资源

宁陵有着丰富的矿藏资源和动植物资源。据有关地质资料记载，在距地表1 000米至2 000米处，有两层煤可供开采，还有黄铁、菱铁矿藏。植被类型为落叶阔叶林带，植被分布为柳河、孔集堤北高滩农林植被区、陇海铁路两侧背河洼地盐生植被区、县中西部平原沙生植被区、县南部淤洼地禾本农业植被区。有丰富的浅层地下水资源，年均可采量为1亿平方米以上，有2 163亩水面可供养鱼。野生动物中，有獾、黄鼠狼、鼢鼠、野兔等；野生植物中，有香附、地丁、茵陈等数十种可以入药。粮食作物有小麦、大麦、高粱、谷子、红薯、玉米、大豆、绿豆等，经济作物有白蜡条（杆）、棉花、烟叶、红麻，油料作物有花生、芝麻、油菜等。此外还有干、鲜瓜果和长年上市的各种蔬菜。

第二节　源远流长的历史文化

一、从古至今的建置沿革

宁陵，古属东夷地区，后辖属于豫州，其地居九州之中，为中华民族发祥地之一，在历史上多次建制。

上古时代，宁陵县一带为古葛地。宁陵的先民葛天氏部族，披荆斩棘，用勤劳的双手，开创农耕，纺织葛衣，搭建穹庐，创制乐舞，建立国家，拉开了中华文明史的重要序幕。尧舜时期，葛地属豫州。夏、商、西周、东周春秋前期，宁陵一带属葛国（亦称葛伯国）。春秋晚期，为宋之属地宁邑、沙随国。战国时为魏国属地，信陵君魏公子无忌封地于此，宁邑改称信陵；信陵君魏公子咎封地于此，始称宁陵，建宁王城。战国末期秦灭魏后，称宁陵城（县分两等，万户以下称城，万户以上称县），属砀郡，此为宁陵立县之始。西汉元狩元年（前122年）升置宁陵县，属兖州刺史部陈留郡。王莽篡政新朝始建国元年（9年），改为康善县。东汉建武元年（25年）恢复宁陵县，属豫州刺史部梁国。

汉和帝永元十一年(99 年)析宁陵、鄢县置己吾县,与宁陵县并存。三国时,宁陵属魏之梁国,曹操起兵于此。西晋初,宁陵县属梁国;己吾属陈留郡;西晋武帝泰始元年(265 年),撤销柘城县、己吾县并入宁陵县。东晋十六国时,宁陵先后属后赵、前燕和后秦梁郡。南北朝时,宁陵先后属刘宋豫州梁郡、北魏兖州部谯郡、东魏梁州梁郡、北齐梁州梁郡。隋朝开皇六年(586 年),复置宁陵县,属豫州梁郡。唐朝初年,改梁郡为宋州,宁陵县属河南道宋州。太宗贞观元年(627 年),废柘城县,分别并入宁陵、谷熟二县。高宗永淳元年(682 年),恢复柘城县建制。唐玄宗天宝年间(742—756 年),宋州改称睢阳郡,宁陵隶属河南道睢阳郡。五代时期,后梁时,宋州为宣武军,辖宁陵;后唐、后晋、后汉、后周时,宋州为归德军,宁陵属之。北宋初年,宁陵县归属宋州。真宗景德年间(1004—1007 年)改宋州为应天府,宁陵属京东西路南京应天府。徽宗崇宁四年(1105 年)开封府襄邑县(今睢县)升为拱州,拨宁陵隶属拱州。大观四年(1110 年),宁陵复属应天府。政和四年(1114 年),宁陵又隶属拱州。宣和六年(1124 年),宁陵仍归南京应天府,属京东西路。金朝时期,宁陵属南京路归德府。元朝时,宁陵属河南江北行省归德府。明朝洪武元年(1368 年),降归德府为归德州,宁陵县属河南开封府归德州。洪武十年(1377 年),废柘城县,并入宁陵县,至十三年(1380 年)十一月恢复柘城县建制。此后,宁陵县区域已基本固定下来:“县在府治之西六十里,东抵商丘县界十八里,南抵柘城县界四十里,西抵睢州界二十里,北抵考城县界三十里。广三十八里,袤七十里。”嘉靖二十四年(1545 年),归德州又升为归德府,宁陵属归德府。清朝时期,宁陵属河南省归德府。

1912 年“中华民国”建立。1913 年裁归德府,所属各县划归豫东道,宁陵县属河南省豫东道。1914 年 6 月,豫东道改名为开封道,宁陵县属河南省开封道。1932 年,宁陵县属河南省第二督察区。1936 年,宁陵县、睢县合并,改置葵丘县。1938 年日军入侵,宁陵沦陷,属伪豫东道。1945 年全民族抗日战争胜利后,废伪豫东道,宁陵县属河南省第二行政区。1948 年 11 月 5 日,宁陵全境解放,国民党政权垮台,建立于 1948 年 6 月的黄岗西魏中共宁陵县人民民主政府迁至宁陵县城,宁陵归属豫皖苏第一行政区。1949 年 3 月豫皖苏第一行政区改为河南省商丘专区，宁陵属商丘专区。1958 年 12 月撤销商丘专区，并入开封专区，宁陵县归属开封专区。1960 年 5 月 9 日撤销宁陵县建制，并入睢县，县城改称宁陵镇。1961 年 10 月 5 日恢复宁陵县，12 月复置商丘专区，宁陵县属商丘专区。1968 年改商丘专区为商丘地区，宁陵属商丘地区。1997 年 6 月 10 日撤销商丘地区建立商丘市，宁陵县属商丘市至今。

二、经济的发展与演化

宁陵经济发展较早，历史上曾出现过三次大的经济繁荣时期。

第一次经济繁荣为夏朝葛国建国至商初。根据史书记载，葛国建立初期，建都于葛城（今葛伯屯），是雄霸中原东部的诸侯国，疆域比较广阔。葛国作为中国第一个统一的奴隶制大国夏王朝的方国，其时形成一个相对安宁的社会局面，再者当时较为先进的奴隶制正处于生机勃勃的上升时期，促进了当时农业、手工业、商业的发展。通过近代考古发掘，今豫东平原地区当时主要种植的粮食作物是粟。渔猎是当时农业的辅助。畜牧业有一定发展，有一大批奴隶从事畜牧工作。夏代葛地的手工业，主要有冶铜铸器、制陶、木器漆、丝麻纺织、制骨、酿酒等几种。葛国与商业发达的商部落为邻，加之国内农业和手工业的发展，促进了葛国商业的发展。龟、贝作为原始货币在全国流通。

第二次经济繁荣为西汉前期。汉高祖刘邦实行重农政策，农业发展较快。经过文景之治，农业振兴，“人给家足”“仓廪皆满”。西汉时期河南地区的农业发展水平仅次于关中的三辅地区，是全国粮食和丝麻的主要产区。与宁陵同属陈留郡的襄邑（今睢县）设有服官，为全国仅有的两三个丝绸纺织与服装制作中心之一。宁陵东部与膏腴之地梁国毗邻。受全国和周边环境影响，宁陵当时丝织刺绣和服装制作、酿酒业、冶铁业、砖瓦制造等私营手工业很发达。在黄岗镇青岗寺汉墓群，1978 年曾出土汉代成排的空心砖、小砖和殉葬的陶壶、陶罐、铜器、铁器等。商人在西汉王朝实行的“重农抑商”政策之下，社会地位不高。但是在各种产业中，商业致富最快。当时俗语说：“用贫求富，农不如工，工不如商，刺绣文不如倚市门。”文景之治以后，商人力量发展迅速，他们或兼营手工业，或长途贩运，迅速致富。

第三次经济繁荣为北宋初期。因北宋开国皇帝赵匡胤发迹于宋，先升宋州为应天府，继建为陪都南京，“商贾徙宋者颇多”，农业振兴，手工业发展。在太祖、太宗两朝，多次下诏召集流民，奖励垦荒，使大量荒地得到开垦。当时南北交通的大动脉是大运河，汴河穿宁陵境而过与之相接，灌溉十分便利，农业经济很快恢复起来。麻织业在北宋时占纺织业中的第二位。宁陵桑、麻等经济作物的种植比较盛行，而且产量又高，每年夏秋两季，岁纳赋税的布匹有十万匹之多。因汴河经过宁陵，县城商业也繁荣异常，大街小巷，店铺林立，非常热闹繁荣；农村主要依靠集市贸易来从事交换，所以出现了很多的“草市”，又称“坊场”，有“平原沃土，桑柘甚盛，蚕女勤苦……茧薄山立，操车之声，连甍相闻”的记载。

三、文化的发展与演化

宁陵的历史文化厚重，这里是中华民族葛天文化、龙山文化与博大精深的中原文化融合之地，是炎黄文化的重要组成部分。历史上教育发达，文化灿烂，人文荟萃，曾出现四次文化高潮。

上古时期，葛天氏部族在葛地创造了《葛天氏之乐》等辉煌的早期人类文明，是本县历史上第一次文化高潮。对《葛天氏之乐》，诸多典籍均有记载，以《吕氏春秋》记述最详。以《葛天氏之乐》为核心的“葛天文化”，是中华民族文化艺术的重要源头，以后中华民族纷繁典雅的戏剧、音乐、舞蹈都由此繁衍而来。宁陵因此成为中国乐舞的重要起源地。葛天氏和葛国王葛伯也成为以后葛姓的始祖。宁陵是“葛”姓的祖籍地。龙山文化时期，本县辖境的丁堌堆龙山文化、黄岗寺龙山文化成为商文化的母体文化之一和直接前驱。

汉代，这里的经学研究，出现百家争鸣的局面，形成本县历史上第二次文化高潮。宁陵县是西汉经学最兴盛的地方之一，出现一位影响全国的经学大师田王孙，他对《易》学贡献极大。汉文帝时，田王孙师从梁国《易》学大家丁宽，被授予“五经博士”。后来，沛郡施雠、兰陵孟喜、琅琊梁邱贺都跟随田王孙学习《易》经，成为西汉《易》学三大家，当时宁陵《易》学已代表了整个西汉的发展水平。此后东汉梁国宁陵文学家葛龚，以善文记知名，著有文、赋、碑、诔、书、记凡十二篇。

唐宋时期，教育发达，文人辈出，这是本县历史上第三次文化高潮。唐朝高宗时，开始以诗赋举士选拔人才，“加明经帖、进士杂文，自思立始”，“从此积弊，转而成俗。”此项重要改革的倡议者是本籍时任侍御史刘思立。唐代本籍散文家刘宪为刘思立之子，其诗文韵律和谐，风格婉丽，较有新意，艺术价值较高。刘宪的文章《上东宫劝学启》为太子詹事时所作，勉励玄宗李隆基，语意恳切；《对坟树有甘露判》和《大唐故右武卫将军上柱国乙速孤府君碑铭》两篇文章，皆受当时骈文影响，多用骈偶句，音韵铿锵，铺陈排比，酣畅淋漓。身历五朝的本籍史学家、语言学家刘熙古文武全才，史学、音韵学、阴阳学皆通，著有《历代纪要》50 卷、《切韵拾玉》5 卷等数种。刘熙古次子、高中北宋乾德五年(967 年)丁卯科状元的史学家刘蒙叟，擅长诗文，并继承了其父的阴阳象纬之术，著有《五运甲子编年历》3 卷。两宋之交的本籍哲学家、经学家程迥，人称“沙随夫子”，与子程绚、孙程仲熊为“父子三进士”。程迥潜心研究经学，对医学、历史学、音韵学等有较深的研究，其文章追求性理，重于思辨，不独章句而又不乏风采，成为程朱理学承上启下的一名大师。北宋时期，著名文学家范仲淹家计于宁陵，足迹踏遍宁陵大地，给其当时在应天书院的学习进步起了决定性的作用，使他由一介寒士成为天下皆知的一代名臣。

明清之际，本县县有县学，乡村有社学，私学遍布城乡，学者之众，著述之丰，诗文之盛，均超过前代。这是本县历史上第四次文化高潮。据统计，宁陵县两朝中举 121 人，中进士 29 人，并出现了许多位高权重的大臣和在全国颇有影响的思想家、文学家。明朝刑部左侍郎吕坤以继往开来为己任，成为全国颇有影响的哲学家、思想家，《中国哲学简史》就单独列有关于他的章节，“中国思想家评传丛书”有《吕坤评传》专著，其著作《呻吟语》，被译为 20 多个国家和地区文字出版发行。再如明初宁陵人乔恕，官至监察御史、太仆侍卿(掌管舆马畜牧的官，从三品)；政绩卓著的严吏乔进璠，明万历年间登癸卯贤书，甲辰成进士，授任刑部贵州清吏司主事、陕西按察司副使、四川参政；为官刚直不阿的吕慎多，明朝思想家吕坤之孙，清初先后任湖广德安府推官、刑部浙江司主政、涉江南司员外郎；仗义执言的“神童”王献图，十八岁领嘉靖己酉乡荐，庚戌成进士，授任兵部主事；边陲兴利除弊的张禹谟，精通经术辨识大义，清时授任米脂县令、巩昌府兴屯同知；为民除暴弃官的胡一蛟，清顺治己亥进士，诸多善政，弃官后，仍受经于乡；平叛功绩卓著的符兆熊，清乾隆年间官员，先后任四川省郁山巡检、荣县知县、权忠州牧、打箭炉同知、顺庆府知府、四川盐茶道、川东兵备道，去世后朝廷照按察使从优议恤，清道光十年（1830 年）入四川名宦祠，并崇祀原籍乡贤；路建翰与其兄路建屏、从侄路德贵同中雍正八年（1730 年）庚戌科进士，叔侄“一榜三进士”轰动宁陵，路建翰先后任甘肃凉州守备、高古镇番诸营参将，卒于阵中，谕祭葬，晋赠昭武将军；路建屏曾任陕西镇番营西把戳等营守备，诰授武德将军；路德贵官居徽州福山青山瓜州守备，政绩颇佳。明末清初，宁陵文学代表人物是王当世和郭捍。王当世的散文影响较大，其文汪洋浩瀚，气势雄浑，舒卷自如；郭捍其诗近唐，其文仿汉魏司马相如及韩柳八家风格，遣词华丽雕琢，流畅自然。

四、兵家必争之地的军事要地

宁陵县旧志载：“宁陵临黄河要津，置南北孔道，当陆驿之冲，为梁宋咽喉，自古为兵家必争之地。”夏末，商汤伐夏，葛国为夏之东部门户，因此，“汤征自葛始”，之后很快灭韦（今滑县东）、顾（今范县东南）和昆吾（今濮阳县南）等国，击败夏桀，推翻了夏朝的统治。春秋时期，大棘之战和汋陵之战发生在宋之宁邑境内，两次战争都和晋、楚争霸密不可分；两次“沙随会盟”在宋之沙随国举行；公元前 575 年，晋、齐、鲁、宋、卫、邾 6 国会盟于沙随，谋伐郑国，这是晋国率领中原诸侯抵抗南方楚国召开的重要“联合国”会议，以应对楚国对中原政治军事经济领域垄断地位的挑战；公元前 551 年，晋、齐、宋、鲁、卫、郑、曹、莒、邾、薛、杞、小邾子 12 国会盟于沙随，再次重申禁锢栾氏，这是晋国为了解除国内内乱召开的一次重要“联合国”会议。战国时，魏国公子无忌封地宁陵，称信陵君，“窃符救赵”，“合纵”伐秦，名扬天下。三国时，曹操起兵己吾，进，可取徐州，出卢江而攻江东各郡；退，亦可守白马而割据西北,扼东西之咽喉。唐朝安史之乱时,张巡以宁陵为据抗击叛军东进。张巡率军主动出击,袭击驻扎在白沙涡(今宁陵北)的叛军,俘斩7 000余人。叛军杨朝宗兵抵宁陵后,张巡主动出兵宁陵城西北,遣雷万春、南霁云等领兵与数倍于己的杨朝宗激战,"昼夜数十合,大破之,斩首万余级,流尸塞汴而下,贼收兵夜遁",斩杨部将20多员,杀杨士兵万余人,杨朝宗连夜逃走,有效阻止、延缓了叛军的南下,保障了江淮各州县。安史之乱以后,淮西节度使李希烈叛乱,率兵5万围攻宁陵,并掘河灌城。宣武节度使刘玄佐部将高彦昭、刘昌及曲环领兵3 000人固守宁陵,后柏良器、王栖曜率兵夜入城援宁。李部兵败,被斩万余人,使叛军严重受挫。金朝末年,哀宗弃汴京,守归德,几度战胜蒙古大军的进攻,宁陵成为双方交战的主战场之一。元末农民起义军红巾军驰骋江淮河汉,往来豫东平原,宁陵成为义军与元军交锋的战场之一。明朝嘉靖三十二年(1553年)七月二十七日,师尚诏起义军为速西进,大军围攻宁陵,由于知县石阯早有准备,久攻不下。明崇祯年间,1642年、1644年李自成起义军两破宁陵县城,并拆毁城墙。鸦片战争之后,太平军、捻军转战宁陵辖境,威胁开封,震动京师。

第二章
党组织在宁陵的创立发展及早期活动

第一节　中华民国在宁陵统治的建立

1912 年元旦,中国历史上第一个资产阶级共和国——中华民国宣告成立,南京临时政府同时宣告成立,伟大的革命先行者孙中山就任临时大总统,从这天起中国改用公历,以中华民国纪年。

此时的宁陵,设立行政公署,其他机构设置仍沿袭清制。县公署设知县 1 名,参事 1 人为襄助,行签 1 人,代县知事批阅公文,执掌上呈下达公务。另置收发、账房。县公署仍下设六房:礼房、户房、吏房、兵房、刑房、工房。民国时期,宁陵县实行区、乡建制。至 1921 年全县下设中区、西南区、西北区、东北区、东南区 5 个区,75 个街村。

1912 年春,宁陵县议会和参议会成立。县议会,南京临时政府自治法中曾明文规定,是代表一县民意的议事机关。县议会选举议员 18 人,宋西蕃为议长,吴保卿为副议长。县参议会,是按照临时政府公布的县组织法建立起来的民主代表机构。参议员由公民选举产生,其职权为筹备区长的民选,完成县自治,议决县各项规划、预算、决算、经营公有财产,决议公民提交审议的事项、知县交议的事项及其他应当兴革的事项。参议会参议员 2 人,黄浩为参议长,黄汉卿为参议员。但自民国以来,县议会和参议会时兴时废,空有其名。

辛亥革命推翻了“洋人的朝廷”,宁陵人民与全国人民一样,可以尽其爱国的天职,新建的共和民国将能“龙行虎步,耀辉于亚东大陆”,因此爱国热情大为昂扬。在宁陵这块古老的土地上,也出现了一些新气象,荡漾起一股前所未有的民主波澜。

在清朝统治时期，广大人民没有什么政治权利，就是退职官绅，也严禁其“干政”。民国成立后，宁陵城乡人民都相信今后将有较多的“自由”，能过新的生活。尤其是青年学生和知识界人士，根据南京临时政府宣示的“国家之本，在于人民”、官吏乃国民“公仆”的思想理论，起而过问政治，于“平时官吏之不合乎心者，皆毛举细故，列款呈控，要求撤换”。同时又纷起组织各种政治团体或同志会之类，“监督政府”，“干涉行政”，而且径直向知县表达意见。临时政府颁布的新法令，如荡涤专制遗毒、废除跪拜旧礼、废除包办婚姻、一夫一妻、剪除作为清朝臣民象征的发辫、用阳历代替阴历等等，在宁陵开始冲击传统的伦理观念，影响民众。

第二节　新旧嬗变的岁月和动荡社会

南京临时政府成立以后，帝国主义从封建统治集团内部选中袁世凯作为他们新的工具，对临时政府采取军事威胁、外交孤立和经济封锁等手段，对革命政权施加压力，帮助袁世凯篡夺革命果实。1912年2月12日，宣统帝溥仪正式下诏退位，统治中国260多年的清王朝结束。第二天，袁世凯通电声明赞成共和，孙中山向南京参议院提出辞职。1912年3月，袁世凯在北京就任中华民国临时大总统，辛亥革命的胜利果实被袁世凯篡夺了。之后，袁世凯建立起北洋军阀的统治，表面赞成共和，实际加紧专制统治。由此，宁陵进入北洋军阀政府统治时期。

袁世凯政府以出卖国家重大权益为代价，向帝国主义乞求“善后大借款”的消息在报纸披露后，宁陵人民就群起反对。1913年5月30日，县高等小学堂学生因对现状不满，派代表与县长杨炳震交涉。杨以学生煽动闹事为由，派差役300余人捣毁学校，并毒打、侮辱学生，迫使学校停课。同时，县议、参两会被捕头翟福多、差役郑耀彩率众10多人捣毁，参议员逃遁一空。同年8月，在县知事的一再敦促下，两会成员才被迫到会，未及一月又被遣散。

1913年，北洋政府颁布命令，要求全国各级地方组织及其名称统一起来，并规定地方政区建制实行省、道、县三级。河南省在民国初年共设置4个道，即豫东道、豫西道、豫北道和豫南道。是年，裁归德府，所属各县划归豫东道，宁陵属之。1914年6月，豫东道改名为开封道，豫西道改名为河洛道，豫北道改名为河北道，豫南道改名为汝阳道。宁陵县归属开封道。

第三节　军阀争战和北洋军阀暴虐统治

北洋军阀政权在宁陵统治开始以后，宁陵县进入更加黑暗的历史时期。1915年12月袁世凯当上了“中华帝国”的皇帝，宣布改1916年为洪宪元年。孙中山领导“护国战争”。1916年3月22日，袁世凯被迫取消帝制，不久在绝望中死去。袁世凯死后，北洋军阀分裂为以冯国璋为首的直系和以段祺瑞为首的皖系两大派系。以张作霖为首的奉系军阀占据东北，南方有滇系和桂系军阀，盘踞在山西的阎锡山和割据徐州的张勋，势力也比较大。整个中国出现了军阀割据、混战的局面。自1920年以来，先后发生直皖战争、第一次直奉战争和第二次直奉战争。军阀争战，官兵的抢掠给宁陵人民的生命财产造成极大威胁，繁重的兵差徭役，压得人民透不过气来。

军阀统治给宁陵尤其是广大农民带来了无穷灾祸，社会危机到了十分严重的地步。①吏治极其腐败。官绅结合，搜刮民脂民膏，横征暴敛。当时县内外人士将县知事与毒品（鸦片、吗啡）和军阀一道并列为“三害”。②盘剥极其苛重。由于战争频繁，为了筹措庞大的军费开支，当局就不断加重对人民的盘剥。③兵祸极其酷烈。军阀统治与不断的混战相伴随，战火所及之地，人民生命财产遭受极大损失自不消说，就是没有战争的平常岁月，军队在所驻之地“吃地面”，也给宁陵人民带来极大的灾难。各军从官到兵，吃的从馍到盐、菜，用的从桌椅到碗筷，穿的从衣服到鞋袜，以及枕木、驮骡、车辆等，几乎无一不取之于民。④匪祸极其深广。正如一则报道所说：“民愈穷而匪愈多，无穷无富，成为鱼肉。夜则枪声遍野，无人过问，日则携枪游村，出入自若，房舍任其焚烧、牲畜任其宰杀，人民任其毙架，妇女任其奸淫。”常年生活在这般乱世的宁陵城乡民众，真是连“太平犬”都不如。

1922年3月，宁陵县建立乡团，在原5个区中，中区缩为1个团，其余4个区合编为两个团，每乡团设正副团长各1人，团丁20人，各团行动有团总节制调遣。同年8月，扩充地方保卫团。凡城镇、乡村满百户者建团，设团丁50名。按保甲法以10人为1牌，设牌长；10牌为1甲，设甲长；5甲为1保，设保董。各团所有快枪、土炮、刀矛等，均呈报团总烙印编号，造册存查，并实行连坐法。年底又按原5个区分别建立民团。每团设团总1人，队长1人，团丁30人。“打倒列强，除军阀”成为宁陵人民的迫切要求。

1923年5月，张国信（绰号“老洋人”）领导的自治军第二支队某部一营一、四两连约200人进驻宁陵县城。收编了本县东北与民权县交界处惯匪贾昌贵（绰号“贾大牙”）等50余人，后全部处决，民心大快。

第四节　五四运动在宁陵的影响

从1919年1月开始，第一次世界大战的战胜国在巴黎召开和平会议，中国政府代表提出了关于取消帝国主义在中国的某些特权，废除“二十一条”的正义要求，遭到美、英、日等帝国主义的拒绝，反将日本夺取的战前德国在中国山东的权益写进了和约。巴黎和会上中国外交的失败，成为五四运动爆发的导火线。5月4日，北京爆发了五四反帝爱国运动。

这场运动很快波及宁陵。5月中旬，县高等小学堂师生首先行动起来，上街游行，发表演讲，号召人们抵制日货。五四运动虽然在宁陵的规模有限，但对宁陵的影响是巨大的。首先唤起了群众觉悟的觉醒。在学生爱国思想与行动的影响下，一些群众积极地投入五四爱国运动和以后的反帝爱国运动中。其次，培养出一批具有先进思想的知识分子，为中国共产党组织在宁陵的建立奠定了基础。

五四运动像一声春雷，打破了宁陵的沉闷局面。对祖国前途、命运具有巨大的忧患意识和强烈责任感的宁陵青年，“已经感到压迫、痛楚，他们在挣扎，在寻找切实的指示。他们愤世嫉俗，满怀愤慨，向一切不合理的社会现象展开了猛烈的冲击。他们举起离经叛道的大旗，反对家长制，反对纲常名教，反对奴隶教育，反对社会上一切不自由、不平等的现象。”

第五节　五卅运动在宁陵的影响

1925年5月30日，上海学生、市民为抗议日本帝国主义枪杀工人顾正红的罪行，举行游行示威，遭到英帝国主义的屠杀，死16人，重伤10余人，这便是举国震惊的“五卅惨案”。当天深夜，中共中央举行紧急会议，决定号召全上海罢工、罢市、罢课，号召全国人民声援上海人民的反帝斗争。五卅运动的狂飙迅速席卷全国。

6月上旬，“五卅”惨案的消息传到了宁陵，引起了宁陵各界特别是广大师生的极大愤慨。全县师生对上海人民所发起的罢工、罢市、罢课的政治运动，深表同情和支持，并且坚决响应全国人民的反帝爱国运动。当月，中州大学本籍学生吕宜园写了《告宁陵同胞书》，印发全县，并组织学生集会演讲，进行抗英宣传，号召宁陵人民抵制英、日货，把全县人民的反帝爱国运动推向了高潮。

第六节　马克思主义在宁陵的传播

受俄国十月革命的影响，五四时期“社会主义”已经成了十分时髦的名词，也是当时人们公认的新思潮。但是，他们当时连共产主义和无政府主义的本质区别还分不清楚，因此除了马克思的科学社会主义外，各种“社会主义”流派都在青年中传播。如巴枯宁和克鲁泡特金等的各种无政府主义、武者小路实笃的新村主义、欧文等人的合作主义、托尔斯泰的泛劳动主义、柯尔等人的基尔特社会主义、伯恩斯坦及考茨基的社会主义等。在这场如何改造社会的探讨中，宁陵青年表现了极大的热情。

第七节　宁陵地区党的早期组织活动

1921年7月，中国共产党第一次全国代表大会的召开，标志着中国人民的革命斗争进入了历史的新纪元。1924 年后，宁陵县开始有了党的活动。在河南省立开封中州大学读书的宁陵县进步青年吕宜园参加了共产党领导的“青年学社”。1925 年 1 月，吕宜园参加了中国共产主义青年团；1926 年 3 月，经王大中、于秀民介绍参加了中国共产党；8 月，吕宜园利用假期返乡之际，传播进步思想，团结教育青年，将自己收藏的一些进步书刊供他们阅读，介绍王培武、杨心科、陈广宪等青年学生参加了“青年协社”。当时，宁陵县的进步教师和学生曾组织“读书会”，秘密研读《论帝国主义》《纪念列宁》《中国青年》《向导》等进步书刊，批评时弊，宣传救国救民主张。

第三章 大革命时期的宁陵

第一节 国民政府在宁陵统治的建立

1927年4月，南京国民政府成立，这标志着国民党统治的开始。1927年6月10日，郑州会议议决建立河南省政府，隶属武汉国民政府。6月13日，河南省政府正式成立，冯玉祥任主席。1927年9月，宁、汉合流后，河南省政府归属南京国民政府。1928年1月17日，南京国民政府议决改组河南省政府，仍以冯玉祥为主席。按规定，省政府实行合议制，称省政府委员会。省政府的成立，宣告民国以来沿袭10余年的督军时代结束，以委员制代替独裁统治，这是一个进步。

在国民党统治时期，地方行政区划中废除了道一级的行政建制，实行省、县两级制。在河南省，道的废除是在冯玉祥主豫期间（即1927—1929年）。1927年，河南废道尹，设行政督察区。宁陵县隶属商丘行政督察区。

中华民国建立后的六七年间，宁陵县各级行政机构设施，仍沿袭清末旧制。根据国民党河南省政府的建立，1928年春，宁陵县公署改称为宁陵县政府，县知事改称县长。

随着国民党宁陵县政府的建立，由冯玉祥委派到宁陵任县长的杨树棠，建立中国国民党河南省宁陵县党务整理委员会。整理委员会主要成员有张忠干、陈广宪、张炎、陈广一、吕培太、王培武。委员会设在县城北街路西。之后开办党务培训班，轮训国民党员，灌输反共思想。

1928年秋，中国国民党宁陵县党部执行委员会正式建立。1932

年8月,国民政府颁布了《各省行政督察专员督行条例》,规定省县之间设立行政督察专员公署,作为省政府的辅助和派出机关。公署设行政督察专员1人,指导并监督本辖区内各县市的行政工作,兼统该辖区内的地方武装力量,维持本区治安。河南省根据此条例,将全省划分了11个行政督察区。第二行政督察区专署驻商丘县(今睢阳区),宁陵县归之管理。1933年春,国民党宁陵县党部由北街迁往县城东街路北,县党部书记王克清,秘书刘铭斌,干事杨新科,录事李兴诗。

第二节 “清党”反共运动

大革命失败后,冯玉祥主豫期间大肆进行“清党”反共,而且步步升级。1927年7月25日,冯玉祥在洛阳宣布:在各级党部或军中任职之共产党员须声明脱离共产党之党籍,否则一律停止其职务。28日,冯玉祥又电告豫陕甘三省政府和将领:(一)不准跨党;(二)共产党跨党领袖,一律解除武装,必要时得加以严重监视;(三)不准以共产党名义活动,亦不准假借国民党名义做共产党工作,违反者以反革命条例治罪。并限令在河南的共产党员3日内离豫。随着冯玉祥同南京政府关系的接近,反共逐渐升级,8月份开始逮捕共产党员和国民党左派,9月、10月份进入高潮,在开封、郑州等地多次破坏共产党、共青团的机关。

进入1928年,冯玉祥反共进一步升级,多次训令各军收用官兵时要防止共产党渗入,严格清查共产党的活动,“如果查获该项党徒,证明有据者押送前来,实行枪决”,“倘有知情隐匿不报者,查明一律同罪”。1928年7月,宁陵县最早的共产党员吕宜园,被以宣传与“三民主义”不相容的罪名在开封被捕入狱。因没查到确凿证据,于1930年夏释放。出狱后与党组织失去联系,先后在宁陵、荥阳、禹县(今禹州市)、新野、汝南等地教书,仍从事革命活动。

当时在宁陵执政的县长杨树棠,执行冯玉祥的方针,也在全县进行了共产党员清查工作,并对全县的枪会除部分改编为民团军外,一律勒令解散,延续数年的枪会运动基本上冰消瓦解。

第三节 国民党独裁统治的强化与苛重的经济搜刮

中原大战结束后,1930 年 10 月 6 日蒋介石任命其亲信刘峙为河南省政府主席。至此,河南被纳入了南京政府的管辖。11 月初,宁陵县政府县长改由张缦云担任。

南京国民政府是国民党窃取了国民革命成果的产物。刘峙主豫期间,在党、政、军思想文化和社会生活各个方面,采取了一系列巩固一党独裁统治的措施,宁陵也深受其影响。

(1)强化国民党组织,将其统治延伸到县、乡基层政权,成为维护国民政府的重要力量。

(2)推行地方自治、保甲制度。保甲的编组方法,以户为单位,户设户长;10 户为甲,设甲长 1 名;10 甲为保,设保长 1 名。

(3)编组地方武装,各县民团一律编组为保卫团。县设总团和训练处,县长兼团总;区设区团,团长兼区团团长。

(4)大力发展特务组织,疯狂破坏共产党组织。

(5)加强教育文化领域的统治,在各类学校中开展“党化教育”,禁止学生干预校政、参加社会活动、组织各种团体,特别是传播共产主义学说,通令各县教育局在聘任小学校长时先任用国民党员。

(6)推行新生活运动。1934 年 2 月,蒋介石在南昌发起了一个以恢复“中国固有道德”,以求“民族复兴”的所谓“新生活运动”。之后,包括宁陵在内的河南各县也相继开展新生活运动。

县、乡基层政权组织形式,根据南京政府制定和颁布的《县组织法》,规定县行政机关为县政府,县以下的基层组织分若干区,区的行政机构称区公所(1934 年 12 月后改称区署),每区由 20 个以上村、里组成(百户以上之乡村为村,百户以上之市镇称里),村下为闾(25 户),闾下为邻(5 户)。1929 年国民政府又改村为乡、改里为镇。组成区—乡、镇—闾—邻系统。

国民党黑暗的政治统治,必然孪生相应的财经政策,那就是民众所说的“刮(国)民党万税”。在北洋军阀统治时期和冯玉祥第二次主豫期间,田赋连年预征。刘峙担任省政府主席后,曾承诺“以后无论如何不再预征”,但随后不久,又实行了“欠赋补交”“土地陈报”等政策,结果因官员“贪多邀功”而使本县农民田赋更重。另外名目繁杂的苛捐杂税、基层摊派,也使广大农民不堪重负,生活在水深火热之中。

第四节　宁陵抗日救亡运动的兴起和进步师生革命活动

1931 年 9 月 18 日,日本关东军悍然向沈阳发动进攻,制造了震惊中外的九一八事变,开始了变中国为其殖民地的侵略战争。东北军在国民党政府不抵抗主义的指导下不战退,东三省沦入敌手。

事变发生后,宁陵县城高等小学师生立即行动起来,纷纷走上街头,大唱抗日救亡歌曲,书写抗日标语,进行集会演讲、抗日宣传,查禁日货,掀起了自五卅运动后又一次抵制日货行动。并由进步教师吕宜园出面,请河南著名豫剧演员陈素真率团来宁陵义演 6 天,为前线抗日将士募捐寒衣。

1933 年春,共产党员吕宜园在宁陵县简易师范教书,在师生中介绍进步书籍,开展革命活动。团结和争取进步师生,如宁陵县简易师范的学生薛景瑄(沙新)与县立第一高级小学教师刘益农,开展同反动教育局长王圣武、国民党县党部书记兼一小校长张忠干、县师兼县中校长路琴南的斗争。

1935 年夏,吕宜园将他珍藏多年的《通俗政治经济学》和《辩证唯物论和历史唯物论》两本书,送给薛景瑄与刘益农二人阅读,传播革命理论,进行马克思主义宣传,扩大了共产党的影响。1936 年秋,薛景瑄以《人生素描》为题撰写作文,针对当时架床叠屋的政府机构和人浮于事、沓员如麻的裙带关系加以讽刺,认为这一层层机构如层层“吃人的筵席”,造成了千百年来“人民被吃”的悲剧。指出:“如果这些贪官污吏、食民膏者不予打倒,则宇宙虽博大,仍将暗无天日,天下虽丰腴,仍难免贫富悬殊,国虽定,仍将有不国之虞,民虽贤亦难达天下为公。故当务之急,乃捣毁此筵席,打倒剥削者耳!”此文送交后,校方和反动当局大为震惊。级任教师侯子奇批示:“此文粗劣顽愚，思想危险，有羁身杀头之罪”等。国民党县党部书记兼一小校长张忠干更是惊恐万状，遂将薛景瑄的父亲叫到学校，大加训斥，威胁说：“景瑄中了共产党的毒，如不严加管教，你们将欲哭无泪。”从此，家庭便搜查他的藏书，并禁止他再与吕宜园接触。

1936 年秋，薛景瑄随县师去开封作毕业参观学习，见到正在省立第一中学读书的同学郑惠远，当时郑惠远已是“读书会”的成员，他同薛景瑄参观了“读书会”和“到农村去”发动群众的宣传活动。薛景瑄被他们的爱国热情和凛然有正气的严肃精神所感动，返回宁陵后，和刘益农一起，在县一小的高年级的学生中也组织了一个“读书会”。不料“读书会”刚建立，因刘益农在课堂上公开宣读了“国共联合抗日”的主张，而被国民党当局觉察了，便在学生中追查“读书会”成员和搜查“禁书”，“读书会”夭折，但进步师生向往革命的爱国思想已深深扎下了根。

第五节　宁陵三校罢课游行和走向全民抗战

日本帝国主义制造九一八事变，并炮制出伪“满洲国”，把中国东北变成了任其宰割的殖民地后，又侵犯热河和长城各口及其以南地区，1935 年夏，迫使南京政府与其签订了《塘沽协定》《秦土协定》《何梅协定》，中国的主权大量丧失。11 月，汉奸殷汝耕在日本的扶植下成立“冀东防共自治政府”，冀东 22 个县脱离了中国政府的统治。屈辱卖国的国民党政府，为满足日本侵略者“华北特殊化”的要求，在北平设立“冀察政务委员会”，华北即将变为第二个伪满国。中国人民痛感华北沦亡已迫在眉睫，长期被压抑的爱国情绪猛烈爆发出来。在中国共产党领导和影响下，1935 年 12 月 9 日北平爆发了轰轰烈烈的一二・九运动。

消息传到宁陵后，宁陵各校学生立即行动起来。1935 年 12 月下旬，宁陵县三校（县师、县中、第一小学）的学生，为声援一二・九北平学生爱国运动，在袁治洪、杨祖武等组织下举行了声势浩大的三天罢课游行示威，高呼“停止内战”“一致对外”“打倒日本帝国主义”“反对成立冀察政务委员会”等口号，三校队伍在体育场会合，集会演讲，宣读给北平学生的声援电，痛斥汉奸卖国贼，反对华北自治。全城群众倾家而出，聚观道旁，欣听演说，激发了广大民众抗敌的意识和激情。

1936 年元月，宁陵简易乡村师范的同学走上县城街头，继续声援一二·九北平学生爱国运动，他们打着标语，高呼口号。在同学们的感召下，广大群众相继加入游行队伍，和同学们一起振臂高呼"打倒日本帝国主义""反对冀东伪自治""打倒汉奸殷汝耕"等，口号声、演讲声、声讨声汇成一股强大的力量。游行返校之后，学生们一面派代表郑明善、张和会等连夜赴县政府请愿，要求发放枪支组织抗日，一面起草"告全县父老书"进行宣传。经过数日交涉与宣传，学校当局恐怕把事态再度扩闹大，在期考前夕，匆匆宣布放寒假，学生运动也至此结束。然而，这次游行却揭露了日寇的罪恶行径和汉奸的丑恶嘴脸，改变了宁陵人民对国事的冷淡态度，提高了人民对敌斗争的警惕性，激发了青年学生的爱国热情和抵抗日寇的勇气，使师范班的张自亮、郭仰靖、王从德、薛景瑄和初中班的郭从德、王时新等一批有志之士走向抗日救亡的道路。

第六节　抗战爆发和席卷全县的抗日救亡宣传

1937 年 7 月 7 日，日本侵略军发动卢沟桥事变。7 月 8 日，中国共产党中央发表通电指出："只有实行全民族抗战，才是我们的出路"，号召"全国人民、政府和军队团结起来"，"驱逐日寇出中国"。党中央的通电和洛川会议提出的全面抗战的纲领和政策，得到全国人民的响应和拥护。在共产党的倡导和推动下，9 月 22 日，国共两党实现第二次合作，组成了抗日民族统一战线，全国规模的抗战爆发。

1937 年 12 月，开封"抗战后援会"派一名农村特派员盛盘铭来宁陵。他深入学校、农村，教唱救亡歌曲，公演抗日话剧，走上街头广泛开展抗日宣传活动，并为抗日前线官兵募捐。是月，平津流亡学生也来宁陵，他们在县东街小操场上演出了《放下你的鞭子》等抗战话剧，教唱《在松花江上》《义勇军进行曲》等救亡歌曲。这些活动受到了盛盘铭、吕宜园、刘益农、薛景瑄的支持，他们帮助组织宣传，向群众借演出的用品如服装等。通过一个多月的抗日宣传活动，激励了全县各阶层人民抗日的觉悟，激起了人民的抗日救亡热情。1938 年元月，薛景瑄等一部分进步青年学生先后奔赴革命圣地延安，走上抗日前线。

第七节　宁陵的沦陷

1937 年 8 月 1 日，日本侵略军进犯中原，日军飞机袭扰郑州，9 月 16 日轰炸洛阳，10 月 23 日轰炸安阳。1938 年 2 月 7 日，日军发动豫北作战，是月底豫北各县均告失守。在东线，1938 年 3 月下旬至 4 月初，中国军队在第五战区司令长官李宗仁指挥下，于台儿庄歼灭日本坂垣、矶谷两师团 1 万多人，取得了重大胜利。随后，中日双方各以精锐部队展开徐州会战。5 月 15 日，日军调集大量部队，分数路向徐州合围。中国最高军事当局为了保存有生力量，决定放弃徐州。五战区部队于 5 月 19 日向豫东、皖北撤退，日本大本营下令各部队追击作战。22 日，日军第十师团矶谷廉介部西进，相继攻陷亳县、柘城。日军第十六师团中岛今朝吾部攻占砀山、马牧集，到达商丘。5 月 17 日，日军第十四师团土肥原贤二部经菏泽直犯陇海路，主力进至民权内黄集，准备攻占兰封（今属兰考），切断中国军队西撤退路。为掩护第五战区部队突围，并消灭孤军深入之敌第十四师团，中国军事当局以 10 万大军组成豫东兵团，由薛岳指挥向被围困在兰封城、罗王车站及罗王寨的日军第十四师团发起总攻击，28 日敌被困至三义寨、曲兴集一隅，作困兽斗。但驻守商丘之第八军黄杰部与敌激战两日后撤离，日军遂多路进犯太康、杞县、宁陵、睢县、民权等地。中国军事当局为避免与敌在豫东平原决战，乃令各军向平汉西转移。

5 月 28 日，日军飞机自商丘飞侵宁陵，对县城狂轰滥炸，炸毁民房数十间，东街回民赵世壁被炸身亡。29 日，侵华日军第十六师团由商丘向宁陵进犯。当时驻守县城的国民党县大队和国民党河南保安团 111 旅的一个营 500 余人，一枪未发，弃城而逃，使宁陵县城落入敌手。

第八节 花园口事件

1938 年 6 月 3 日，日军攻占尉氏、通许等地，4 日夹击开封。6 月 6 日，开封陷落，国民党河南省政府流亡。7 日日军进陷中牟，复分三路西进，一路已攻占新郑，郑州告急，6 月 9 日，蒋介石令第二十集团军总司令商震督工炸开郑州花园口黄河南大堤，滔滔黄河水奔腾而出，又遇 12 日大雨，河水猛涨，黄河水一泻千里，直向东南扑来，沿贾鲁河向中牟、尉氏、扶沟、西华流去，致使黄河从此改道。西进日军第十四、第十六师团遭受洪水的威胁，向东撤退。被阻隔在河西的数百名日军被歼。改道后的新黄河，将河南省一分为二，以西以南为国民党统治区，以东以北成为沦陷区。新黄河虽在短时间内阻止了日军的西进，但更主要的是给豫皖苏 3 省市 40 多个县市的广大地区带来了灾难，使沃野千里的豫东平原尽成泽国，80 余万人死于洪水，上千万人流离失所，并形成连年灾荒的黄泛区，给泛区人民带来巨大的灾难。宁陵县辖境西南阳驿、刘楼、张弓、黄岗、华堡等乡镇被淹，损失惨重。

第四章
抗日战争时期宁陵的斗争形势

第一节　宁陵日伪政权的建立

日本发动全面侵华战争后，为变中国为其殖民地，采取了“以华治华”的方针，扶植傀儡政权。1937 年 12 月 14 日，在日本卵翼下，伪“中华民国临时政府”于北平成立；1938 年 3 月 28 日，日本人又在南京炮制出伪“中华民国维新政府”，各地伪政权分别归其管辖。

宁陵沦陷后，日本侵略军便着手搜罗汉奸、亲日政客，扶植傀儡政权，以期迅速建立日伪殖民统治体系。1938 年 6 月，日军在宁陵建立临时傀儡政府——维持会，以镇压人民的反抗。1939 年 1 月 15 日，伪“宁陵县公署”建立，设县知事。伪县公署下设总务科（后改行政科）、财务科（后改财政科）。1940 年，县公署改称县政府。下设财政科、建设科、民政科、宣传科。

1941 年，日伪县政府将全县改设为 3 个区：一区城关，二区张弓，三区柳河。下设 73 个联保，258 保，2 549 甲。1945 年，区下改联保为乡、镇，全县设 3 个区，12 个乡、镇，即沙随镇（今城关）、张弓镇、石桥乡、阳驿乡、金厢乡、史集乡、王店乡、吕集乡、孔集乡、柳河乡、逻岗乡、许庄乡。

在沦陷区，日本侵略者用刺刀维护其殖民统治。日伪时期，地方军事行政工作由县公署民政科分管。伪政权在宁陵建立了日伪地方武装：1. 伪警备大队：1939 年伪县长孟广挚组建伪警备队，受县公署指挥，下设 3 个小队，共有官兵 30 人。至 1941 年扩建为警备大队，下辖 3 个中队，官兵增至 230 余人。2. 伪自卫团：1939 年元月，成立人民自卫总团。全县3个区各设一个伪自卫团(亦名富户团),共有兵丁2 300余人,各种长短枪280余人。3. 伪护路团:日本侵略军在沿陇海铁路宁陵段组建伪护路团,下设5个分团,计有兵丁50名。占领宁陵后,在柳河火车站筑一水泥碉堡。

第二节　日本侵略军在宁陵的暴行

1938年5月,日军侵占宁陵后,无数同胞惨遭杀害,财产被抢劫,房屋被烧毁,奸淫掳掠,把宁陵人民推向了灾难的深渊。

一、践踏宁陵县城

1938年5月28日,日寇飞机自商丘空袭宁陵,对县城狂轰滥炸。侵占宁陵县城后,日军第十六军团烧民房,抢东西,屠杀无辜居民,实行"三光"政策,见人就用战刀砍、刺刀穿和枪击,当天县城就有48名无辜百姓惨遭杀害,其中东关街23人,西关街7人,南街10人,北街8人。西关张花园村农民刘清海,因病未能逃离,躲在晒麦场内,被日军发现后,先用桑杈把他打翻在地,后用杈齿自嘴内扎进,从后脑勺穿出,惨死在日本侵略者的法西斯暴行之下。日军又继续在县城周围杀了162人,共计210人丧命,烧民房30余间。

二、血洗姜庄、宋庄

1938年6月2日,3个日军在县南瓦屋刘村西,发现一群逃难妇女,兽性发作,便前往追赶,一直追到姜庄,其中的两个妇女未能逃脱,被抓到该村的一磨坊内肆意奸污。姜庄、宋庄两村的群众发现后,眼看自己的姐妹遭到蹂躏,都非常愤慨,大家不约而同地回家拿了抓钩、铁锨、扁担等赶到磨坊,三个日军见状撒腿逃跑,群众紧追不放。一个名叫沈车的佃户会武术,手拿一根白蜡杆,跑在群众的最前面,一直赶到宋庄东北角,只身和3名日军搏斗,结果打死2名。在沈车和另一名日军激战时,瓦屋刘村的群众在西寨墙上打了两枪,沈车以为日军大队人马出动,不敢再战,致使这个日军跑掉。日本侵略军得悉后,即派大队日军围剿姜庄、宋庄,除跑掉的群众外,其余全部惨遭机枪扫射、刺刀捅扎、军刀乱劈、狼狗撕咬而死，240 余间民房连同粮食、家具、衣物都化为灰烬。

三、刘庄、吕集大屠杀

1938 年 7 月 25 日，几个日本兵到县南程楼乡刘庄，强行抢走农民刘洪伦一车西瓜，群众的谩骂声被其听见。刘洪伦跑到吕集报告联防队出击，才惊跑了这伙日军。第二天，日军就分两路突袭，对刘庄、大吕集实施报复。

沿宁柘公路去刘庄的一支日军，到刘庄后见人就杀，见房就烧。该村农民刘二枝，被日军脱光衣服后，用刺刀剖腹致死。后张村农民张布被日军在刘庄捕获后，扒光衣服绑到树上，当成活靶子进行刺杀，先割耳朵后挖眼，再刺两肩，后刺前胸和腹部，共刺九刀身亡。刘庄的刘洪伦被抓住后，敌人更是恼火，一连刺 7 刀惨死在谷地里。当天，日军在刘庄共杀害 18 人，烧掉民房 140 间。

去大吕集的一支日军，到八里屯时就开始捕人，然后把人绑押到大吕集，到了大吕集又抓很多人一起带到东门外场里，在途中部分身强力壮有胆量的挣脱绳索逃命，余 25 人（大吕集 17 人，八里屯 8 人），有的被敌人穿胸，有的被开膛，有的被枪杀，杀戮之惨状，手段之毒辣，实为罕见，充分显示其兽性。同时，大吕集又被烧毁民房 260 间。

四、火烧西张坡楼

1939 年 6 月，日军为强化对宁陵人民的统治，在公路沿线普遍安装电话线。刚过芒种，有 10 余名日军，在西张坡楼架设电话线，他们一进村，就到处捉鸡牵羊，群众纷纷逃往村外。日军看见就开枪射击，两个农民被打伤。这时，张石村的吕元兴因去玉皇庙村联络成立联防队，在公路上被抓住，带到张坡楼进行搜身，吕因腰中带一支瘸把子手枪，怕被搜去，就挣扎着后退，正好后面有个拖车，把他摔倒，于是他乘势拔出手枪，击毙一名日军，借机逃走。

日军把尸体抬回县城后，恼羞成怒。次日黎明，就调集大队人马前往报复。快到西张坡搂村时，日军对准该村鸣枪打炮，群众听到枪炮声全部逃光。日军没抓到人,就动手放火,霎时,火光冲天,全村300多间房屋成为灰烬,使张坡楼变成一片废墟。该村群众无家可归,只好三三两两地逃往外村活命。

以上种种,仅是日本侵略军直接给宁陵人民带来的灾祸,在抗日战争期间,全县人民辛勤创造的物质财富到底损失多少,那是谁也无法计算清楚的。虽然挂一漏万,也足以告诉人们,日军打到哪里,死亡、毁灭和侮辱也就席卷到哪里。

第三节 “治安强化运动”

为了巩固占领区,日军在宁陵伪政权建立后,采取多种措施,实施暴虐的殖民统治。1941年3月,日军在宁陵以“清乡”为名,强化保甲制度,严格实行身份证,频繁清查户口,并推行连坐法,疯狂镇压共产党游击队和人民群众。要求各地增强对封锁沟和炮楼的修筑,厉行保甲,约束民众,以使共产党“无活动之余地”;对粮食、棉花等也严加控制,以防流入游击区,给敌后抗日造成极大困难。当年春,日军在宁陵组建“新民会”,其宗旨是宣扬“中日亲善”和所谓“东亚新秩序”,从精神上奴化宁陵人民,为其侵略服务。6月,伪县税务局无理加重税收,并私设公堂,扣押商人,引起商界公愤。四街商人一起闯进税务局,痛打了伪局长及工作人员。之后,伪政府滥发纸币,发行的“中储券”在本县市面流通,大量榨取宁陵人民的血汗。

第四节 共产党领导下的宁陵人民敌后抗战

宁陵被日本侵略者占领后,各界爱国人士在逆境中坚持民族气节,拒绝与敌伪政权合作。中国共产党是团结带领中国人民开展抗日斗争的重要力量。

一、宁陵北境四县结合部党的抗日活动

1938年6月,宁陵县柳河镇袁庄村人、就读于河南省立一中的进步学生袁治洪从开封回到民权吴屯姐丈家,联系失学青年组织了抗

日团体——青试会，在民权县和宁陵县边境地带开展抗日活动。1941 年 1 月，袁治洪由曹县共产党员程渊月介绍加入了中国共产党，任民权县抗日民主政府一、四区区长等职。1941 年 4 月，根据鲁西南地委指示，在宁陵、民权、商丘、曹县四县结合部发展党员 10 余人，并建立了吴屯党支部，袁治洪任党支部书记。

二、柳河敌工站的建立

商丘各县沦陷以后，广大人民陷于水深火热之中，惨遭日军的迫害和蹂躏。我党为了紧急宣传和组织群众，掀起武装救亡运动，配合主力部队狠狠打击日本侵略者，加强冀鲁豫和豫皖苏两大革命根据地的联系，冀鲁豫西南地委决定在商丘、开封之间宁陵县的柳河建立敌工站，积极开展情报工作，了解和掌握陇海铁路沿线日本侵略军的动向。

1939 年 7 月，中共鲁西南地委决定派共产党员李东成（山东省曹县王集人）到柳河建立敌工站。党组织之所以派李东成到柳河建立敌工站，是因为有很多有利条件：第一，柳河是小车站，不被敌人重视，同时离商丘比较近；第二，李东成虽是山东曹县人，但是长期在柳河住，熟悉柳河一带的情况；第三，李东成在柳河有广泛的社会基础，有相当一部分亲戚、朋友和同学，便于开展工作。

李东成到柳河后便秘密地开展地下革命工作：一是团结进步人士，结成广泛的抗日统一战线；二是争取地方武装力量，进行抗日武装斗争；三是宣传党的政策，扩大党的影响。通过这些活动，结交了不少朋友，争取了一些进步人士，团结了一批进步青年。这样一来，党的影响逐渐扩大、同时有了一批可靠的力量，于 1939 年 10 月，在柳河建立了敌工站，李东成任站长，成员有杨世兴、冯广武等，隶属于鲁西南地委。

李东成通过积极活动，先后联系了杨敬信、冯万选、吕培成、王文明、赵自禄等。冯万选、吕培成原是联防队的人，有人有枪，经过李东成的争取，他们有抗日行动，冀鲁豫军区便委任冯万选为陇海铁路第一支队司令，吕培成为第二支队司令。与此同时，在陇海铁路以北民权县孙六口附近，通过共产党员胡立本又发展了龙门寨的李瑞桐、杨天宝、李有德、丁忠兴、李思圣等进步青年及和平救国军的李宗儒、李宗孔兄弟二人,在民权县孙六口建立了地下联络点,李有德负责联络点的工作。

在陇海铁路以南,李东成通过同学关系到宁陵县城开展活动,发展赵忠仁、陈庭芳(陈瑛)为联络点的成员,于1939年12月在县城建立了另一个联络点,赵忠仁负责联络点的工作。为更准确掌握敌伪军的动向,经冀鲁豫西南地委批准,于1940年3月,让赵忠仁打入宁陵县伪警察所,利用合法身份,为党做了大量工作。为了壮大党的力量,李东成在联络站内发展李瑞桐为共产党员。

三、王建一回宁作抗日救亡工作

1940年,宁陵县出现了日、伪顽杂的混乱局面,加之严重的自然灾害,宁陵人民在水深火热之中煎熬。为了打通水东地区,将睢杞太和豫皖苏两块根据地连接起来,1940年2月,中共豫皖苏区党委派共产党员王建一回宁从事地下革命活动。

王建一,1915年6月出生于宁陵县阳驿乡平乐村。1937年春,王建一在鸡公山参加了中国共产党领导的"中华民族解放先锋队",1938年4月入党。在豫东各县相继沦陷后,王建一参加了有近70人组成的"学生军",在中共豫东特委的领导下开展抗日活动。1938年6月,受组织派遣参加了新四军。1939年1月,调任新四军六支队驻安徽省亳县办事处政治指导员,4月任六支队政治部民运科干事,8月任六支队三团三营七连政治指导员,9月18日代表宁陵县党员参加了在涡阳曹市集召开的新四军游击支队及地方党组织第一次党代表大会。1940年2月,他接受党组织派遣,回家乡宁陵做地下工作。

王建一家乡平乐村位于宁睢交界处,便于隐蔽和开展群众工作。其主要任务是:长期埋伏,积蓄力量,积极宣传党的抗日主张,扩大中国共产党的影响,观察了解敌情,将敌伪动态及群众对抗日救国的态度,定期向豫皖苏区党委汇报。在当地站稳脚跟后,再慢慢向东、向北陇海铁路沿线开展地下工作。

回到宁陵后,王建一按照上级党委的指示,以卖板片的职业作掩护,立即开展了工作。通过交通员王建谋及时将收集到的情报送给上级;并积极宣传党的抗日主张,讲解共产党的政策,开展党的抗日统一战线工作;他深入石桥、逻岗和柳河一带,广交朋友,观察了解敌情,创造性的出色完成了党交给的各项工作任务。1941 年 8 月,王建一被调回水东军分区独立团。

四、中共宁柘商中心县委的建立

位于宁陵、柘城、商丘三县结合部的宁柘商地区,是睢杞太革命根据地进击商丘、柘城的前沿阵地,是联系淮北鲁西根据地和睢杞太根据地的交通纽带。抗战时期,该地为日伪军占领。

1940 年 7 月,为便于沟通豫皖苏边区与睢杞太根据地的联系,中共豫皖苏边区委员会派中共沈丘县委书记贾兼善(乔搂乡贾楼村人)回到宁陵、柘城、商丘三县结合部建立中共宁柘商中心县委,并任书记。贾兼善以商丘县郭村小学教师身份作掩护,积极在商丘郭村、宁陵县小贾楼、小路庄一带开展工作,建立党组织,宣传抗日救国道理,发展武装力量。1942 年初又到宁陵县西南小路庄教学,在刘楼一带开展抗日救亡活动。4 月 23 日,因叛徒经其昌出卖,被驻商丘日本特务机关乐园部队逮捕入狱,关押在朱集(今商丘市)车站道南日本宪兵队监狱,受尽了非人折磨,装入麻袋往水泥地上摔、灌辣椒水、用狼狗咬、坐电椅、火铁烧、美女诱惑……贾兼善始终英勇不屈,不泄露党组织的秘密。1942 年秋天在济南惨遭日军秘密杀害,年仅 24 岁,是商丘党史上牺牲时最年轻的县委书记。1942 年 4 月,因书记贾兼善被捕,中共宁柘商中心县委停止活动。

五、中共宁陵县第一个党支部的建立

1940 年 12 月,在条件成熟的基础上,经中共冀鲁豫西南地委批准,柳河敌工站在宁陵县柳河烟店建立了一个地下党支部,书记李东成、组织委员张清其、宣传委员胡立本。这就是宁陵县第一个中共党支部。

在柳河党支部的领导下,三个联络站、点积极开展抗日宣传活动,为我党和人民军队搜集传送日伪军的军事情报,争取地方武装力量,共同开展抗日武装斗争。柳河联络站的同志提供日本人侵略军的军事情报，掩护军、干人员过路，为八路军购买军用物资，营救革命同志，保护地下人员等做了大量工作。

宁陵县城联络点于1943年发展王允治、宋大德、范友信、郑树永等人为联络点的工作人员，联络点的力量逐渐扩大。当时联络点的主要任务是：①了解敌伪军武器装备、人员配置等情报；②为解放区购买和转送药品、纸张、钢板、蜡质等物资；③散发宣传品；④在伪军政人员中做策反工作；⑤为联络站争取“良民证”；⑥在爱国青年和学生中宣传抗日，尽可能把一切愿意抗日的阶级、阶层和各界人士团结在共产党的统一战线旗帜下联合抗日。

1941年6月，赵忠仁获悉商丘侵华日军14骑兵旅团驻宁陵1358部队中校部队长川崎出发“扫荡”时，星夜赶赴柳河向敌工站汇报。川崎部队走到铁路北沿宋庄附近，被冀鲁豫军区部队某部截击，川崎被击毙，并打死打伤日军三四十人。1943年秋，柳河敌工站接冀鲁豫军区敌工站通知，让李东成接送4名从太行山区过来的干部去山东曹县王场村。完成任务的两天后，我王场驻军遭敌暗算，受到很大损失，这4名干部又辗转回到柳河，被柳河伪警察所长、日本特务队长李玉显部下抓获。经过李东成多次做统战王作，4名干部被释放。1943年10月，宁陵人徐孜修（县师教师，1938年8月赴延安）受党组织委托，在河北省完县（后改为顺平县）神底邮局向赵忠仁函索伪宁陵县行政区划联保地图。赵忠仁接函后，就把地图分割成小块当信封使用，经商丘、开封日伪的局发往完县徐孜修处。事后，徐孜修向宁陵县各保邮寄过一些根据地的报纸、传单等，赵忠仁在县城张贴。同时，将根据地的报刊和其他宣传品寄给陈瑛阅读，1944年经柳河敌工站地下交通员杨世兴把他输送到鲁西南根据地工作。1943年12月，五地委成立陇海路汴商工作委员会（1944年10月改名为开封工委），李冠卿任书记。工委成立后，李东成与李冠卿商议，为了更有效地开展柳河敌工站工作，及时掌握日伪军军事活动情况，给八路军过路人员提供方便，柳河敌工站报请上级批准，让柳河人伪区员赵自禄充任柳河区伪区长，柳河人县保安大队分队长张培元充任伪护路团团长。他们除保护李东成在柳河安然无恙工作外，又保护了我地下工作人员薛垂绅、董耿成等经常在柳河出入，从未有过差错，同时还为根据地购买军用物资，掩护和营救革命同志等方面都做了不少工作。

第五节　宁陵的抗日民主政权和根据地建设

1944 年 4 月，日军发动河南战役。5 月 11 日，中共中央发出《关于向河南发展方针的指示》，要求河南地区组织抗日游击队和人民武装，建立抗日根据地。1944 年下半年，中国人民的全民族抗日战争全面转入战略反攻，当年 8 月，中共中央华中局指示新四军四师彭（雪枫）吴（芝圃）部队越过津浦路西进，恢复豫皖苏抗日根据地。为策应新四军四师西进，沟通淮北路西与睢杞太两块根据地的联系，1944 年 7 月 1 日，八路军派南下大队到达睢杞太地区；中共水东地委、水东抗日联防办事处根据中共中央冀鲁豫分局的指示，武装开辟宁柘商地区。

一、宁柘商民主政府和宁柘商支队的建立

1944 年 7 月底，在睢太边的黄巢岗、郑寨分别组建了中共宁柘商县委和宁柘商县抗日民主政府，任命张超海为县委书记，孙卫和为县长（为了不过于刺激驻商丘之敌，后宁柘商县改名为宁柘县，实际仍包括商丘县部分地区）。并从睢太大队抽出部分人枪，组建了宁柘商支队，孙卫和为支队长，张超海为政委，全体人员共 40 余人。8 月初，宁柘商县委、县政府在郑寨誓师出发，由水东分区武装护送进入宁柘商地区。县委、县政府积极领导群众，开展抗日斗争，以华堡为中心，开展游击区，扩大根据地。

宁柘商地域狭小，但因是商丘之敌西犯睢杞太根据地的必经之地，故敌伪驻军颇多，尤以地方保安团队为重。据此特点，确定在此活动的方针是：水东独立团主力开辟，县支队坚持；主力部队到时，县支队在边缘地区发动群众，担当监视敌情的任务，一有“情况”，大部队即可主动出击；主力部队走后，县支队坚持地区，巩固成果。

1944 年 9 月到 12 月，水东独立团主力，曾三次进入宁柘商地区，水东地委副书记兼独立团副政委李忠一、水东独立团参谋长孙子值、水东独立团副团长王广文都曾亲自率部队前往，最多时兵力达两个

营，平时主力留下一个连配合宁柘商支队活动。武装部队进入宁柘商后，打击敌伪，清扫反动地方势力，宣传发动群众，组织抗日武装，经过几个月的武装开辟，初步打开了宁柘商的局面。

二、宁柘商民主政府区级政权的建立

随着部队的开辟，宁柘商区级政权先后建立。1944 年 9 月，首先在宁陵县沟厢、张弓和商丘县的勒马之间，以宁陵华堡寨为中心建立第一区，区长秦广汉，配备一个班，掩护区政府开展工作，在刘楼、陈兑楼、权庄一带活动。接着沿柘城的丁王口、岱口、权庄一线向南开拓。在柘城的岱口以南，县城以北，以慈圣集为中心建立第二区，区长孙楷堂。此后又向东发展，准备以商丘县西南毛堌堆为中心建立第三区，后由于形势变化未能实现。

开辟宁柘商的武装，进入新区后，每到一村首先召开群众大会，宣告县抗日民主政府的成立，公布民主政府的政策、法令，经过宣传及发动打击日伪，保护群众利益的实际行动，使广大群众逐步认识到共产党员领导的队伍是真正抗日的人民军队，只有跟着共产党走，才能赶走日本侵略者，抗战才能取得胜利。

由于宁柘商长期遭受日伪的敲诈勒索，人民承受沉重的负担，所以开辟宁柘商后的柴粮征收工作非常困难。据此，县抗日民主政府一面组织工作人员大力开展宣传活动，一面采取合理负担政策，实行一次征收、分批缴纳、就地保存以及随军征粮的办法，秋收时陆续征收了约计五六十万斤公粮，保证军政供给。

三、开展统一战线工作和情报工作

宁柘商县委和县抗日民主政府按照党的团结抗战政策，广泛开展统战工作，促使了宁柘商抗日局面的新发展。

宁陵县敌占区史黄庄的富豪史世英，深受共产党团结抗战英明政策的感召，积极支持抗日活动，协助民主政府做了不少的统战工作。伪县政府职员李醒宇在宁陵县蔡吉屯、路六庄，多次受到县长孙卫和的接见。经过教育，他认清形势后，毅然辞职，不再替敌伪卖命。另外县政府还利用亲朋故旧的关系，与驻商丘张岚峰部特务连长杨守光、通讯营长杨守时、特务团长丁葆仁取得联系，向他们申明民族大义，使他们为我军提供了一些很有价值的情报。

四、毛楼战斗

1944 年底，宁柘商抗日民主政府已初具规模，正在准备东进开拓之时，情况骤然起了变化。当年冬，宁柘商支队政委张超海、支队长孙卫和，根据中共宁柘商县委开辟新区的指示，率领百余人进驻宁陵县张弓西毛楼村。

12 月 24 日，宁柘商支队和配合作战的睢县县大队在毛楼村与日军敌骑二三百人和伪睢县保安司令孟照华部千余人发生激战，因寡不敌众，我军遭受重大损失，伤亡很大，只有少数战士冲出重围。睢县县大队长苗久瑞身负重伤，大队副政委孙文波被俘。翌年初，根据上级指示，撤销宁柘商党政军领导机构，水东地委把宁柘商缩编为一个区，由睢县抗日民主政府代管，宁柘商县委、县抗日民主政府和县大队同时撤销，人员全部西返睢杞太根据地。

第六节　宁陵抗战的胜利

1944 年 12 月 15 日，毛泽东在陕甘宁边区参议会上发表了题为《一九四五年的任务》的重要演说，提出全国唯一的任务是配合同盟国打倒日本侵略者，明确提出解放区军民的首要任务是“消灭敌伪，扩大解放区，缩小沦陷区”，敌后战场展开大反攻。

1945 年 8 月 6 日和 9 日，美国先后在日本广岛和长崎各投下一颗原子弹。8 月 9 日，苏联军队进入中国东北，日本关东军遭到沉重打击。8 月 15 日，日本天皇宣布无条件投降。9 月 2 日，日本政府代表和日本帝国大本营代表在投降书上签字，侵华日军 128 万人向中国投降。至此，中国人民全民族抗日战争暨世界反法西斯战争胜利结束。

一、柳河敌工站机构的调整

1945 年 8 月，日本宣布投降后，随着形势的发展，根据工作的需要，接上级党组织通知，李东成的工作转移到商丘，柳河敌工站交由李建林负责。是月，县城联络点的负责人赵忠仁通过关系打入伪专署保安第一团刘子固的内部，县城联络点交由王允治负责。陇海铁路以北的联络点，由李东成和赵自禄筹划资金，让孙六联络点负责人李有德在柳河火车站开振华粮行，继续做好联络点的工作。

二、敌工站就受降与日军的谈判

日本宣布投降后，蒋介石与美国勾结在一起，抢夺胜利果实。就在日本宣布投降之日，美国总统杜鲁门发布通令，指定唯有蒋介石政府才享有中国受降权。同日，蒋介石电令日本中国派遣军总司令冈村宁次：中国战区所属日军应停止一切军事行动，听候中国陆军总司令何应钦之命令；不得向任何非暂定受降部队投降缴械、交出地区及物资；绝对不能将行政机关移交非指定之行政或代表等。何应钦下令在中国战区之日军立即就现在驻地及指定地点，静待命令，凡非蒋介石或其本人所指定之部队指挥官，日军不得向其投降缴械，不得向其接洽交出地区和交出任何物资。这就剥夺了中国共产党领导的抗日武装接受日军投降的权利而独自垄断受降权。

1945 年 8 月 29 日，李东成受冀鲁豫五分区政委刘星的派遣和分区敌工站外勤联络。股长薛垂绅一道持信前往商丘劝说侵华日军把武器交给八路军。日方参加谈判的有：少将森下旅团长、两名少佐、山本雄一中尉。我方向日军讲明当时形势，指出投降是他们的唯一出路。由于日方借口没有天皇命令，拒绝向我军投降，谈判没有成功。但森下送给八路军一些子弹，李东成找到打入伪专署保安一团的赵忠仁，赵忠仁将子弹利用条包做掩护送到鲁西南根据地。

全民族抗日战争是中国人民百余年来反对帝国主义侵略斗争规模空前并第一次取得完全胜利的民族全国解放战争。在这场战争中，宁陵人民付出了巨大的牺牲并做出了重大贡献，其间有数千名爱国青年踊跃参军、参战，为国捐躯，其业绩将永垂史册。

第五章
解放战争时期宁陵的斗争形势

全民族抗日战争胜利后,全国人民渴望和平、民主。但是,以蒋介石为首的国民党,仍要在中国保持大地主大资产阶级专政,继续实行独裁统治。美国也积极支持国民党发动内战。1945 年 10 月 10 日,国共双方代表签署了《政府与中共代表会谈纪要》(亦称《双十协定》)。然而,国民党统治集团对和平并无诚意,重庆谈判期间,即调动军队向解放区大举进攻。1946 年 6 月 26 日,大举围攻中原解放区。以此为起点,全面内战爆发。

在豫东,国民党集中正规军 3 个师和收编伪军张岚峰的 2 个纵队及 20 多个县的保安团共 3 万多人的兵力,向解放区发动围剿。饱受战争之苦的宁陵人民还没有获得喘息之机,就又被推进遍地硝烟之中。

第一节　抗战胜利后宁陵的形势

1945 年 9 月,日本侵略军投降后,原国民党流亡政府重回宁陵县城,组织三民主义青年团(简称三青团)河南支团商丘分团宁陵区队,张乘田任区队长。1945 年冬,宁陵县又成立了县临时参议会,选出参议员 8 人。张翔墀为参议长,吕凝通为副参议长。1946 年春,正式选举产生参议会。张翔墀为参议长,祁孝源为副参议长。同时,选举王敬修为河南省参议员。1946 年元月,废区,改划为两乡两镇,即孔集乡、逻岗乡、沙随镇、张弓镇。同年 9 月,又划为两镇五乡,改沙随镇为新吾镇,仍保留张弓镇、孔集乡、逻岗乡,新设柳河乡、沟厢乡、郭屯乡。1947 年 3 月,又恢复两乡两镇,即孔集乡、逻岗乡、新吾镇、张弓镇。乡镇下设70个保,保下设甲,每甲十几户、二十几户不等。

全国解放战争时期,国民党宁陵县地方武装主要有保安团、乡团、国民兵团。1945年9月,国民党新编第三路军24师某营400余人,进驻宁陵县城,3个月后撤离。抗战胜利后,国民党宁陵县政府将原来的鲁西南挺进军第9纵队和日伪的县大队,合编为保安团,下辖2个大队,8个中队,有官兵500人。1946年改保安团为县人民自卫总队,下设2个大队,8个中队;各乡镇设自卫分队,约有官兵700人,于1947年被人民武装歼灭之后,县政府又组建县自卫总队。1946年在民团基础上,建立人民自卫总团,下设12个分团。1946年,团总张自贤自成体系,建立国民兵团,笼络数十人,实为虚设。1947年4月,商丘保安团第一团长刘子固,在一个营的基础上,组建宁陵自卫大队,有官兵300多人。同年9月,县长张忠干依靠民权、兰考、曹县一带的土匪武装,再建宁陵自卫总队,下设2个大队,3个中队,计200余人,均相继被分区独立团和县人民武装歼灭。1948年初,县长王淑平以土匪头子丁心朝为骨干,重建宁陵县自卫总队,下辖2个大队,300余人。不久,也被人民解放军和游击队歼灭。

这个时期,国民党驻军情况为:1946年8月,张岚峰部某营400余人,驻守宁陵3个月。9月,商丘专属保安第一团某营300余人,进驻张弓镇,是年冬向过境人民解放军投诚。1947年2月,国民党暂编24师某营400余人,进驻宁陵。4月初被中国人民解放军包围,除部分被歼灭外,余部起义。

全国解放战争时期,宁陵有中国共产党和中国国民党的基层组织。宁陵境内先后建立4个民主政府政权:宁陵县民主政府、宁柘商民主政府、睢宁县民主政府、宁柘商办事处。人民武装力量主要有:宁柘商支队、独立团、县大队、逻岗区队、民兵。到1948年11月,推翻国民党在宁陵的统治后,原国民党宁陵县党部及其基层组织土崩瓦解,中共宁陵县各级组织由秘密转为公开。

第二节　全国解放战争战略防御阶段的宁陵

1946年6月,以蒋介石为首的国民党军队20多万向解放区发动疯狂进攻,中国共产党领导人民展开伟大的全国解放战争:1946 年 7 月—1947 年 6 月为战略防御阶段;1947 年 6 月以后为战略进攻阶段。

一、柳河敌工站的抗敌活动

全民族抗日战争胜利后,柳河敌工站进一步加强抗敌活动的开展。1946 年 5 月,县城联络点的负责人王允治和成员宋大德转入解放区工作,联络点交由范友信负责。是月,县城联络点受柳河敌工站的指示,借县师校长扣发学生补助粮和延长学制之机,发动了一次旨在打击学校当局,扩大共产党影响,锻炼学生斗志的罢课活动。并拟定谈判条件:一是校方必须按月发补助粮,不得误时和克扣;二是校方必须遵照原定的学制不能延长。经过不懈斗争,校方终于答应了学生提出的条件。

1946 年 7 月,县师学生在范友信、康天资进步学生带领下,借一警察纠缠一位农村姑娘不让进城的理由,鼓动全校学生,手拿木棒和砖头打入县警察局。此举大煞了敌人的威风,大长了学生的志气。

7 月,小坝车站解放时,赵忠仁乘黑夜和冀鲁豫五分区十四团联系,把策反的国民党保安一团一营一连士兵 17 人,好钢枪 16 支,手枪 1 支,带到该团驻地。

二、第二次建立宁柘商民主政府

全国解放战争时期,宁陵是水东解放区的前哨。1944 年至 1948 年间,中共水东地委(1945 年秋称冀鲁豫六地委,1946 年冬称豫皖苏一地委)奉命曾三次武装开辟宁柘商民主政权。1946 年 6 月,蒋介石发动了全面内战,宁柘商又由日伪铁蹄之下,落入国民党手中。睢杞太根据地在取得第二次反围剿胜利后,为了巩固和扩大解放区,保持与华中八分区的联系,中共冀鲁豫六地委决定恢复宁柘商民主政权。

1946 年 7 月 12 日,冀鲁豫军区独立旅和冀鲁豫六分区武装在攻克柘城县城之后,转移到华中八分区雪商亳县境休整,并在此组建了宁柘商支队,任命孙其昌为支队长、王建一为政委,支队由睢县县大队 53 人和分区一个侦察小分队组成,总计 74 人。8 月 1 日,支队由马头寺出发,向宁柘商地区挺进,行至商丘县(今睢阳区)勒马集,趁天未亮顺手摧毁敌人一个镇公所,俘敌20余人,获枪几十支,首战告捷,大大鼓舞了士气。接着支队直插敌人力量薄弱的宁陵县黄岗一带,开展游击活动。为加强党的领导,根据中共冀鲁豫六地委的决定,8月初在宁陵县西魏村建立了中共宁陵县委、宁陵县人民政府,下设张弓、平乐两个区,王建一任县委书记兼县长。

宁柘商支队在县委、政府领导下,以黄岗为中心,广泛发动群众,宣传党的政策,扩大我党我军的影响,不断打击敌人,逐步扩大游击区。9月,为集中力量阻止商丘之敌向水东解放区的进攻,中共冀鲁豫六地委决定,将宁陵县改建为宁柘商县,王建一任县委书记兼县长,并派赵永生、张承、雷文学等一批干部充实和加强宁柘商党政军的领导力量,接着相继建立了张弓、黄岗、平洛三个区。黄岗区区长张昌义、区书记赵纯;张弓区区书记兼区长王晓峰;平洛区区书记兼区长王干国。

三、刘邓率晋冀鲁豫部队在宁陵——陇海战役

国民党军队在围攻中原解放区的同时,对进攻晋冀鲁豫解放区的兵力亦作了部署:以郑州绥署整编旅的兵力,担任陇海路开封至商丘间的守备,阻止晋冀鲁豫野战军南下支援中原部队的作战。为粉碎国民党军的进攻,中共中央晋冀鲁豫局和晋冀鲁豫军区对组织机构进行了调整,1946年8月起展开陇海战役、定陶作战、出击豫皖边等一系列作战,大量歼灭了国民党军。

8月9日,中共中央军委指示晋冀鲁豫野战军主力出击豫东,占领陇海路汴(开封)徐(州)段及路南10余县,吸引尾追中原部队之敌军增援陇海路,使突围部队能在陕南、豫西、鄂西等处站住脚跟。据此,为策应中原解放军突围,邓小平和刘伯承奉中共中央指示率晋冀鲁豫野战军发起陇海战役,反击驻在陇海铁路沿线砀山至徐州和开封至民权的国民党部队。8月10日夜,晋冀鲁豫野战军4万多人在150千米宽的正面,突然向陇海路兰封、黄口段线上之国民党发起攻击。8月12日夜,邓小平和刘伯承指挥晋冀鲁豫部队攻下柳河车站,歼国民党55师一个连和省保安团一个排,拆毁路轨10余华里。

到8月12日,晋冀鲁豫部队先后攻克兰封、砀山两座县城及陇海

线上的刘堤圈、柳河集、李坝、野鸡岗、兰封、罗王诸车站，歼灭国民党军5 000余人，控制与破坏铁路150余千米。8月13日，国民党军队55师181旅，由虞城县马牧集开往柳河西黄老家一带，被晋冀鲁豫部队包围。17日，该师29旅87团企图接应181旅突围，在抵达宁陵西北小孔集时，被晋冀鲁豫部队阻截包剿，至21日6时，敌军大部被歼。陇海战役共歼灭国民党正规军2个旅，及地方团队共1.6万余人。此间冀鲁豫区共组织15.6万民工携带大车2万辆、担架2万副支前，保障了战役的胜利。这是历史文献记载邓小平第一次来宁陵。

四、张弓废黄河战斗

1946年夏，宁陵县民主政府、宁柘商民主政府一建立，就在张弓、黄岗一带发动群众。在艰苦的环境中，采取就地坚持、分散出击、避强击弱、寻机歼敌的战术，不断粉碎敌人的进攻。

1946年9月，宁陵国民党县长刘聚东出动县总队、全县国民党地方武装500余人，集结在张弓北废黄河北岸的七八个村庄，妄图以优势兵力趁宁柘商支队立足未稳，把支队消灭或赶出宁陵，气焰非常嚣张。支队面对数倍于自己的敌人，支队政治委员王建一和支队长孙其昌认真分析敌情，采取“重点突破、迂回敌后、前后夹击”的作战方针，集中兵力攻击中路距离张弓四五华里的仁庄、芦堂之敌。同时派侦察参谋谷玉杰又从敌人背后插入，将敌机枪手击毙，然后用机枪向敌狂射。与此同时，位于废黄河南岸的支队另一部趁势向芦堂一带守敌展开攻势，在两面夹攻之下，敌人整个阵脚被打乱，全线崩溃，仓皇逃窜。此次战斗，10分钟便结束，缴获敌机枪1挺，俘敌数十人，毙敌4人，我支队无一死亡。战斗结束后，支队安全转移到黄岗附近的张八卦村进行休整，对俘虏讲明政策，愿留者留，不愿留者发给款物，放其回家，此措施扩大了我军的政治影响。首次废黄河战斗的胜利，大大鼓舞了支队的士气，人民的志气，震慑了敌人。同时宁柘商支队创造的坚持小部队活动，以较小的代价换取较大的胜利，频频打击敌人的游击作战战术，受到豫皖苏军区的表扬。军区司令员张国华专门通知王建一在一次军事会议上介绍了开展小部队活动的经验。与会的各分区的同志对宁柘商支队在敌强我弱的情况下，机动灵活，分散活动，出敌不意，攻敌不备，频频出击，以少胜多的做法，表示了极大的兴趣和赞许。

五、伪装打扮、痛击顽敌

1946 年 11 月 7 日，宁柘商支队侦察参谋谷玉杰化装成佩着少校军衔的国民党军官，率领一支“国军分队”到商丘县关堂以西宁商路上去执行抓“舌头”任务。他们行至途中，发现东面传来汽车马达声，战士们不约而同做好了战斗准备，当两辆汽车行近时，谷玉杰令一战士示意汽车停下，并以搭便车去宁陵城办事之故，率战士纷纷登上两辆汽车，在车上通过交谈，始知这是敌人运送军衣的汽车，负责押运的武装仅一个班的兵力。谷玉杰当机立断，决定了连人带车一齐抓的方针。当汽车驰入宁柘商支队的埋伏圈时，我战士的枪口各个对准车上的敌人，没等敌人弄明白是怎么回事，就成了俘虏，两辆满载军衣的汽车向解放区驰去。

接着，支队趁当日睢县周堂逢古会的机会，又端了周堂镇公所的老窝，所有枪支弹药全部缴获。当地群众高兴地说：“砸了镇公所，拆了老虎窝，解了俺们的心头恨”。

六、柘城双庙战斗

1946 年 11 月 13 日，宁柘商支队在开往柘城岱口途中，发现敌 24 师 1 个团尾随而来。将至柘城西北 30 里双庙村时，支队先遣队员又发现到乡下催粮收柴的国民党国防部保安第三纵队独立团一营三连在双庙村北布阵埋伏。在后有追兵、前有阻敌的情况下，为争取主动，支队指挥员当机立断，以迅雷不及掩耳之势，勇猛扑向双庙村北之敌，十几分钟便将 1 个连的敌人全部歼灭。此次战斗，打死打伤敌人 20 多名，俘虏 70 多名，缴获轻机枪 4 挺、小炮 1 门，步枪 30 多支。当敌人主力闻讯赶到以猛烈的炮火向支队射击时，支队已安全转移到离双庙 20 里的安林岗。不幸的是，支队长孙其昌在战斗中中弹光荣牺牲，为宁柘商人民的解放事业献出了年轻的生命，时年 38 岁。

七、拔掉逻岗、张弓据点歼灭战

1946年12月，豫皖苏一分区独立团在政委李培棠率领下，采取夜晚突袭的战术，一举消灭了宁陵县逻岗国民党镇公所，镇长胡洪生赤身逃跑，我军俘敌10余名。

1946年9月，国民党河南省二专属（即商丘）保安第三团一个营300多人，进驻张弓。在镇内东南隅，沿驻防据点周围筑起一道土围子，墙高丈余，墙外壕沟深且宽，出入全靠吊桥。白天他们四处活动，派粮催款，围剿县区人民武装；晚上龟缩据点，紧闭四门，花天酒地。敌人的胡作非为，给这一带的人民群众带来了极大灾难，群众都盼望着早日拔掉这个据点，歼灭这股敌人。

1947年1月27日夜，邓小平率领晋冀鲁豫野战军第六、七两个纵队，由鲁西南南下翻越陇海路，经柳河镇，28日到达张弓一带，和在这里活动的豫皖苏区独立旅、宁柘商支队相遇。旅首长令宁柘商支队拔掉张弓据点，全部队消灭敌人。战斗打响后，宁柘商支队从西南方向进攻，独立旅一个连从北面集中优势兵力，全面出击。在东门外与国民党张弓镇长贾铎率领的镇武装接上火，在短短的几分钟时间，外围的工事即全部击溃。敌人缩回据点，企图凭借寨墙、壕沟负隅顽抗。支队和独立旅一个连很快攻入寨里，从四面八方将据点团团围住。邓小平命令首先向敌人发起了政治攻势，宣传党的政策，讲明目前形势，指出投降是明智态度，要求敌人在20分钟内投降，否则将全部消灭。20分钟后，敌仍在顽抗。支队又连续打了几发炮弹，再次减话，又延长了3分钟。据点的敌人听到了隆隆的炮声，知道是解放军正规部队压境，才觉大势已去，如再不投降，其结果只能是以卵击石、自取灭亡。于是，据点内挂起了白旗，敌人的一个营全部列队出降，这次战斗歼灭商丘专属保安团一个营和张弓镇公所全部武装，共打死打伤敌人50多名，俘敌200多名。镇长贾铎也被打伤捉住，缴获迫击炮2门，各种枪支200余支，炮弹、子弹1万发。不仅打击了敌人，消灭了敌人的有生力虽，而且发展了人民武装力量，为宁柘商地区的巩固与发展，创造了有利条件。

八、恢复宁陵县建制与睢宁县民主政权的建立

1946 年 12 月,中共豫皖苏边区委员会、豫皖苏军区在睢县平岗成立,豫东革命形势向好的方面发展。1947 年 1 月豫皖苏战役打响后,宁柘商地区又为国民党占领,开辟宁柘商的武装返回睢杞太地区。

1947 年 1 月 26 日,宁陵地下党组织通过深入的政治思想工作,国民党第 24 师第三纵队张岚峰部独立团一营营长程培兆率官兵 400 多人在柘城远襄起义,在豫皖苏一分区武装部队接应下开赴解放区。1 月 29 日,在睢县白楼与宁柘商支队合编,组建了豫皖苏一分区独立团。全团辖 2 个营、6 个连和 1 个直属队约 700 余人。程培兆任团长,王建一任政委。

2 月,中共豫皖苏一地委决定,撤销宁柘商县,恢复宁陵县建制。同时成立中共宁陵县委、宁陵县人民民主政府和宁陵县大队,书记汤绍禹兼县大队政委,副书记索天桥,县长张弟承兼县大队队长。宁陵县民主政府下设 6 个区:一区以黄岗为中心,辖夏寨、华堡、大郭等;二区以张弓为中心,辖毛楼、尖庙、曹西庵、路老家、马桥等;三区辖史集、夏寨等;四区辖大黄楼、傅集、赵庄等;五区辖平乐、郭屯等;六区以瓦屋刘为中心。宁陵县大队下辖 2 个连,200 余人。同时,县南游击区的 5 个区政府,均组建了区队,各有干部战士 20 余人。当年夏末,出于对敌斗争的需要,又从各区抽调 30 多名干部战士,组建一支敌后武工队,活动于柘城、宁陵、商丘三县交界处。三个月后武工队撤销。随着新区的开辟,又组建了第六区区队。

2 月 7 日,豫皖苏军区独立旅解放睢县县城,后又被国民党军队占领。为打通陇海铁路以南通往克威县的交通线,中共豫皖苏边区委员会决定,在睢县北部、宁陵县西北部、克威县(今杞县)东部的陇海铁路南侧,建立了睢宁县,辖逻岗区。同时,成立了睢宁县委、县政府和县大队,李培棠任县委书记兼县长。是年春,组建逻岗区队,隶属睢宁县逻岗区人民政府。该区和宁陵县下属的五区、六区队经常配合行动,对国民党占领的宁陵县城形成了包围圈。新中国成立后,撤销睢宁县逻岗区,区队归属民权。

九、邓小平指挥第一次解放宁陵县城

1947 年 1 月 29 日，邓小平到达柘城张桥一带，指挥第六、第七纵队和豫皖苏军区武装向国民党军队进攻，至 2 月 8 日，先后攻克柘城、鹿邑、杞县、亳县、睢县、宁陵 6 座县城，歼敌 9 800 余人，有力地打击了敌人的嚣张气焰。当时，邓小平的司令部就设在柘城县的王金门花园。

2 月 8 日，在邓小平的指挥下，豫皖苏一分区部队在宁柘商支队配合下，程培兆、王建一率独立团进驻宁陵，一营驻西关、二营驻南关、三营驻县东北角的张庄一带。县保安团仓皇逃窜。独立团进城后，立即打开监狱放出在押的无辜群众和所有政治犯，并开仓济贫。这是宁陵县城第一次解放。从长远的人民游击战争的战略考虑，为彻底破坏敌人的防御工事，成立了城防办公室，任命宋大德为办公室主任，组织群众扒毁部分城墙。同时做好政治动员和宣传工作，广泛书写大字标语口号，在进步知识分子中发动串联，扩大进步力量。还把缴获敌人的大批军用物资运到解放区，有力地支援了人民全国解放战争。

十、第二次解放宁陵县城

豫皖苏军区独立旅，攻下太康、通许后，于 4 月 2 日由杞县东北前后纸坊一带出发，4 月 3 日 21 时赶到宁陵。其兵力部署是：34 团由西门主攻，以兵力一部由城西向南佯攻；35 团由南门主攻，以兵力一部由东门佯攻；30 团部署于阳驿铺，准备击退由睢县可能来援之敌；军区警卫团于姚集一带防敌北窜，并警戒柳河车站；骑兵营控制观堂，对东警戒。旅指挥所设在城西南的马堤口。

4 月 4 日凌晨 3 时开始猛烈攻城，34 团由西门一举攻入，即以一个连沿城墙占领北门，35 团由南门亦同时进城，拂晓即攻开四门。敌随即退守街内，负隅顽抗。我 34 团由西大街，35 团由南大街向里发展，每占一地均受敌阻击，至中午将敌压缩在东街翟家祠堂、南街隅首碉堡、西街炮楼。此时张岚峰部丁、孔、许三个团由睢县前来增援，我军埋伏在阳驿铺的打援部队，待敌尖兵进入街内，勇猛反扑，干脆歼敌1个排,毙敌10余人,缴轻机枪2挺,步枪20余支,其后续部队仓皇后撤,仅以炮兵向独立旅袭击。

由于打援的胜利,保证了攻城的顺利进行,在街内巷战时,大力开展攻心战,城内之敌顽抗到下午3时见援兵无望,在独立旅强大政治攻势下,迫使敌营长杨长青率余部起义,其余向我缴械投降,宁陵战斗随告结束。此次战斗,计击毙敌县长胡藻以下67人,伤100人,俘敌营长以下400余人,缴获重机枪3挺,轻机枪20余挺,步枪300余支。我军伤亡70余人。独立旅受到晋冀鲁豫军区通令嘉奖。

十一、游击区土地改革

1947年2月,中共宁陵县委、县人民民主政府成立后,县委和县政府根据中共豫皖苏一地委指示,积极发动和领导人民群众,进行土地改革,建立区乡政权,成立农民协会,开展参军支前活动。

1947年4月,中共宁陵县委在大郭、西魏、黄岗一带建立了民主村政权和农民协会,开展土地改革。大郭行政村村长为李景孟,西魏行政村村长为翟金明,黄岗行政村村长为张广壁。土地改革,首先从黄岗乡大郭行政村开始。土改的方针是:自耕自种、原封不动;中间不动、两头推平。中间不动,是指自耕自种的中农户的土地财产不动;两头推平,是指地主和贫雇农的土地财产推平;把地主的土地和农具分给无地和无农具或少农具的贫苦农民。

6月,县委副书记索天桥率廖进平、陈侠君等人来到大郭行政村。当时该行政村包括六个村庄:大郭、申屯、王堂、朱贡堂、薛屯、小苏屯、小李屯。他们首先发动各村贫苦农民成立农民协会,一个由45人参加的农会很快成立起来。之后对六个村所有农户的土地占有情况进行排队,自耕自种的是中农户,属于团结的对象,其财产原封不动;不劳而获,经常使用长工、短工、佃户的是地主,是这次斗争的对象;经常给别人当长工、短工、无地少地的雇贫农,是这次斗争的主力和骨干。

农会成立后,县委领导多次召开会议,宣布土地改革的意义和党的土地改革政策,群众发动起来了,一场史无前例的地主财产的斗争开始了。当年6月下旬的一天,在县委领导下,农会带领贫苦农民及民兵共150多人,先“嗡”了大郭、申屯、王堂、朱贡堂的郭金声、奏世勋等13户地主,得粮食100多斤,牲口37头和一部分农具。粮食当即就分给了一部分缺粮的农民,牲口和农具全部集中在王堂村的场里,随后分给了大郭行政村的贫苦农民。

“斗争”结束后,县委在王堂又召开了群众大会。会后,开始平分地主的土地。因当地平均每人合三亩地,所以也给地主每人留三亩地,其余多出的1 800亩土地全部分给各村无地少地的贫苦农民,延续一千多年的封建土地所有制,在这里从此被推翻了。但也有个别思想落后的人,有后顾之忧,怕国民党回来报复,不敢参加这次斗争。因此,农民虽然分得了土地,但农具不足,耕作仍有困难。县委决定,对该行政村已经“嗡”过的13户地主进行复查。经过复查,地主的财务,除了锅碗瓢勺外,全嗡光了。共“嗡”出粮食14 000斤,磨10多盘,犁子、耙50多张,小家具、小农具500多件。农民种地农具不足的问题解决了,地主赖以生存的经济基础彻底摧垮了。9月,县委为巩固解放区,扩大土改成果,又声势浩大的“嗡”了黄岗郭明德等5户地主。共“嗡”出大车3辆,牲口3头,粮食4 000多斤,也都分给了各庄的贫苦农民。

通过土改,涌现出一批立场坚定、敢于向封建势力做斗争的积极分子。获得土地的农民,政治觉悟空前提高。在保家、保田、保命的口号下,解放区组织的参军、支前运动都能超额完成任务。根据斗争的需要,县委在当地发展党员13人,相继建立了西魏、大郭两个党支部,以便领导农民向封建势力做斗争,巩固土改成果,发展生产,支援全国解放战争。土地改革运动促进了解放区的政权建设、民兵建设,使人民军队有了可靠的、巩固的后方;促进了农业生产的恢复和发展,农业产量提高,农民收入增加,使人民革命战争获得源源不断的人力、物力支援,从而为夺取胜利奠定了坚实的基础。

张弓、黄岗一带游击区,在实行了减租减息、土地改革的同时,翻身农民为保卫胜利果实,还以村为位单位建立民兵武装,组织民兵站岗放哨,注意敌人动向,盘查可疑过往行人,随时打击地主还乡团的破坏活动。

第三节 人民解放军转入战略进攻

1947年6月以后,宁陵县境的全国解放战争由战略防御阶段转入战略进攻阶段。

一、柳河敌工站为刘邓大军提供过境情报

1947年6月至7月,晋冀鲁豫解放军强渡黄河,发起鲁西南战役,揭开了解放军战略进攻的序幕。随后,解放军在全国各个战场逐步展开战略进攻,纵横驰骋于江淮之间,歼灭了大量敌人。

1947年6月底,刘邓大军从章丘镇渡过黄河,7月跨越陇海路,千里跃进大别山。柳河敌工站奉开封工委指示,迅速掌握商丘东、西部陇海铁路沿线的桥梁、涵洞和国民党兵力部署,并趁机在敌人的内部做好策反工作。联络站把任务交给赵忠仁,他接受任务后,由小坝(今梁园区谢集)车站乘火车到砀山,由砀山骑自行车返回兰考,搞清沿途桥梁、涵洞和兵力部署情况绘图上报,为大军过境提供了可靠情报。

二、夜袭徐大庄

1947年初,原国民党韩复榘部下的一个旅长李宣德从部队退役后,返回老家宁陵县华堡乡白庄村。国民党六绥区利用他在地方上的势力和影响,委任他为国民党豫东剿共总司令。李宣德招兵买马,威逼群众出钱购买枪支,组织地方武装,占地为王,带领打手,横行乡里,作威作福。他们要捐征税,派粮催款,极尽搜刮民财之能事。广大农民怨声载道,恨之入骨。

1947年7月4日,被誉为"孤胆英雄"的豫皖苏一分区独立团侦察排长谷玉杰,率一个排和10余名侦察员,夜袭徐大庄。接近村庄时,兵分两路,一路堵住村北,一路由村西潜入了庄内。来到李宣德的住址——徐大庄大地主徐风天的大院,放倒两名哨兵后,进入屋内用刺刀控制住床上的李宣德。李佯装起身,就势从腰下掏出手枪,被当场击毙。敌人听到枪声都穿衣起床,摸枪装弹,失机慌忙往外冲,

但各屋门口早已被战士们堵住，霎时手榴弹声、枪声响成一片，敌人死伤狼藉，幸运逃出的，在村北又受到我军的堵击，他们前后受到夹攻，只好乖乖投降。这次战斗，击毙李宣德等5人，缴获手枪1支，步枪20余支，俘敌20多人。

三、第三次解放宁陵县城

1947年8月，刘邓大军于鲁西南歼敌9个半旅后，复以一部分兵力，于8月11日横跨东西300里长的陇海线，经一夜长途行军之后，以迅雷不及掩耳之势于8月12日攻克了宁陵县城。12日继克睢县县城及马牧、张阁、柳河、小坝等车站，控制商丘东西铁路120余里。桂系蒋军第7师及48师于11日由定陶回援，途中被八路军击溃于曹县，乘胜直下陇海路，3日共歼国民党88军21旅1个营，睢县、宁陵、鹿邑三县保安团全部，俘敌营长以下3 000多人。宁陵县城之敌，在逃往商丘途中，连同国民党宁陵县长、前国民党127师少将副师长万象春以下650余人，于商丘县花坟被全歼。宁陵县城第三次解放。

四、华堡平暴战斗和史集战斗

1947年8月，刘邓大军越近大别山，豫皖苏区形势发生了巨大变化。八路军采取了敌进我进、敌不进我也进的方针，结束了敌进我退的退缩现象，形成敌我拉锯局面。地方土顽、会道门组织相互勾结，采取避开主力，保存力量，一旦有机会，即攻击共产党地方武装，大量破坏土改，建立反动的地方武装。

1947年9月11日，在商丘六绥区特务组织的主谋划策下，利用宁陵县南胡庄大地主红枪会头目胡振清，操纵宁陵、柘城、商丘边境一带原有的看家自卫组织“红枪会”组织暴动，向解放区进攻。在六绥特务的组织下，他们在胡振清家召开了宁柘商反动团总会议，次日发动万余人向宁陵三、六区先发起进攻，六区因事先得到情报及时转移，三区付出了代价才摆脱出来。随后，暴乱的敌人席卷解放区，农会骨干、军人家属和无辜群众等遭到残酷迫害。

为了粉碎敌人的进犯，打击敌人的破坏活动，中共宁陵县委命县大队、六区武装，在睢县县大队和军分区骑兵连的配合下，于9月初某日拂晓乘大雾进驻华堡寨,天明后被暴徒发觉,遭其三面包围。在此情况下,人民武装指战员多次喊话,陈述利害,暴徒们不仅置之不理,反而继续缩小包围圈。指战员做出反击决定,宁陵县大队副大队长范荣海一面在北门布置反击火力,一面命一连长刘绍先率一个排,六区区长宋大德带一个班,共40余人为突击部队,并令骑兵连在步兵出击后从东门出击向北包抄,午后两点,范荣海一声令下,北门两侧机枪齐鸣,暴风雨般地射向北门敌主力阵地,接着机枪停止射击,40余名突击队员迅猛扑向敌阵,向暴徒发起冲锋,骑兵也从东门出来向北包抄过来,很快击溃了这伙敌人,并向北直追10余里。此次战斗共毙伤敌人100余人,缴长短枪近百支,俘敌500余人,战斗胜利结束。

10月,华堡战斗后,为了开展政治攻势和善后工作,县大队在三、六区队的配合下,近200人到宁商边地带活动,进驻史集。敌人为了报复,挽回其在华堡失败的残局,又纠集大批兵力,用10余辆汽车向史集的县大队猛扑过来。这次战斗,由于指挥员被华堡战斗的胜利冲昏了头脑,麻痹轻敌,加上地形对我不利和俘虏兵的叛变,所以,宁陵县大队损失较大,死伤和被俘30多人,丢失机枪3挺,长枪40支,是宁陵县最大的一次战斗失利。

五、陇海线破击战和柳河歼灭战

1947年10月12日,豫皖苏区党委、军区在柘城安平召开扩大会议,贯彻上级有关扩大解放区、充实解放军主力及开展土改的指示精神。

11月,解放军对陇海路徐州——兰封段进行迫击战。11日黄昏,攻克虞城、民权及宁陵县柳河镇、小坝车站和柳河集据点,共歼国民党虞城总队全部,生俘总队副以下900余人,500里铁轨大部被扒翻。

12月20日8时,中国人民解放军8纵队,向驻扎柳河的国民党整编第24师第5旅发动攻击,21日上午攻克柳河集及柳河车站,结束战斗。毙伤敌营长李宗儒(叛徒)等200余人,俘敌少将旅长陈扶民、团长杨建文以下官兵3 000余,缴获美式榴弹炮2门,轻重机枪百余挺,长短枪千余支及大量物资弹药,著名的陇海战役胜利结束。

六、第三次开辟宁柘商及宁柘商支队勇击敌人

为适应豫皖苏地方武装不断发展的形势，加强各地武装建设，中共豫皖苏一地委一分区为便于组织宁陵、柘城、商丘三县的对敌斗争，1947 年 12 月底奉命第三次开辟宁柘商，在宁柘商三县结合部建立中共宁柘商工作委员会、宁柘商办事处。工委由赵永生、王飞霄、宋行伍、汤绍禹、张伯源五人组成，赵永生任工委书记，宋行伍任办事处主任。共划三个区：华堡区、远襄区和勒马区。

同时，以柘城县县大队为主，重新建立了宁柘商支队，王飞霄任支队长，赵永生任政委，统一指挥宁陵县大队、重新组建的柘城县大队及宁柘商各区的武装斗争。支队下设五个连，共500 余人。宁柘商支队建立后，首先扫清了柘城马集联防队陈元昌部、商丘勒马一带惯匪马效奇部，并配合分区武装在睢宁公路截击了睢县国民党县长田中田部。这支人民武装力量，神出鬼没，频繁出击，沉重打击了国民党地方武装，共计俘敌 1 980 余人，毙、伤敌 680 人，缴获轻重机枪 130 挺，各种长短枪 1 900 支，炮 5 门，汽车 2 辆等，多次受到豫皖苏军区的嘉奖。

1948 年 2 月 12 日，国民党太康联防队和鹿邑联防队黄起部、柘城联防队张子重部共 1 000 多人，疯狂骚扰柘城西部的白口、丁庄、牛洼、刘夫久等村，他们见粮抢粮，见物抢物，奸淫妇女，无恶不作。此时，宁柘商支队正驻在离这一带约十里许的丁王口村，战士获悉敌人罪行，无不咬牙切齿，要求出击。支队首长研究决定，狠狠打击这群兵匪。遂通知柘城县县大队控制张桥，阻止柘城可能增援之敌，截击有可能沿惠济河西溃之敌，命令宁五区队约 30 人到刘夫久村迎击敌人，且战且退，诱敌深入；然后支队首长率 200 多人主力，迅速下惠济河，顺河谷跑步前进，到李滩店、康屯上岸，当支队突然出现在敌人面前时，敌人吓呆了，一阵冲杀，敌把抢劫的物品纷纷扔下逃命，此战俘敌太康县联防队长秦作礼等 20 多人，毙敌 5 人，缴获步枪 20 多支。

支队战斗的不断胜利，使敌人的地盘逐渐缩小，解放区日益扩大，先后建立了三个区：宁陵的华堡、芦集、史集、沟厢一带为一区，区长宋大德；柘城的远襄一带为二区，区长朱达川；商丘县的勒马一带

为三区,区长郭芳林。

1948 年春,豫皖苏解放区获得大发展,下展各县均建立了县政权,宁柘商和豫皖苏一分区连成一片。为适应新的形势需要,同年 6 月,中共豫皖苏一地委决定,撤销宁柘商建制,工委、办事处和宁柘商支队相应撤销。原宁柘商工委书记、支队政委赵永生任宁陵县委书记,索天桥任副书记,并设立五个区委;支队长王飞霄任柘城县县长,所辖区域各归属原县建制。至此,宁柘商民主政权胜利地完成了它的历史使命。

七、第四次、第五次解放宁陵县城

1948 年 7 月 2 日,豫皖苏军区华东野战军一纵、四纵、十一纵在逻岗等地,有力地阻击了黄百韬兵团。7 月 5 日,华东野战军骑兵团,从夏邑给养出发,经柘城到张弓奔袭宁陵县城。从张弓出发,走到解洼分配了战斗任务:一大队(队长孟照贤)打西门,七大队(队长吴礼义)打南门,五大队(队长王勤之)绕道到县城东北角等待打埋伏,团部指挥所在三里河。兵分三路,在对县城形成包围后,从东、南、西门同时发起强攻,一大队首先占领西里园,七大队从南门冲进县城,国民党县长王淑平只身藏于县城内东北芦苇丛中。敌人从北门逃跑一大部分,北五大队截住在野外北消灭四五百人,打死几十人,多数被俘,宁陵县城第四次解放。

1948 年 10 月 31 日上午 10 时,柘城、宁陵两大队及宁五区队向宁陵守敌国民党宁陵县县长田中田部 200 余人发起强攻,田见势不好,畏我军来势勇猛,即仓皇出城狼狈东窜,大队当即乘胜跟踪追击至城东关外,予以歼灭,15 分钟结束战斗,计生俘敌 21 名,伤敌数名,缴步枪 23 支,手枪一支,子弹 275 发,骡马三匹及其他文件、文物、布匹、粮食等。此为宁陵县城第五次解放。

第四节　宁陵解放

国民党悍然发动全面内战后,为了解决急剧增加的军费开支和各种物资消耗,于是就加紧对本已山穷水尽的人民进行经济搜刮。

为进行内战的需要，国民党军队云集战略要地河南，到 1946 年春，仅正规军就达七八十万，加上地方团队，总数不下 100 万人，常年所需的军粮、麸料和柴草，多由满目疮痍的河南筹措，宁陵人民也在所难逃。同时，建碉堡、炮楼、挖壕沟、各种名目的派粮派款照常进行。

在经济上极尽搜刮之能事的同时，宁陵县国民党政府还继续大抽壮丁——尽管当时本县劳动力已普遍严重缺乏。初，国民党实行征兵制，但民众应征者寥寥。后又采用"抽签摊派制"，也是极难奏效，只好改用拉夫抓丁办法扩充兵源。在抗战刚刚结束的 1945 年秋，国民党第一战区司令长官胡宗南为了准备发动内战，就在河南征兵 10 万人。1946 年，国民党政府决定在全国抓补壮丁（18 ~ 35 岁）50 万人，河南一省分配征兵额 10.2 万，接近全国的 1/4，加上各支国民党军又随处额外加抽，所以各县抽丁量都很大。在宁陵县，很多乡村只剩下老弱妇女，许多青壮年被迫离家出走，流落异乡，妻离子散，家破人亡，大片土地因无人耕种而连年荒废。

1948 年 8 月 19 日，国民党政府滥发金圆券，其面值一元折合法币 300 万元，造成法币急剧贬值，通货膨胀，物价上涨 120 万倍以上，宁陵人民群众苦不堪言。从 1945 年，随着革命根据地迅速扩大，解放区冀南、北海、华中等货币开始在宁陵市面流通。同时，国民党部队"招安"的土匪武装、地方恶势力横行乡里。"娶个老婆保长的，打的粮食乡长的，生个孩子老蒋的，当官都是狗养的"——这些流传于民间的民谣，充分反映出宁陵人民的悲惨处境和对国民党政权的刻骨仇恨。

1948 年 11 月 5 日，刘邓大军由中原战场向华东战场推进时途经宁陵，本县至此全部解放，统治人民达 22 年之久的国民党政权垮台。

11 月 7 日，中共宁陵县委、宁陵县人民民主政府由黄岗郭楼村迁至宁陵县城，宁陵归属豫皖苏第一行政区。县委书记兼县长索天桥率六区队 20 余人进城，门市商店生意照常买卖。群众、商民、学生见县长率区队进城，夹道欢迎。

同时，睢宁县撤销，将下辖的逻岗区仍划归宁陵县。随后，中共宁陵县委对全县行政区划进行调整，共设 5 个区和 1 个镇：一区张弓，二区吕集，三区城关，四区孔集，五区逻岗及城关镇，89 个乡，辖 1 025

个自然村。1949 年 3 月,豫皖苏第一行政区改为河南省商丘专区,宁陵属商丘专区。中共宁陵县委和县政府的办事机构和各群众团体也相继建立。从此,结束了宁陵人民受压迫、受奴役的历史。

第五节　全国解放战争宁陵支前全力以赴

1946—1949 年,为了赢得全国解放战争的胜利,数以万计的宁陵人民,抛弃家舍,加入支前大军,铺路架桥,运送物资,抢救伤员;送子送郎,参军参战;节衣缩食,捐资捐物,为中国革命的解放事业做出了重大贡献。1948 年 6 月,睢杞战役开始,县委派民运部长陈侠君带领志愿担架队员 270 人,担架 40 副,到前线支援睢杞战役。7 月,开封战役时,宁陵县共支援担架队员 247 人,床 45 张。11 月,淮海战役打响后,县委和县政府领导全县积极开展了支援淮海战役的群众运动。11 月 6 日至翌年元月 10 日,在历时 65 天的淮海战役中,宁陵支援担架 150 副,担架队员 350 人,太平车 250 辆,军粮 28 万千克,柴草 40 万千克,并支援了大量军鞋。11 月,中共豫皖苏分局书记宋任穷一行,自淮海战役前线归来,路经宁陵时,在县委听取了县委书记兼县长索天桥关于支援前线和政权建设工作的情况汇报。1949 年 2 月 20 日,县人民武装县一大队 300 余名干部战士,响应“升级过江,壮大主力军”的号召,出征江南。4 月 4 日,为支援渡江战役,建立宁陵县支前司令部。支前工作中,全县共支援粮食 43.5 万千克、柴 39.5 万千克、草 7 万千克等。

在革命战争的紧要关头,人民群众用身家性命保护了自己的干部战士,以实际行动支援了战争。1947 年春,敌人为了要挟党的领导干部王建一,县保安团就把他 60 岁的父亲王文亮抓起来,先在县城看管一天多,后又把他解送到商丘城里,强迫他劝降儿子,否则就把他杀掉。王文亮临危不惧气愤地说:“我绝不会给儿子写信,我儿子也不会投降!”王建一知道父亲被抓后,便给敌人捎个口信:“如果你们把我父亲杀掉,我决不会轻易放过你们,血债要用血来还。”敌人看把他杀掉也不会有什么好处,就把他拉出监狱放在马路上,他在泥泞的马路上挣扎着爬到一家修自行车的地方,请求把他送到宁陵县刘油坊一个亲戚家,才免遭一死。

宁陵人民的优秀儿女,对国家和党的革命事业忠贞不渝。从全民族抗日战争到解放故争时期,地下工作者,英勇机智地同敌人进行了殊死的斗争,有200多名烈士的鲜血洒在宁陵的土地上,3名县级干部和2名区级干部献出了宝贵的生命,800多名群众惨遭敌人的杀害。他们之中,有在敌人的牢狱中,面对敌人的各种酷刑、威胁利诱,始终抱定共产主义的坚强信念、宁死不屈的商丘党史上最年轻的县委书记——贾兼善;有对革命赤胆忠心、无私无畏、机智勇敢、年仅15岁就被敌人活埋的侦察小英雄李黑孩等。还有1948年9月下旬(农历八月十六),县大队和县民主政府工作人员,在黄岗东北部郭楼和敌骑兵遭遇,县长宋行伍负伤后被俘,于商丘县南门解放前夕就义。党的优秀儿女用鲜血和生命换来了宁陵的新天地,为人民的解放事业做出了巨大贡献。

第六节　宁陵县人民政权组织建立

宁陵解放以后,中共宁陵县委、宁陵县人民政府加强了政权建设,先后设立了9个政府职能部门。1949年2月,建立了宁陵县农民协会和宁陵县工商业联合会。5月建立宁陵县民主妇女联合会。9月建立了中国新民主主义青年团宁陵工作委员会。在革命斗争中,培养了一批骨干,发展了一批党员。至1949年9月底,全县建立5个区委,党员104人。

宁陵解放以后,在各级人民政权和党的各级组织建立初期,社会秩序尚未稳定,一些反动残余势力和土匪、恶霸、反动会道门仍不甘心失败,伺机造谣生事,拦路抢劫,制造恐怖,杀害农村党员、干部,妄图破坏新生的革命政权,成为一个硕大的社会毒瘤。

1949年5月下旬,中共华中局就河南土匪问题与河南省委共同进行了研究,在随后召开的中共河南省委第二次党代会上,决定半年之内彻底肃清土匪,这就要"主动地有计划地进攻到底,彻底解决问题,不是打垮打散打退敌人,而是消灭股匪,肃清散匪,收尽匪枪,捕净匪首,瓦解会众匪股,破获特务指挥机关,打倒通匪窝匪济匪庇匪的恶霸,建立人民的革命统治”。

中共宁陵县委、宁陵县人民政府为保护人民的胜利果实,巩固人民政权,于1949年9月在全县范围内开展了剿匪反霸、减租减息运动,严厉打击了一大批罪大恶极的土匪、恶霸和现行反革命分子。至年底,剿匪反霸工作基本结束,缴获长短枪1 000余支,机枪20多挺,没收粮食4.59万千克,土地1 871亩,房子875间,牲口116头。社会治安日趋巩固,剿匪反霸作为一个历史任务已基本得到解决。

而后,县委抽调大批党员干部,组成工作队分赴农村,放手发动群众,组织农民协会,按照中原临时政府《新解放区减租减息条例》,对于各种形式的租佃,一律按原租额减去25%,禁止二东家转租土地;取消押租金制度,对原佃户向地主缴纳的押租金,均按缴纳时的实际价格退还原佃户;减租年限,从县人民政府建立时实行,人民政府建立前的所有欠租一律免缴。在减息上,凡农民在新中国成立前借地主、富农的债,如已付利息超过原本一倍的,停止还本;超过两倍的,本利停付。债务还清后,农民抵押债务的土地、财产均予退还。

不久,苦尽甘来的宁陵人民迎来了划时代的1949年10月1日——中华人民共和国成立的光辉日子。为这一日子的到来而前赴后继、奋斗不息的宁陵人民继续在中国共产党的领导下,用忘我的劳动和无穷的智慧谱写历史的全新篇章。

第六章
新中国成立前宁陵的社会经济和文化

1912 年元旦，中华民国成立；至 1948 年 11 月，国民党南京政府在宁陵统治的覆亡，此段宁陵为中华民国时期，宁陵经济、文化、教育与社会生活等表现如下。

第一节　社会经济

宁陵自从民国以来，大大小小的自然灾害，几乎年年发生。从 1912 年到 1948 年，宁陵县发生的大小旱灾、涝灾共有 20 次。如果加上蝗灾、风灾、雹灾等就更多了。其中比较大的灾害有 1917 年秋、1919 年夏的涝灾，县城南门、东门护城河两桥坍塌。1921 年夏秋之际，大雨连绵，河水暴涨，我县许多地方尽成泽国。有的地方平地积水达六七尺深，所有的庄稼尽被淹没，房屋大量坍塌，惨不忍睹。1922 年秋，全县霍乱大流行，死亡无数，仅县城就病死 100 余人。1924 年，霍乱流行，发病率占 20%，死亡率约占 80%。1929 年，宁陵又遭大旱，小麦减收。本县半数以上作物绝收，受灾群众达 102 230 人，占全县人口的 54%。1930 年夏，全县旱灾、蝗灾；秋，连降暴雨后，全县疟疾流行，染疾者十有三四。1932 年夏、秋，阴雨连绵，河水涨溢，宁陵尽成泽国，哀鸿遍野，惨不忍睹，为数百年来所未闻。1933 年夏、秋，本县小麦、高粱发生大面积黑穗病，造成严重减产。1934 年 6 至 9 月，全县大雨成灾，受灾面积 37 702 亩，塌房 59 间，群众财产损失 70 241 元。1935 年 6 月，风、旱、雹灾严重侵袭，1937 年秋，霍乱大流行，不少地方全家被感染。仅黄岗乡青岗寺村就死绝五户。进入 40 年代，自然灾荒更多更大。1942 年 6 月，又出现了全省规模的大旱灾,蝗灾随之而来,宁陵深受其害,秋季几乎绝收。1943 年冬,大雪,平地积雪 3 尺。此后几年,干旱年年不断,从 1946 年到 1948 年,涝灾又较多。

伴随着各种自然灾害,“人祸”也逐年加重。1920 年河南护军使赵倜普设增税员,到各县从出入城门的货物中征税,连青菜、干草都要交进城钱。宁陵县受其影响,官府内营私舞弊之风甚烈。进入 30 年代,国民党政府田赋、捐税种类不断增多,其数额也不断增加,加之军阀混战,各种摊派越来越严重,同时田赋开始连续预征。据 1932 年国民党省政府统计,区公所征收的经费有招待费、公费、伙食不敷费、夫役费、灯油费、制服费、财政保管处经费、开会费;壮丁队征的有军装费、子弹费、公费、队丁费、不敷费;联保征的有支应费、夫役费、不敷费、灯油费、杂费。这些费用全都属于临时摊派,其收入多数中饱私囊。日本侵占宁陵后,日伪政府重税虐民,采取各种方式,掠夺物质财富。就连农民的青谷子、青豆子、柳树的根皮也被征收,去喂日本的军马。而流亡于农村的国民党县政府,虽不进行抗日,可照样向沦陷区人民征收各种赋税。

兵灾在民国期间尤甚。赵倜统治河南时,兵额增加了十几万,1920 年吴佩孚入豫时,军队多达 20 余万人。军队的增加,使过重的军饷负担又加到劳动人民的肩上。1930 年的中原大战,宁陵是主战场,人民遭受了惨重的战祸。而日军的入侵,则给宁陵人民带来了更大的灾难。无数的百姓惨遭屠杀,田园荒芜,城镇变为废墟,大片庄稼毁于战火,大量耕地和劳动力被修公路、碉堡、据点、封锁沟、墙所占用。在日伪统治之下,百姓稍有反抗,“三光”政策便会落在他们的身上。抗战胜利后,大批国民党军队又开进了宁陵县,对游击区发动内战。这一切使本来就贫穷的宁陵县,经济陷于崩溃的边缘。

第二节　传统农业的发展

自古以来,宁陵县就是以农为主的农业区。但在民国时期,生产力落后,自然灾害频繁,加之苛捐杂税、地租、高利贷,农业产量一直很低,农民生活十分困苦。

民国时期,我国的土地制度是封建的土地私有制,土地集中的现象是比较普遍的,大量土地集中在少数地主手中。地主 3 076 户占耕地 344 923 亩,占总耕地数的 46.3%;富农 1 261 户约占耕地 97 190 亩,占总耕地数的 13%;贫雇农 27 242 户仅占耕地 90 000 亩,占耕地总数的 12.09%。

无地或少地的贫雇农,只好去租种地主的土地。地主出租土地,一般有以下四种形式:一是交高额地租,如“九一”“二八”地租。这是一般小地主、富农对佃户的剥削方式。土地所有者提供种子、肥料,进行耕地、播种,佃户中耕、除草、追肥、收割、入包。佃户仅得到收成的 1/5 ~1/4。二是缺乏耕畜、农具的贫农种地主的“把牛地”。由地主提供种子、肥料、牲畜、大件农具,佃户来耕作。佃户把收入的 30%缴纳地租。三是“分种地”,或称“停种地”。即有耕畜、农具而地少的佃农自己出劳力、畜力,自己投资解决种子、肥料,收获时把收获的一半交付地租。四是课地。地主将土地租给农民,牲畜、农具、种子、肥料都有租地农民负担,不论歉丰,每亩每年交租粮 25 千克至 40 千克。此外,还存在有长工、短工、临时工等雇佣工人。长工一般为期一年,负责地主家的农活、牲畜、料理家什,由地主管饭,最高工钱每年不超过 14 元,一般 12 元,或给粮食 500 斤。

民国时期,宁陵的粮食作物大体上有麦类、豆类、高粱、谷子、玉米及红薯。经济作物有棉花、芝麻、花生、油菜、烟叶、麻等。蔬菜主要有白菜、萝卜、芹菜、大葱、大蒜、南瓜、菠菜、辣椒等品种。此外,还种植了少量的花卉、药材、瓜等。在粮食作物中,夏粮种植面积较大,其中尤以小麦种植面积最大,约占 95%。本县粮食产量长期低而不稳。1935 年,小麦单产 28 千克,高粱单产 58 千克,玉米单产 17.5 千克,大豆单产 20.5 千克,花生单产 50 千克,棉花(籽棉)单产 25 千克。到 1946 年,小麦单产也只有 42.5 千克,高粱单产 24.9 千克,大豆单产 10.3 千克,花生单产 59.9 千克,棉花(籽棉)单产 25 千克。此时期,宁陵境内种植的主要树木有榆、柳、桑、槐、黄李、杏、桃、柿子、梨、枣、苹果、花红、石榴等,并曾引进侧柏、刺槐,多数仍为乡土树种。但因为军阀混战,战乱频仍,林业生产无专门管理机构,树木遭到滥伐,许多宜林地带树木稀疏,分布零星,全县许多村落和宜林地一片突兀,大地一片荒凉。民国初年,创办东关苗圃场,培育榆、柳等幼苗,春季播种,2 至 3 年出圃,但育苗规模甚小。1923 年,在大沙河两岸曾栽植过柳树,后屡经破坏,存活甚少。1935 年冬曾在宁(陵)商(丘)公路栽有柳树,后被毁。此时期畜牧养殖业受战乱影响,特别是沦陷时期和国民党统治后期,畜禽多被抢掠或宰杀,数量大幅度减少。到 1949 年,全县畜禽总数只有 145 780 头(只),且多是当地品种,体型小,质量差。

民国时期,农作物产量较低,其原因除封建剥削外,还由于种子退化、肥料很少、农具落后、畜力不足,更没有水利设施,单纯的靠天吃饭。当时使用的肥料主要是农民沿袭千百年传统方式积造的农家肥。主要有人粪尿、土杂肥、灶灰、堆肥、绿肥、饼肥等,远远不能满足农作物对肥料的需要。尽管有少数地方也施用了化学肥料,但很不普遍。民国期间,畜力不足。牲畜的养殖在三四十年代频繁的战乱下备受摧残。民国期间,农业生产中使用的农具,都是世代流传下来的旧式农具。用于运输的有太平车、小土车和扁担,用于田间耕作的有铁木结构的土犁、土耙、土耧和锄;用于收割的有镰刀、镢头;用于脱粒打场的是石磙、唠石,以及桑杈、扫帚、落耙、木锨;用于提水的是木桶、倒罐;以及用于粮食加工的石磨、石碾等。这些旧式农具操作费力,工效较低,难以做到深耕细作。民国时期,虽设置了专门的水利机构,如我县先是设有水利分会,后又改为水利支局,1931 年后县公署第三科兼管水利事务,可有名无实,本县不仅没有水利设施,而且河道失修,排水不畅,洪涝灾害不断发生。除小片菜园采用人工摇辘灌溉外,没有水浇地。

由于这些原因,特别是民国期间的天灾、人祸、兵灾,使宁陵县的农业每况愈下,人民群众的生活十分属困苦。

第三节　手工业的发展

民国时期,宁陵虽然出现了近代的工业,可数量极少,发展十分缓慢。手工业生产在许多方面、许多地方占有主要地位,然而,民国期间的手工业,在繁重的捐税、战乱之下,发展停滞,某些行业甚至出现了倒退。民国时期，本县除两家私营小烟厂外，还有铁业、木业、编织、缝纫、卷烟、酿酒、砖瓦、白铁、打绳、丝、制革等个体手工业作坊。

酿酒业在宁陵历史悠久。清末民初，张弓镇的曲酒酿造作坊已达40多家，但因工艺落后，加之私人作坊明争暗斗，致使张弓曲酒发展缓慢。据1932年《河南统计年鉴》载，张弓酒年产量仅有5 600千克。新中国成立前夕，战乱频仍，民生凋敝，大部分私人酿酒作坊相继倒闭，曲酒生产几乎处于停滞状态。

食品加工业，在明清时代已颇负盛名。东街“芝兰室”的蜜汁，相传曾为贡品。到1932年，由于陕西、山西食品加工业技术的传入，县城四街食品加工铺（店）发展到10余家。西街的“协和昌”“广义亨”“廖泰来”“兴盛德”和北街的“玉顺成”等作坊所生产的风味食品，曾为广大食客所青睐。其品种有南糖（皮糖、麻片、酥糖、荸荠糖、鸡骨糖、寸金糖）、红点心（蜜什、橘饼、大金果、梅豆角、元酥、薄脆）、白点心（蛋糕、月饼）等食品。在酱菜加工方面，清咸丰四年（1854年），县内已有几家酱菜加工店铺。到民国时期，主要产品有酱油、醋、酱豆、干湿大头菜、酱黄瓜、酱地瓜、酱萝卜、酱笋苔等。

在民国时期，本县旱烟、水烟较多，纸烟多为当地手工卷制。1942年后，本县开始建立私人卷烟厂，私营商贩则直接进厂批发。粮油加工，民国时期均为私人作坊。面粉加工，民国时主要靠石磨。棉花加工机械简陋，依靠脚踏畜拉，操作笨重，效率极低。印刷行业，民国时期有石印馆1处。

第四节　商业、财政、金融服务业的发展

民国初年，包括宁陵在内的民族资本主义有较大的发展。当时，东西各主要帝国主义忙着准备第一次世界大战，长期作为侵华主角、压抑中华民族资本主义发展的欧美帝国主义各国一时无暇东顾，辛亥革命的成功也打击了压抑新经济的地方封建势力，在河南晚清时期禁阻开办面粉厂、自来水厂的统治当局随同消失。

在宁陵，城镇民族资本主义得到发展，国内和国际市场对原料需求的增大，加上陇海铁路的修通所带来的交通运输上的便利，促成宁

陵农产品进一步商品化。棉花、油料、林业等经济作物种植面积的扩大,就集中反映了这一点。如林业发展,1915 年,在县城东关外建苗圃 1 处,面积 32 亩,种植各种树苗近 10 万株;至 1924 年苗圃面积又扩大 36 亩。1919 年,于县城北曾庄南地建立娘娘庙林场,占地 50 亩,当年栽植了桑树、合欢、榆树和侧柏。当年,在县城西北又建王虎庄林场,占地 30 亩。

民国时期,宁陵县商业在清朝的基础上继续向前发展。从 1912—1936 年,本县的商业种类在增多,从业人数及店铺数也不断增加。陇海铁路建成通车,“洋货”随之涌入,县城和其他主要集镇开始设商店,建货栈,外地商人亦来宁经商,商业贸易日渐活跃,全县当时较有名气的商户达 80 余家。这时的商品,大多为农副产品和进口日用工业品。牛、羊、猪、禽、蛋的购销,随行就市,私人经营,自由买卖;进口日用工业品主要商品有美国的亚细亚、华孚煤油,英国的伞牌肥皂,日本的哔叽、直贡呢、黑白平纹布,德国的黑靛染料;还有国产商品如国产毛笔、纸张、砂糖、纸烟、针、线等。酒的销售,本县张弓镇私人作坊酿造传统的浓香型 60 度曲酒,用篓、坛包装,自产自销,或以低于市场价格批发给小商贩销售。糖的销售,本地商贩多从开封、商丘或睢县批发。1939—1944 年,在日本占领时期,宁陵县商业萧条下来。从日本投降到 1948 年 11 月,国民党地方军、政、警等机关和部队肆意搜刮民财,经营商业更加困难,商户日益减少。

民国财政体制为通盘筹划,由县金库保管和发放经费。民国初期宁陵的财政收入,除中央、省分配外,县财政经费开支的不足部分,在地丁、漕粮等税上附加 3 至 4 倍征收。1922 年征收各项税款 47 874.57元。1940 年日伪政权横征暴敛,全年征收税款 96 680 440 元。1946 年,地方经费超支,县政府指令各乡镇摊派粮食 7 万斤。

民国时期的货币,初期以银圆和纸币为本位币,清末发行的银两票、银圆票、制钱票继续在宁陵流通,并开始流通铸有袁世凯头像的银圆。1927 年县内又流通铸有孙中山像的银圆,外国银圆逐渐被淘汰。1930 年,宁陵市面开始流通河南省农工银行发行的纸币。1933 年,民国政府规定孙像银圆为国币,袁世凯头像银圆在本县市面逐渐减少使用。1935 年改革币制,国民政府规定中央、中国、交通 3 家银行发行的钞票为法币，以法币代替银圆，并禁止银元流通，但银元、铜币仍在县内市面使用。之后，又规定“中国农民银行”发行的纸币为法币。各银行纸币面额不一，四行纸币在本县均有流通。日伪时期，日伪政府发行的“联银券”“冀东券”及少量的日本、朝鲜纸币，相继流入本县市面。1942 年，汪精卫政府发行的“中储券”在本县也有少量使用。1948 年 8 月 19 日，国民政府又发行金圆券，本县市面曾流通。民国和日伪时期发行的纸币贬值速度惊人，民间交易多不愿接受法币，而采用小麦作为计价和流通的交易物。全民族抗日战争时期，解放区发行的“北海币”“冀南币”，1947 年人民解放军南下时流入本县。1948 年 6 月，中原解放区设立中州农民银行，发行“中州票”，曾在本县流通。

民国期间的金融组织。1926 年，在县城西街路南设“玉福和当铺”，为商丘一当铺代当，一般 3 ~6 个月，最长 1 年，典当利率高达 3 分至 3 分 5 厘，1937 年倒闭。民国期间宁陵还有很多放账铺，本县经商会批准备案的，有“协盛久”“德庆永”“长盛和”“晋太升”等商号经办放账事宜，兼营放账者遍及全国各集镇，县南街“仁记”商号为富绅经营。一般高利放出，期限 3 个月，利率月息 3 分，不足一月者按一月计算，到期不还者，息变本，本加息，似滚雪球越滚越大。1946 年宁陵县始设银行。

第五节　陇海铁路的修建

陇海铁路前身是汴洛铁路，只有汴梁（今开封）至洛阳一段，是依照芦汉铁路的支线修建的。1912 年决定向东西扩展修筑时定名为陇秦豫海铁路，简称陇海铁路，该路东起连云港站，西至兰州西站，长 1 749.6千米。

1912 年 9 月 24 日，国民政府财政总长周学熙、交通总长朱启钤，与比利时铁路电车公司代表陶普超在北京签订修筑陇海铁路借款 25 000万法郎（折合 1 000 万英镑）的契约。同年 11 月 2 日，国民政府任命施肇曾督办，又与法、比两国订立筑路合同和管理合同。同年 11 月 20 日开始测量开（封）徐（州）段。

1913年5月，铁路东段由徐州、开封两端相向破土动工。同月，陇海铁路宁陵县境段内工程全面开工，境内铁路东起孔集火车站东391千米28米处，西至三丈寺火车站西413千米290米处，全长22千米262米。1914年建成柳河火车站（今宁陵火车站），当时的柳河站站舍建在道北，站内有三股道，一股道长626米，二、三股道长476米。1915年5月境内段工程竣工，并投入临时运营，1916年元月正式使用。

柳河火车站1916年元月正式办理营运时，只有一对定点客货混合列车，昼行夜停。每日早晨从开封、徐州相对开至商丘（朱集）运休。到1921年，郑州至徐州间增发了旅客列车，徐州至西安间增开了旅客快车，宁陵县站只办普客业务。宁陵县站办理货运业务始于1933年11月，当时业务量极小。

陇海铁路因靠外国资金和技术修筑，故长期为外国人控制。当时陇海铁路往来公文和电报均用法文。1928年始将该路管理权收归国有。1929年9月，往来公文才改用中文；1934年往来电报才以国音四码代替法文。新中国成立前在国民党军队溃败时，陇海铁路曾遭严重破坏。

第六节　邮政通讯事业的发展

1920年12月，县城改邮政代办所为三等邮局，同时成立柳河三等邮局，办理汇兑业务。设城镇投递员1人，接车员1人。张弓集、阳驿铺、大孔集、逻岗集设邮政代办所。1923年12月，县三等邮局改为邮政局。

1919年，县成立电话局，安装10门交换机1台。1933年，柳河和县城先后开展了对商丘、睢县和民权县的长途电话业务。

第七节　近代学校教育的肇始与发展

中华民国取代清王朝后，制定了新的学制系统和各类学校的课程标准，学堂改称学校。民国建立后，本县一些知名之士，纷纷筹庙田，捐私产，创办学校。1916 年春，因差役殴打办学人员，侮辱全体学生，加之部分公产和庙产被劣绅、庙道把持，再加之自然灾害的侵袭，对学校造成极大影响。1917 年，依照河南省议会决定，县劝学所设教育款产经理处，教育经费开始独立。教育经费来源有七：丁地附加、教育捐、契税附加、学田课租、房租、戏捐、学生自费。1928 年，省政府通令各县收回庙产，办理学校。抗日爆发前，宁陵学校和学生数量迅速增加。随之而来的全民族抗日战争，教育事业遭到巨大破坏，颠沛流离中，学校数量急剧萎缩。日本投降后，国民政府实行田赋征实，由乡保自筹，向农民摊派，教育经费更加拮据。全国解放战争后期，国民党破坏教育，使大批师生流寓异乡。仅据 1946 年统计，全县就有失学学生 2 876 人。到 1948 年 3 月，国民学校共有教职工 238 名，其中师范 18 名，中学 29 名，小学 191 名，在校学生共 10 764 名。

民国时期教育行政管理机构演变为：1914 年，裁撤清朝时期的劝学所，设县视学办公处。1917 年恢复劝学所。1923 年，改劝学所为教育局。1930 年本县教育局被列为五等局，1932 年晋升为四等局。1938 年日本侵略军占领宁陵后，设教育股。日本投降后，又建立教育局。

一、小学教育

分为公立学校、私立学校和教会学校。公立学校实行上级教育行政部门领导下的学校负责制，私立学校由学董理事会管理。学制依照学部颁布的学制而行，1912 年颁布的《壬子、癸丑学制》规定，初级小学学制 4 年，高级小学学制 3 年。1923 年改为初级小学 3 年，高级小学 3 年。1925 年又改为初级小学 4 年，高级小学 2 年。1930 年教育部颁布小学课程暂行标准，规定初级小学的课程是：国语、算术、常识、三民主义、工艺、体育、音乐等，高级小学课程加上卫生、公民、史地、自然。教学方法采用“讲述法”“演示法”，教师边讲解边以手势演示，较明清时期的“填鸭式”进了一步，但仍是“满堂灌”。

（一）公立学校

1914 年，县立高等小学堂改为县立高等小学校，有高等生 2 班，3

年毕业。1923 年，又招初级生 2 班，学校易名为县立小学校。1917 年，设县立女子初级小学校，复式班 1 班，后改为男女生兼有的县立小学分校。1928 年春，按省政府通令，本县查收庙田 50 余顷，又呈准丁地附加 7 000 元，建立小学 80 所，教育事业有了较大的发展。1931 年县立小学校定名为县立第一小学校，置总务、教导、训导、研究 4 部，高级 4 班，初级 4 班，有学生 303 名，教职工 13 名，年经费 4 392 元。同年，将城隍庙县立小学分校定名为县立第二小学校，置高级 2 班，初级 2 班，师范 1 班，学生 106 名，年经费 2 448 元。又在张弓集设立第三小学，有学生 6 班。1936 年在柳河火车站创办县立柳河小学校，有学生 5 班。此外，有公立乡村小学 26 处。全县小学学生 3 550 名，入学率为 13.65%。1938 年 5 月，宁陵沦陷，各学校相继停办。私塾又恢复重建 40 余处，有学生 481 人。日伪政府出于亲日反共的需要，加强奴化教育，于 1939 年设立第一小学校，学生 6 班，次年为 7 班，有学生 279 名。1941 年成立日语普及学校 3 处，学生 328 名。共恢复完全小学 3 处，初级小学 68 处，村立小学 5 处，计有学生 3 015 名。抗日战争胜利后，国民政府接管学狡，政局腐败，学校混乱，学生辍学甚多。1947 年，共有中心学校 7 处，初级小学 62 处，在校学生 8 731 名，适龄儿童入学率为 34.7%。

（二）私立学校

1924 年，郭世振、杨伯龄、卢玉汉筹办三友私立小学，每年捐洋 1 200元，招高级生、初级生各 1 班。1925 年又招 2 班，1927 年停办。

（三）教会学校

1918 年，于县城福音堂内创办基督教初级小学，有学生 26 名。1920 年开办柳河基督教民生小学，招生 27 名，后增加到 70 名，因日军侵占而停办。1926 年创办福音小学，招生 29 名，1930 年停办。1927 年楚庄教堂内设立小学，招生 20 名。1931 年天主教于县城西街教堂设小学，有学生 30 名，男女生各半。

二、中学教育

县立初级中学创办于 1934 年，招生 1 班，1938 年日军占领后停办。1943 年 9 月,日伪县政府恢复县初级中学。日本投降后,由国民党县政府接管,有学生 7 班,405 名,教职工 18 名。

1925 年教育部颁布的《中学教育规程》规定,中学学制为初级中学修业年限 3 年,高级中学修业年限 3 年。本县初级中学为 3 年。初中开设课程有国语、算术、代数、几何、物理、化学、英语、地理、历史、植物、动物、生理卫生、体育、音乐、美术、工艺,后又增设公民及军训。

民国时期,私立中学也得到较快发展。1942 年,柳河创办私立振岭中学,1946 年并入县初级中学。1948 年 8 月,石桥集筹建私立沙随中学,招生 2 班,130 名,1949 年 4 月并入县初级中学。

三、中等师范教育

发展教育首先要有师资。县立师范讲习所 1926 年招生 1 班,1 年毕业。1928 年 8 月招收一年制新生 1 班,因战事影响,延至民国 19 年毕业,未再续办。1931 年 8 月,县立初级师范学校成立,招生 1 班,32 名,常年经费 1 716 元。第二年,县立第二小学归属县立师范学校,原小学初级班改为师范附属小学,有三年制师范 2 班,附属小学 2 班,教职员工 8 人,常年经费 4 236 元。1933 年 8 月,县立师范学校改为县立简易乡村师范学校,日军侵占后停办。日本投降后,重建学校,招生 4 班,165 名,教职工 14 名。

四、社会教育

民国时期,社会教育开始起步。1928 年,成立教育讲演所,所内职员赴各乡讲演. 全年经费 100 元。1931 年,成立乡村民众学校 22 处,年经费 420 元,后改为试验民众学校。1941 年,日伪开办新民识字班,有学员 107 名。因时局动荡,农民教育时办时停。1930 年前后,旧国民党宁陵县政府建立了宁陵县民众教育馆,虽然设有游艺、图书、阅览、陈列等 8 间馆命舍及各类丛书和民众读物计 1 700 余册,但是由于军阀混战、兵灾匪患、日寇入侵、灾荒经年,加上国民党政府的腐败,那时的民众教育馆并未能正常运行。

总之,民国时期县内教育有较全面的发展,各级各类学校遍地设立,受教育的人数比清末明显增加,为现代教育打下了一定基础。

五、教育家王忠桥和李兴诗

民国时期，宁陵县在教育界的代表人物有商丘师范学校创始人王忠桥和私塾沙随中学创始人李兴诗。

王忠桥（1891—1966 年），字守朴，逻岗镇朱书村人。20 岁考入河南省立第一中学，后升入国立武昌高等师范（武昌师范大学前身）教育系，广泛研究欧美教育思想和教育理论，并东渡日本，实地考察其教育设施与教育方法。1920 年回国后，在开封简师任教。1921 年受命改组开封各小学机构，出任小学委员会主任委员，他统一小学行政的领导与教学改革，提倡启发式教学方法，禁止体罚，制订教师家访制度，重视实验教学，让儿童直观学习，身体力行，把学习与社会活动融为一体，小学面貌为之一新，蒙受教益者达数千人。1927 年后，王忠桥先后任省立第七小学校长、第一中学教务主任、信阳师范教务主任等职。1937 年抗战爆发后，他痛恨日寇暴行，毅然担任叶县战时中学教务主任，决计培养出一批能刻苦耐劳、富有高度爱国、爱民族思想的师资力量。1943 年，当日寇占领南阳各县时，王忠桥承担起迁校的重任，率领南阳、镇平、内乡学校的师生员工数百人，翻山越岭，辗转千里，历时月余，终于安全到达西安南郊韦曲村，正式接任省立第二师范校长职务，在极度困难的情况下，使教学工作得以正常进行。他时常教诲学生："国难当头，匹夫有责，不可一日不学，亦不可一日忘怀国家。"许多青年学生在他的影响下，走上了革命的道路。1945 年 8 月日本投降后，王忠桥深知豫东文化的落后，他多次上陈省府，据理力争，并与商丘各方人士洽商，协力合作，终于征得省政府批准，于 1946 年将学校迁至商丘车站道南，命名为河南省立商丘师范学校，王忠桥任首任校长，在职四年，培养出大量师资。王忠桥一生从事教育事业，时以"作新民"为座右铭，奋斗终生。

李兴诗（1907—1951 年），字可庵，石桥乡军庄人。少时就有为国家干一番事业的愿望。后加入国民党，1926 年被委任为逻岗区区长。任职一年多，因对官场深感厌恶，辞职还家，闭门谢客，读书习字。他推崇岳飞和武训。宁陵沦陷后，他把岳飞的"还我河山"横幅挂置案头以示爱国之心、痛国之情。为使后人免遭欺辱，让穷孩子都能读书，他决心效法武训，立志办学。1937年，他组织当地豪绅在军庄附近的小关庄开办短期义务学校，一次招生50余人。1945年和1947年，他又约集几个志同道合者，创办石桥完小和沙随中学。修校舍没有砖瓦，他扒掉家中的6间平房和3间楼房；缺少资金，他变卖了自家的近百亩地；梁檁不足，他锯掉自家的树木。他还动员百姓从破庙里砸石碑、烧石灰，动员周围殷实人家捐助粮款。经过几年的努力，石桥完小和沙随中学终于建成。李兴诗虽然是国民党员，但他思想进步，对革命志士十分敬重。日军占领宁陵时期，他敬慕中共地下党员贾兼善的学识和为人，就辗转托人将自己的两个儿子和一个侄子送到小路庄学校，跟随贾兼善读书。

第八节　文学艺术

山东快书是一种韵诵体的说唱艺术，又称“竹板快书”、“滑稽快书”。1949年高元钧在上海灌制唱片时，根据快书的源流、语言、代表型书目内容等，正式将其定名为“山东快书”。以高元钧为首的“高派”是山东快书的主要艺术流派。

高元钧（1916—1993年），宁陵县张弓镇和庄人，14岁便拜师学习“武老二”（山东快书前身）。在长达60年的艺术生涯中，为我国曲艺事业的发展做出来了卓越贡献。在艺术上，他刻意求新，广征博采，在汲取民间艺术精华的基础上，将“武老二”从“荤口”改为“净口”，净化了传统曲目中的淫词秽语，提高了表演艺术，将其从“撂地”推向舞台，使其进入雅俗共赏的境界。他重于戏德，追求进步，向往光明。40年代，他在上海演艺时，逐步接受了进步思想的影响，先后参加过左翼作家组织的“纪念鲁迅逝世10周年”的义演活动和纪念五四反饥饿、反迫害、反内战的游行示威。郭沫若称赞高元钧为“民间艺术的一面旗帜”。高元钧在革命这座熔炉里，努力实现了从一个民间艺人到革命战士的转变，使他获得“大兵的艺术家”美誉。参军后，成功地创作、演唱了《一车高粱米》《长空激战》《金妈妈看家》等大批新唱段。高元钧还注重对山东快书的理论研究，著有《高元钧山东快书选》《山东快书艺术浅论》等多部著作。高元钧以他自身独特的演唱风格，丰富的保留曲目，完整的理论体系，以及众多的优秀传人为骨架，形成了当代最具实力的高元钧山东快书艺术流派。这在山东快书发展史上具有里程碑的作用，把这个地方曲种推行全国，产生了巨大而深远的影响。

第九节　戏剧、曲艺、民间艺术

民国时期，宁陵的地方戏剧、曲艺主要有豫剧、大平调、二夹弦、坠子、琴书等。

一、豫剧

民国时期，宁陵豫剧进一步发展。1915 年，县西街官绅张兰屏（外号张老五）之兄张详屏，当时任庐山县长，他非常热爱戏曲。邀来许多名角，成立同庆班，该班演员功力雄厚，角色行当齐全，经常与外县戏班唱对台戏，所有的戏班都败在同庆班手下。该班于 1918 年，在商丘县朱庄寨演唱时，戏箱被成思图掠去，该班从此解散。1919 年，县南街的范居功成立了范家班，该班只有一个演旦角的小曹，唱作俱佳，该班只活动年余就自行解散。1932 年城北大孔集，成立一个戏班，乡绅孔令钦、张圣辞为管主，从曹县邀来文武小生王忠启为掌班，命名为火神爷戏班，当时的土豪劣绅、地主恶霸，对该班也不敢轻举妄动，如果惹了火神爷，是要遭天火的。所以这个戏班活动了 10 年之久。1938 年，日寇占领宁陵后，该班又归属于宁陵县伪县长孟广挚掌管，命名为九女班，该班最著名的演员仍是王忠启，擅长文武小生，文戏代表有《提寇准》《走马荐诸葛》《药酒台》《俞伯牙梦琴》《张仪伐苏秦》等，武戏有《黄鹤楼》《烧子都》《翠屏山》等，当时群众有这样顺口溜："扒了屋子卖了砖，也要看王忠启的翠屏山"。王启之女王玉兰及陈凤清（外号二把式）音调动人，也多为后人所传诵。

孔集乡黄楼村的黄传习成立了一个黄家小科班，老师刘建才（外号刘群）许门生徒，专长小生，此人唱、做、念、打无一不精，戏路宽厚，色本唱多，对徒弟要求甚严，学戏三月，就能登台演出，在他的传艺下，培养出了一大批优秀演员，如河南省豫剧院一团的驰名小生表演艺术家赵义亭、山东省曹县豫剧三团的文武须生李文知、宁陵县九女班中的王学义，还有驰名豫东的黑脸三、开封和平剧团驰名汴京的麻花脸段心谋，这些都是刘建才亲手培养出来的名演员。在宁陵县戏曲事业上，他首先开创了第一个小科班。该科所到之处，都很受观众们的欢迎，因为该班角色行当齐全，表演技术高超，吐字清晰，嗓音洪亮，既不吸食毒品，又没家务缠身，全体演员俱属青年，所以前来订立演出合同的连接不断，可惜当时局势不稳，军阀混战，民无宁日，战火连年，于1931年蒋冯战争波及宁陵，该科班因此解散。

1941年，宁陵县柳河杨河村乡绅吕淑成立一个吕家班，因该班名演员极少，除有一个唱大红脸的外，其他演员均属一般，因生活自给，仅仅活动了二年多，于1943年自动解散。同年，县南张弓集成立一个路家班，班主人称大和（真实姓名不详），该班经常在睢县、民权、杞县、柘城等地演唱，1944年因该年灾害严重，饥民遍野，该班就自动解散。1945年，由朱金玉（老旦、男演女）掌班，成立宁陵县县八班，他从开封邀来了很多名演员，如李金枝、杨玉枝、王根保、顾金芝（外号麻旦），又有本县财主吕繁直添置了全堂缎子戏名服装。王根保演唱的《杀七口》、顾金芝演唱的《三上关》、李金枝演唱的《齿痕记》、杨玉枝演唱的《三上轿》每次都是不可缺少的节目，该剧团活动在商丘、柘城、民权、睢县等地，当时名声较广。1948年主要演员王根保等先后离宁返汴，原来的班底改名为公义班，由朱治先（外号麻篮）掌班，一直坚持到1949年。

二、大平调

亦称大油梆。1924年春，逻岗集西街翟远来、黄在汉组建了30人的大平调戏班。主要乐器有大油梆、大笛、月琴、鼓、锣、二弦、三弦。唱腔有二八、流水、慢板、飞板、倒板、垛子板、二回头、娃娃调等。

三、二夹弦

起源于河南、山东黄河两岸的劳动号子，并吸收大鼓书、花鼓、秧歌等民间说唱艺术和其他地方剧种的营养发展形成的。二夹弦的唱腔属于板腔体和联曲体结合而成的综合体，有大板、二板、三板、裁板、北调、娃娃、砍头橛、迷子等20多种板式，唱腔委婉动听，过去，不少群众称二夹弦为“半碗蜜”。伴奏乐器主要有四弦、京胡、琵琶等。二夹弦是1930年左右由柘城县传入本县黄岗一带的，于“文化大革命”中被以色情下流禁演，今在本县已绝响。

四、坠子

40年代起，流行于全县。主要伴奏乐器有简板、手鼓、坠弦，有的加用姓名醒木。板式分为快板、慢板、垛板等。王志家、李永高、路传刚三班，所唱《刘墉下南京》《何文秀私访》《四马投唐》等在群众中印象较深。

五、琴书

宋胡同琴书班，于1946年由宋汉亭、宋忠明组建。主要节目有《王天宝下苏州》《打苏二姐》《双锁柜》等。琴书演唱形式为对口或单口唱，以唱为主，演唱人数不等，一般3～5人。伴奏乐器除琴外，还有曲胡、京胡、三弦，以庆端阳、梅花落、垛子板为常用曲调。

民国时期，宁陵县的主要演出场所有焦家胡同戏院、运动场戏楼。焦家胡同戏院建于1936年，地址在今县城信陵路医药公司东侧。本县的戏班经常在此演出，还接纳过陈素真、赵义庭等外地著名演员。焦家胡同剧院属简易院，四周没有围墙，观众区没有座位，看戏者或自带坐凳或站着观看，1940年该剧院被废除。运动场戏楼是1946年日伪统治时期由本县伪县长刘崇震、财委主任张铸九、建设科长王仁五等人筹划兴建的，时有前台5间和用于化妆的箱屋，该戏楼主要用于戏剧演出，有时也被用作伪政权强迫有民众参加的会场，1956年该戏楼被拆除。

六、鹬蚌舞和烟花

民国时期，作为民间艺术的鹬蚌舞和烟花也开始传入宁陵。鹬蚌舞，起源于清乾隆年间，在宁陵县黄岗乡己吾城村竹马会相传60多年，形象地表现了“鹬蚌相争、渔翁得利”的寓言故事。“鹬蚌舞”主要道具有：仙鹬、神蚌、篓箕、鱼篓等，制作形象、精美；舞蹈精彩热闹，仙鹬、神蚌表示能给人们带来好运、幸福。“鹬蚌舞”于 1944 年由老艺人丁良臣(1911—1983 年)、张绍雨(1904—1959 年)在外当兵(浙江一带)回归家乡时带回来的,迄今已有五代师承关系。

烟花,亦称“焰火”,始于宋朝。放烟花是人们祝愿五谷丰登、欢庆元宵佳节的传统娱乐活动。宁陵县烟花分为平地小烟花和空中大烟花,主要产地有孔集乡宋胡同和程楼乡沟厢集。宋胡同烟花于 1929 年由一位自北京而来的逃荒人传给宋胡同人氏张祥魁的。后来宋胡同烟花名扬豫东,制作生产的烟花品种有大花、小花、铁花、地花。地花又分为三节、五节、七节、十三太保等。其花样有炮打梨花园、榕花树、鲤鱼跳龙门、四门八斗、八仙过海、八角琉璃井、天鹅下蛋、火伞等。1955 年,该村张祥彬、张永言赴北京参加全国烟花大比武,被评为第三名。沟厢集的烟花,以铁花著称,迄今已有 200 多年的历史,曾应邀到开封、商丘等地燃放。

第十节　医学

民国时期,宁陵传统医学继续发展。大部分中医从事治疗内科及妇科、儿科疾病,并且多分散在较大村镇。有名气的内科医生有李振亮、苏连堂、韩传修、王怀玺,妇科、儿科医生吕谦行、翟忠信,喉科医生马怀清等。中医外科除久负盛名的张八卦中医外科,还有黄楼黄氏中医外科、傅堂刘氏中医外科及马明峰、郑炳辰、郑秘堂、吕培真等医生。城郊乡陈克常村陈氏祖传中医眼科在县内外颇有名声。

此时,宁陵中医产生了一些知名的专家,如李道周。李道周(1909—1974 年),字檀庵,黄岗乡张八卦村人,著名中医外科专家。他幼年随伯父李文章学医,刻苦勤奋,诊治热情,医德高尚,善于体察病人精神上的痛苦,深受群众欢迎。他推崇明代中医学家陈实功的医术,又批判地吸收了其他名家的经验,博采众长,形成了自己的一整套医疗方法。他认为,诊病要从整体出发,系统论断,综合治疗。治疗要以明了标本为首要条件。他对传统中医诊疗方法,也多有创新和建树。他认为,不同病种,有相异性,也有共同性,因而在治疗时,要善于归纳不同病症的共同性,采取“望、闻、问、切”和异病同治的方法。他在治疗外科重症时,特别重视脉象变化,提出"外症必根于内"的观点,主张"既重视外治,又须重视内治"。他诊治疾病的特点是:把握时机,分清主次,辨证治疗,灵活用药,标本兼治。如对血栓闭塞性脉管炎治疗,攻与补的运用恰到好处;治疗急性疔疮,有胆有识,破例用药;对慢性病,又守方治疗,一方到底,直至痊愈。其子李再明整理父亲的临床医术经验,编写成《张八卦外科新编》《临床实效录》等书刊行于世,在中医外科学界颇具影响。

西医传入宁陵是在1919年。是年,医生刘介臣在县南街创办西医诊所一处,本县始有西医。1930年,县政府在县城西南隅办"平民医院"一处,院长王广鉴,西医孙道宾,药品由县地方公款购置,每月医药费100元。西药仅有红汞、碘酒和少量针剂、片剂,能处理小伤小病,可作肌肉注射。1932年,西医张仲彝(湖北咸宁人)在县城西街路北办"永康医院"一处,有西医2人,设有病房、病床,使用听诊器、血压计,能做静脉注射,在县内享有一定声誉。

第十一节　社会生活

一、乡风民俗

19世纪50—70年代,捻军年复一年地驰骋于宁陵境内。在农民"四处起反闹大乱"和封建统治严重削弱的形势下,传统的社会秩序和伦理道德也受到较大的冲击。随着农民起义高潮的过去,地主阶级的封建统治随着"同治中兴"而全面恢复(包括"教"和"行"),城乡的社会秩序又被拉回到旧时的轨道,所谓"世道"和"人心"也日渐恢复旧观。后经辛亥革命的冲击,尤其是民国20来年间,"政局泯棼,战争日烈,连年荒歉,生活维艰,一夫呼啸,如水赴壑,杀人勒赎,习为故常","致蔑长幼之序,轻礼仪之节,民俗士风,不复古者之旧"。在如此这般情势下,从社会秩序到伦理观念都受到不小的震荡,传统的乡俗文化在宁陵很多乡村有了不同程度的改变。

随着商品流通的扩展,"货币权利也日益增大"。以往为农耕需要而长期维持的多子聚居的大家庭(几世同堂)也因束缚子媳们各自营业求利（手纺织、草帽辫、熬硝等各种手工业和副业）而遭厌弃，家族温情的面纱，宗法思想的束缚，都在“利”的诱导下失去了往日的黏合作用。“娶个媳妇卖个儿”，媳妇被诅咒为“分家客”，都是由此而来。商品经济的发展导致“人心不古，世风日下”的态势，确实是存在的，尤其是邻近交通要道乡村，前后变化较大。

然而，宁陵大多数乡村，尤其是偏僻的乡村，从总体上说，民国时期较之晚清差异不是很大。“居民十九业农，故温厚和平，淳朴守分，其失在愚拙”；“大半居茅茨，食杂粟，衣布衣，用土器，勤苦耐劳，然草昧遗风，鄙塞殊甚”；“民性质直爽快，不以繁文缛节相矜夸，亦无阿谀谄媚之陋习，惟惰性较深，惮于革新”；“安土重迁，虽凶岁亦少去其乡者”。就广大农村居民而言，基本上是一仍旧贯，很少有近代气息。种地，几乎是农民唯一的“养命之源”。传统的重农轻商、株守家园成为普遍的风习。

二、服饰

男子服饰，辛亥革命后，富有人家除沿用长袍马褂、帽垫等服饰外，已开始穿着中山装和对襟翻领大衣。贫穷人家穿对襟粗布布扣上衣，下穿大裆裤。男子剪辫子，上层人物留平头、分发头、背头，戴礼帽。一般劳动人民剃光头，戴马虎帽或毡帽。女子服饰，多穿偏襟短褂、连腰裤。学生开始放足，着黑色及膝短裙，裤腿不扎腿带，留长发头，穿圆口或尖口布鞋。官绅、财主家少妇、小姐穿旗袍、皮鞋。

三、饮食

民国期间，战乱频繁，宁陵田地很多荒芜，粮食产量低下，民众家长食料乃是被称为“黑粮”的粗粮，如高粱、谷子、红薯、黄豆等；称麦面为好面，有平生不食肉者。非常时期碰到灾荒，以榆、杨、槐等树花叶煮后晒干，贮藏备食，“半年糠菜半年粮”，甚至逃荒要饭，终日不得一饱。小麦主要为富足人家的消耗。

四、喜庆

主要有庆寿和送粥米。老年人过生日时，子女亲友送礼品庆贺长寿。一般66岁生日、80岁生日为大庆。所送礼品,一般是寿面、寿桃、鸡蛋、八仙糖人、寿糕等,还有送寿幛、献寿衣的。庆寿日,主家筹办酒席,款待来宾。送粥米为生下头胎婴儿,亲邻都要馈赠红糖、鸡蛋、米、面以示庆贺。婴儿外婆家除送上述礼品外,还送婴儿衣、帽、鞋、袜、布料等,富裕之家还有手镯、长命锁,俗称"送粥米"。送粥米时间,男孩12天,女孩9天,送粥米那天,主家设宴招待,以示欢庆和答谢。

五、居住

民国时期,宁陵民间居室有用草盖顶的草房、用瓦盖顶的瓦房、草瓦并用盖顶的缘边房以及平顶房(顶部不起屋脊)、楼房,依各家的经济力量而异。前三种最为常见,尤其是草房,更占农村居民的绝大多数;楼房主要见于城镇,多为富家所居。在乡村为避兵匪,多筑寨堡,进行防卫。在村落中,有一姓自成一村者,亦有以一姓为主杂有其他姓氏者,有许多即以姓氏名村,如王庄、李庄、刘庄、陈庄、赵庄等,反映出长期以来聚族而居的历史陈迹。

六、庙会

近代宁陵民间文娱活动的一个重要场地,是名目繁多的庙会和社火。民国末期,宁陵县共有寺院35座。庙会一年四季都有,尤以农事活动较少的农历十一月至次年四月最为集中。如二月初二为韩堂、郑楼庙会,二月初十、十月初九为己吾城庙会,二月二十五、十一月初七、十二月十五为谢集庙会,三月初六为尖庙庙会,四月初四、十月初六为黄岗集庙会,小满会有潘集、河沟里、郑楼,六月初六为阳驿集庙会。

古庙会中,城隍庙会为本县影响和规模较大庙会之一,每年农历三月二十八日、八月初六日为庙会日,每逢会日城隍庙钟鼓时鸣,善男信女,纷纷云集。圣水娘娘庙会每年三月初三,演戏酬神。除上述两大庙会外,本县较大的还有五月十三和三月八日逻岗镇的关帝庙会和三月十六孔集的火神爷庙会。

庙会的活动内容,主要是祀神、贸易和文化娱乐。参与祀神的男女老少都有，或独家，或结队，从方圆几里、十几里甚至上百里的地方汇聚前来，除在神庙前烧香点烛和献供外，还随神庙的特色而进行特定的祭祀和祈祷活动。自朝至暮，摩肩接踵，十分热闹，成为民间一种群众性的宗教迷信和娱乐活动。商贸活动，是庙会的中心内容，而且贯彻始终。各行各业从外地赶来的客商和附近地带的小商贩以及出售自产农副产品的农民，从四面八方汇集于此，或趁棚摆货，出售各种农副土特产品，满足了各阶层民众生活和生产上的需要，解决了初级市集难以解决的问题，使低水平的商品经济得以延续和发展。庙会的文化娱乐活动也多姿多彩，其中重要的一项是演戏——“唱大戏”。每会会头、社首均事先约请合适的戏班，少则一台，多的数台以至十数台，届时“唱对台戏”以争取观众。因农村平时少有比较正规的文娱活动，所以看戏者无论日场、夜场均非常踊跃，每台戏观赏者席至数千人。

除此之外，还有一种群众性的文娱活动，那就是社火。由各乡村神社团体各自组织而成，庙会期间汇集演出，诸如肘阁、竹马、旱船、高跷、狮子、龙灯、盘鼓、唢呐、扇子舞、“明月和尚戏柳翠”、秧歌、鬼会等。外地艺人，如演杂技的、拉洋片的、玩猴的、演曲艺的，以及江湖郎中、算命看相的又错杂期间，使场面更加热闹，盛会气氛越发浓郁。这样，庙会就成为民间多种文娱活动的总汇和乡俗文化的重要组成部分。

七、陋习

民国时期，延续明清社会风俗，仍然存在吸毒、赌博、算命、求神降福、祈雨、禁忌、缠足等诸多陋习。

（1）吸毒。清末，鸦片（大烟）传入宁陵，民众开始种植罂粟，不少富户、流氓逐渐染上嗜好。日伪时期，逼迫农民种植罂粟，以榨取重税。取罂粟果汁熬成大烟，以大烟为原料制成“海洛因”（俗称白面、老海），由日军随员公开出售。致使吸毒者精神萎靡，体瘦力弱，甚至因吸毒无钱而卖儿卖女，倾家荡产。

（2）赌博。不少无业游民开设赌场，利用推牌九、掷骰子、打麻将、摸纸牌、押黑红宝等手段招人聚赌，不少人因赌博典庄卖地，谋财害命,沦为兵痞、盗匪。

(3)算命。旧时,人多迷信命运,遇有灾祸、疾病、婚葬、失盗等,往往找算命先生卜问吉凶。算命先生施展摇课、抽签、测字、相面、推算“八字”,甚至鸡、鸟叨卦等手段,察言观色,揣摩心理,花言巧语,骗取钱财。

(4)求神降福。汉族群众供奉各种神灵偶像,每逢初一、十五烧香磕头,甚者常年晨昏不断,祈求神灵的佑助。遇有病人和匪盗抢劫,常到寺庙拜佛、祈祷,以求消灾解难。

(5)祈雨。每逢旱灾,即祈祷天地、拜求龙王降雨,形式多种多样,有寡妇扫干坑、抬辇、晒神胎等。

(6)禁忌。旧时忌讳很多,人们婚丧嫁娶、建造房屋、出门会友等,都要选择良辰吉日,不敢违犯忌讳。正月初一,忌说不吉利的话。瞧看病人,忌在单日和下午。新婚忌请孕妇、寡妇做衣服、套被褥、搀新娘等。

(7)缠足。此是封建遗风,对妇女危害既深且广。清康熙三年(1664 年)颁诏禁止裹足,七年(1668 年)又罢。1928 年冯玉祥主豫时,宁陵县设立放足委员会,强行放足,但收效甚微。

第七章 新中国成立后宁陵的文化、教育与社会生活

一、文学创作与新时期宁陵作家

新中国成立以后，宁陵县文学创作按照党1956年提出的“百花齐放”“推陈出新”的方针，广大文艺工作者贯彻文艺为社会主义服务的方针，创作了大量的文学作品。这些作品题材新颖，风格各异，内容丰富，社会主义文学园地百花争艳。“文化大革命”期间，文艺工作受到严重干扰和摧残。粉碎“四人帮”后，文学重新繁荣起来，涌现出了大批优秀作品，文艺创作在社会主义精神文明建设中发挥越来越重要的作用。

1957年7月，赵亮卿、葛世凯创作的豫剧《司马茅告状》一书由北京宝文堂出版社出版。1958年8月，许栋梁整理的传统豫剧《闯幽州》由河南人民出版社出版。1984年10月，建立了宁陵县文化艺术界联合会，团结和组织专业及业余文艺工作者，繁荣社会主义文艺事业。李汉德、白莲、张笑梅被吸收为中国剧协河南分会会员；许栋梁被吸收为河南省戏曲学会会员；张诗勤、黄培民、李青等被吸收为中国作家协会河南分会会员。1992年，石春良的中篇小说《黑疤女人传奇》被《北方文学》发表。电视散文《桥》2002年荣获河南省精神文明建设“五个一”工程奖。

张诗勤(1939—)宁陵县柳河镇桃园关人。中国作家协会河南省分会会员、商丘市作协理事。他从20世纪60年代开始文学创作，80年代是其创作的高峰期。先后发表中篇小说6部(《左邻右舍》《三湾镇的风鸟》《艺女婵妹》《风流寡妇店》《大河古道昨夜风》《战俘》)、中篇报告文学1部、短篇小说、散文、报告文学等40多篇，计40余万

字。短篇小说《春播之前》获河南人民出版社优秀小说奖。《妖三》获《百花园》优秀小说奖。短篇小说《小姑作媒》是其代表作，发表在《莽原》1982年第3期上。

李汉德（1940—）宁陵县张弓镇人。河南省戏协会员、商丘市作协、戏协、曲协理事。曾任宁陵县文联副主席。1969年以来，他先后发表各类作品100余篇。剧作有话剧《责任》、豫剧《农家院的笑声》《弃婴石》《二老冤中奖》《张环礼》（合著）、《连心桥》（合著）等。其中《张环礼》荣获河南省第二届戏剧大赛特别奖。1996年出版电视文学剧本《烈血儿女》。1998年创作的22集电视连续剧《孙二娘》。先后在省以上发表出版小说、散文、曲艺作品等100余篇。其中散文《保姆的感慨》获《河南日报》一等奖。杂文《催泪弹》获《中国电视报》优秀作品奖。传记文学《青年樊粹庭》获优秀作品奖。先后获地、市级创作奖20余项。其代表作有豫剧《李翠莲》《二老冤中奖》《梨花桥》。

李青（1937—）宁陵县孔集乡人。中国作家协会河南省分会会员，曾任宁陵县文化馆馆长、宁陵县文化局创作室主任。1957年，李青的处女作《大风雪夜》在北京《大公报》发表。之后，他先后在《人民文学》《青年文学》《奔流》《儿童文学》发表小说《我家的自留地》《两个南瓜》《清明时节》《风雪汽车站》多部，在《中国曲艺》上发表中篇故事《鸡飞蛋打》。他的长篇小说《铁虎传》《古宋河的风浪》被河南人民出版社出版。1992年主编并撰写了大型报告文学系列丛书《神州无处不飞花》等4部百余万字。1993年，被评为中国新时期文学创作年会先进工作者。1993至1996年，又先后有《神州潮》《大潮曲》《一代天骄》等三部报告文学集被中原农民出版社出版。李青的创作成就已入编《中国文艺家传集》《中华文学大才名录》《世界华人文艺家传略》。

屈效东（1947—）宁陵县阳驿乡焦林坡村人。河南省曲艺家协会会员、河南省群众文化创作研究会会员、宁陵县政协常委。写作30年，在全国、省市报刊发表文学、新闻作品2 000余篇计200万字，获奖作品近百篇。1991年小通讯《一场对台戏》获全国农民报协会农村好新闻一等奖。1995年小通讯《“大哥”悄悄访“二哥”》获全国首届

"大地之光"征文二等奖;散文《不会打扮自己》获全国散文大赛优秀奖。2001 年《用"三个代表"的实践限制乡村权势阶层的崛起》获商丘市政协建党 80 周年论文一等奖。2002 年随笔《千里取经学监督》获全省人大好新闻一等奖。1999 年散文《父亲的心病好了》获社会好新闻二等奖。2003 年《诤言集》由人民戏剧出版社出版。2005 年所著《丑妻是宝》由郑大出版社出版。2006 年《小草》一书由中国文联出版社出版。

黄培民(1947—2000 年)宁陵县逻岗镇人。1971 年因病瘫痪。1980 年开始业余文学创作,发表短篇小说、散文等作品 100 篇,50 多万字。短篇小说《假孔明失算》获《河南日报》1984 年度文艺创作一等奖。散文《娘家人亲》《我的参天大树》获 1993 年《中国残疾人》杂志《中国百名残疾人叙心曲》征文优秀奖。报告文学《黄慧玲五年奉献多》获解放军报 1995 年《全国百名好军嫂》征文优秀奖。小说《大柳树下的笑声》《刷牙》等 7 篇获得商丘地区文联优秀作品奖。1984 年被河南省作家协会吸收为会员。词条被《中国当代青年作家名典》《中国艺术界名人大辞典》收录。

二、戏剧曲艺与新时期宁陵戏剧理论家、表演艺术家

新中国成立后,随着群众文化生活水平的提高,宁陵县戏剧、曲艺事业得到较快发展。

(一)戏剧的发展,新中国成立后豫剧在本县进一步发展

宁陵县豫剧团于 1949 年 6 月在原开封戏班的基础上组建而成。自成立后,

先后吸收了李斯忠、王晓梅、张笑梅、关素勤、王品贞、许志法、赵松山等一批优秀演员。1956 年 8 月赴郑州参加全省戏剧会演演出的《司马茅告状》获剧本一等奖、演出、导演二等奖、音乐三等奖,李斯忠、王筱楼分获演员一、二等奖。1958 年 10 月,中央人民广播电台播发了《一个不平凡的县剧团》的通讯,介绍了宁陵豫剧团勤俭办团的经验。1966 年"文化大革命"开始,剧团一大批优秀演员被"红卫兵"勒令离团劳动改造,一个 60 多人的专业戏剧团被刷洗的只剩 17 人。

全部传统剧装、道具被一火焚烧,凡是“文革”前的剧目被全部禁演。

1968 年,当时的“县革委”将县曲艺队和县毛泽东思想宣传队与剧目合并,加上离团改造的部分演员回团,才先后排演了《白毛女》《红灯记》《沙家浜》和《智取威虎山》几个样板戏。1978 年以来,宁陵豫剧团陆续缩排上演大型现代和传统剧目 60 多台,多次参加地(市)文艺汇演和戏剧大赛。宁陵豫剧团演出的传统剧目《下陈州》,于 1986 年被洛阳市电视台录制成戏曲片,多次在省市电视台播放。2001 年,编排的戏曲小品《亲情》,荣获商丘市“驻村工作文艺汇演”优秀奖。

1950—1958 年,全县还先后建立业余豫剧团 35 个,如黄岗乡大张庄业余豫剧团、石桥乡刘花桥村组业余豫剧团、柳河镇吕河村业余豫剧团、乔楼乡业余豫剧团等。1978 年以后,又陆续出现了由个人出资兴办的业余剧团,至今仍在进行演出活动。2003 年受河南电视台《梨园春》栏目组的影响,宁陵县一些戏剧爱好者新兴自发组织戏迷俱乐部,自己购买了一些服装、设备,编排了一些小节目和折子戏,经常在本县西南城湖老干部活动中心、城关镇文化站和柳河镇文化站为大家义务演唱;而且还不断地为本县社会各界的中心任务、重要会议、表先庆典等进行文艺宣传服务。《河南日报》、河南电视台都曾采访和报道过本县戏迷俱乐部的活动。

新中国成立后,曲剧传入我县。1950 年在柳河乡大杨庄创办曲剧团。乐器主要有曲胡、三弦、琵琶、筝,配以锣、鼓、梆子。角色分为生、旦、净、丑。主要唱腔是阳调、苦书调、哭阳调。板式以慢垛板、上流垛板为主。

戏剧在宁陵县虽有较长的历史,但专门从事戏剧研究及创作的组织和机构,则是中华人民共和国成立后才出现的。1956 年初,成立宁陵县豫剧团编导组,1971 年更名为宁陵县豫剧团剧目组。1982 年,成立宁陵县文化局创作组,1990 年撤销。新中国成立后,宁陵县豫剧团先后创办了“东关戏剧培训班”和几期随团培训班。1982 年,经上级主管部门批准,县文化局成立了一所宁陵县戏剧学校。4 年后,该戏校解散。

（二）戏剧演出场所

本县的戏剧演出场所，大体经历了明清时期的戏楼、“马脚戏台”、露天戏院和新中国成立后兴建的专业剧院和影剧院四个发展阶段。新中国成立后，兴建了南街大礼堂、宁陵影剧院、电影院、柳河、张弓影剧院。

（1）南街大礼堂。位于县城南街路西，1952 年兴建，由宁陵县豫剧团进行首场“破台”演出。礼堂为砖木结构，内设有舞台，置木连椅近 200 条，可容纳近千名观众，该礼堂除用于演戏外，还是本县主要的大型会议场所。1954 年，本县人民剧院建成后，南街大礼堂便成为放映电影的主要场所，故又被群众称为电影院。2005 年，南街大礼堂被拆除兴建宁陵商贸城。

（2）陵影剧院。前身为人民剧院，始建于 1954 年，地址在县城东街路南。初建时系竹木结构，草棚顶盖，有木板坐 900 多号，两旁又可站观众数百人。1959 年改建成砖木结构，内设本连椅 290 多条，1 480 余座号。1983 年在原址上兴建宁陵影剧院，属钢筋混凝土全框架结构，观众席分上下两层，胶木板折合连排椅，上层 680 座，下层 923 座，1986 年 1 月交付使用。2006 年，经中共宁陵县委、县政府领导批准，由外地投资商将宁陵影剧院有偿改造成购物商场。

（3）县电影院。1982 年在县城东街影剧院南 100 多米处兴建宁陵电影院，为全框架钢筋混凝土结构，坐东朝西，建筑面积 1 200 平方米，内置胶木板折合连排椅 1 220 座。1984 年竣工交付使用。2002 年，因年久失修，该电影院被有关部门定为危房，停止使用。

（4）柳河影剧院。位于柳河镇火车站道北。是柳河镇曹庄村委于 1979 年投资 18 万元兴建的集体性质大型影剧院，建筑面积 1 200 平方米，坐北朝南，砖木结构，内设连排椅子 1 500 座。

（5）张弓影剧院。张弓影剧院建于 1982 年，地址在张弓集东街路北，坐北朝南，砖木结构，内设水泥板座位 1 000 余个。

（三）曲艺的发展

1950 年成立了宁陵县曲艺协会，选举王志家任会长。1953 年，宁陵县曲艺协会派代表参加了商丘专区艺流派会演。会长王志家演唱的坠子《白袍薛礼》获一等奖。1955 年,宁陵县曲艺协会改为宁陵县曲艺社,下设县南县北两个分社,各有 40 名成员。该年,参加了商丘专区曲艺艺人会演,本县坠子艺人李永高获一等奖。1956 年 8 月,宁陵县曲艺社改为宁陵县曲艺队,李永高为队长。1958 年,随着“大跃进”高潮的到来,县文化馆撤销曲艺队,成立了宁陵县曲艺总社。

1958 年 11 月曲艺总社坠子艺人刘宗启代表商丘专区参加了河南省第四次文代会,他演唱的坠子《贾老汉刮胡子》获一等奖。1963 年,县文化馆召开全县曲艺人大会,在曲艺总社的基础上,第二次成立了宁陵县曲艺协会,选举县文化馆副馆长、国家特等荣残军人张天一任会长,有会员 20 余人。同年,该曲协派人参加了商丘地区曲艺会演,宋忠明、张继孔、刘世玉等人演出的琴书《媒婆打架》《吃鱼》和余学勤演唱的坠子《血海深仇》获演出一等奖,唱词作者李汉德获创作一等奖。

1964 年 8 月,宁陵县曲艺协会改为宁陵县曲艺说唱队,选举潘化民任队长,刘宗启为副队长,共有队员 14 人。1965 年 9 月,从县直机关中抽调 11 人成立县文艺宣传队。1970 年以后,县曲艺队根据群众的意见和要求,制买了服装道具,除演出相声、快板、坠子、琴书、评书等曲艺节目外,还编排了小曲剧《三月三》、道情《前进路上》、二夹弦《朝阳渡》、豫剧《扒瓜园》等群众喜闻乐见的节目,他们还经常把当地群众的模范事迹编成演唱节目,短小精悍、生动活泼,很受农民群众的欢迎。1974 年,《河南日报》《解放军画报》刊登了张天一和宁陵曲艺队的先进事迹介绍和多幅照片。同年 9 月,在河南省宣传工作会议上,省委领导提出了“戏剧学鄢陵、曲艺学宁陵”的号召,宁陵县曲艺成了当时全省曲艺界学习的一面旗帜。1978 年以后,宁陵县曲艺说唱队逐渐偏离了以前的方向,急功近利,热衷于排演大戏,将人员由原来的 14 人扩大到 65 人。由于队伍庞大,逐渐收不抵支,宁陵县曲艺说唱队于 1983 年 9 月解散。

宁陵县流行较广的曲艺曲种主要有坠子琴书、评书、大鼓书、山东快书及莲花落等。“文化大革命”时期曾出现过三句半。改革开放以来,又有了相声、小品等曲艺种类,但多以社会上业余爱好者以宣传为目的临时学习排练的节目,并不以此为专业,故目前本县尚无相声和小品专业演员。

（1）评南坠子。本县的坠子属东路坠子，其曲调多为下行。演唱者手持简板，伴奏者拉坠胡，也有自拉自唱的，但多是盲人，如本县的余学勤。新中国成立以后，坠子新秀刘宗启，唱法细腻，字真情切，声调圆美，富有较强的感染力。

（2）豫东琴书。演唱一般由5人组成，少则3人。琴书的特点是演唱者每人操一种乐器，多为扬琴、软弓京胡、二胡、坠胡、三弦等，自伴自唱。以击扬琴者为主，置于3人或5人中间。演唱形式有合唱和轮流单唱。唱腔板式和曲牌有凤阳歌、上河调、下河调、垛子板、打枣杠、银扭丝、四句腔等。唱词多为七字韵和十字韵。1964年在商丘地区曲艺会演时，本县所演《媒宴打架》，被评为演唱艺术第一。

（3）评书。在本县也称平词或说书，为单人艺术，以说功为主，多用当地方言，其道具更为简单，唯一块醒木或一把折扇。1951年刘楼乡田桥村潘化民拜豫东著名评书艺人朱子英为师，出师后回乡演说，本县始有评书。1960年，潘化民整理改编的300万字的评书《大快人心》演说后，受到普遍欢迎。到1989年，全县有5名评书演员，主要书目有《三侠剑》《三侠图》《王老虎》等。

（4）大鼓书。大鼓书在宁陵县亦称豫东大鼓，流入本县是在1950年前后。大鼓书是一种说、唱和敲打相结合的曲艺艺术。演唱者左手执钢板或三叶手板，右手执鼓条，击一只直径约八寸半的牛皮书鼓，一般坐着唱、站着说。其唱腔属板腔体，旋律进行总的方向采用下行式。豫东大鼓的鼓点经主要有“凤凰三总头”“单展翅”“双展翅”“一串铃”。

宁陵县的主要曲艺演出场所有南街曲艺室、文化馆曲艺厅、吕家店曲艺室。1957年在县城南街小十字路口的西北角盖了四间简易曲艺室，内设木长凳40条，可容纳听众200多人，1960年睢县、宁陵合县时被扒。1978年文化馆将原展览室5间改为曲艺厅，内有木长凳50条，可容纳听众300人，1982年租给县百货公司。县城北街吕家店从1950年开始专门接待曲艺艺人，并利用客房和院内作为演出场所，本县和外地曲艺人员经常在该店住宿演出，听众或自带凳子或就地而坐，一般听众都在100人左右。艺人收入由听众自愿给，店主每天只收艺人的住宿费。1957年该庭大部分房屋交给了本县房产所,不再接纳曲艺演出。

三、新时期宁陵戏剧理论家、表演艺术家

新中国成立后,宁陵县有戏剧理论家沙新、豫剧表演艺术家李斯忠、吴新平、孟祥礼和曲艺家张天一。

(1)沙新(1918—1988年)原名薛景瑄,祖籍河南开封,1933年夏迁居宁陵县其外祖母家。1936年秋在宁陵简易师范读书时,受学生爱国运动影响,与青年教师刘益农一道,组织进步团体“读书会”,宣传联合抗日的主张。1938年1月,在开封参加全国青年会军人服务部战地服务团,从此走上革命道路。几经辗转,到达陕北,先进陕北公学35队学习,又升入夜校高级研究班第六队。在此期间,沙新成为“警钟文艺社”社员,在进步刊物《警钟报》上发表有《人生素描》、《明、月、春》等10余作品。1946年后,调任华北联合大学文艺学院戏剧系指导员。北京解放后,任华北大学三部(即文艺部)教务科长。1949年,参加筹建中央戏剧学院工作,并先后任教务主任、党委副书记、戏剧理论研究室主任、戏文系主任等职,还曾任中央文化部党委保委职务。1956年,担任《人民戏剧》《理论论丛》编委,国务院十二年科学规划戏剧组组长。1961年,沙新根据中央文化部的指示,组织北京、上海戏剧界著名史论工作者马琦、魏照风等人,编出《中国话剧史纲》书稿,受到田汉、阳翰笙、欧阳予倩等人的高度评价。遗憾的是,在“文化大革命”中书稿和图片被抢掠一空,致使《史纲》未能出版。“文化大革命”中,沙新被以“三反分子”“文艺黑帮分子”等罪名,关押、批斗、下放劳动多年,身心受到极大摧残。“文化大革命”结束后,沙新的冤案得到彻底平反,调任文化部艺教局研究室主任。1981年,在庆祝中国共产党成立60周年前夕,他撰写了《苏区时期的戏剧运动与戏剧艺术教育》长篇论文,发表在文化部主办的《艺术教育》上。1988年12月沙新因病逝世,骨灰安放在八宝山革命公墓。

(2)李斯忠(1921.5—1996.10)字海清,艺名署龙。著名豫剧表演艺术家。宁陵县柳河集人。他出生在贫苦家庭,7岁给地主放羊,12岁到民权县姜庙大平调科班拜年玉为师学戏。17岁正式出科后,

经常演出于商丘、睢县、宁陵、民权等县,因其声音宏亮,做派豪迈,观众送号“八里嗡”“活包公”。新中国成立后,任宁陵县剧团团长。1953 年,中央广播电台录制了他主演的《铡美案》;1954 年,他被评为河南省先进工作者;1955 年,加入中国共产党;1956 年,河南省首届戏曲会演,演出《司马茅告状》获演员一等奖;1958 年,与崔兰田合作,为周恩来总理演出《见皇姑》一折戏,受到周总理赞扬;1960 年,调河南豫剧院二团工作。

(3)吴心平(1937.2—)宁陵县人。国家一级演员。中国戏剧家协会会员、中国戏曲表演学会会员、河南省戏剧家协会理事、商丘市戏剧家协会名誉主席。1951 年考入商丘豫剧团(原地区豫剧团),历任业务团长、团长、名誉团长。

1985 年加入中国共产党。商丘市第一届人大代表。2000 年被评为商丘市首批优秀文艺家,受到市委、市政府的表彰。20 世纪 50 年代曾主演过《屈原》《岳飞》等重头戏。60 年代主演《社长的女儿》中的社长,在全国反响强烈,曾受到周恩来、李先念、陶铸等党和国家领导人的接见。70 年代在河南省影业公司与香港金马影业公司联合摄制的彩色宽银幕戏曲片《包青天》中出色地塑造了包拯的形象,赢得了豫剧“活包公”的赞誉。80 年代在河南电影制片厂摄制的彩色戏曲故事片《桃园喜》中成功地塑造了老农民吴有福的形象。此外,主演的 10 余个剧目已被拍成电视或舞台录像片在中央电视台和河南电视台播放,许多唱段由中央唱片社和河南黄河音像出版社制成唱片和磁带。近 50 年的粉墨春秋中演出了近百个剧目,既攻老生,又攻黑头,工于传统戏,又擅演现代戏,在艺术上形成了唱腔浑厚、吐字清晰、表演朴素大方的风格。1959 年获河南省优秀青年演员奖。河南第一、三届戏曲大赛两次获演员特别奖。1988 年获首届“香玉杯”奖。1991 年被评为河南省文化系统先进工作者。1996 年河南戏曲大赛获表演二等奖。第三届中国戏曲《金三角》交流演出活动中获表演奖。1998 年获退休干部第一次艺术节荣誉奖。事迹与传略已被收入《中国当代文学艺术新闻人才传集》。

(4)孟祥礼(1959—)宁陵县石桥集人。著名豫剧演员。中国戏剧家协会会员,河南省剧协理事。1972 年参加宁陵县豫剧团。

1975年以优异的成绩考入河南省戏曲学校，毕业后被分配在河南省豫剧二团。他嗓音洪亮，扮相英俊，戏路宽广，既能传统戏，又能演现代戏。在省豫剧二团，孟祥礼先后上演了《辕门斩子》中的场景、《三哭殿》中的李世民、《抬花轿》中的周定等角色。孟祥礼被调入省豫剧三团，又发挥了他擅演现代戏的专长，先后在《香魂女》《儿大不由爹》《朝阳沟》等剧中扮重要角色。他主演的《黑娃换妻》已被排成电影和电视戏剧片。

（5）张天一（1928—1999年）宁陵县孔集乡王庄村人。宁陵县文化馆原副馆长。特等残废军人。1949年元月，张天一参加中国人民解放军，在38军112团任文书，1950年随部队赴朝鲜参加抗美援朝战争，在汉江守备战役受伤被俘。在美国战俘营里，加入"共产主义爱国同盟会"，参加了反甄别、10月1日国庆节升国旗的流血斗争，遭到了美帝国主义的残酷迫害，双脚被截，双肩抽筋，张天一依然不屈不挠，坚持斗争到底，表现了一个志愿军战士忠于革命、忠于祖国、不怕牺牲的英雄气概。1953年，板门店谈判协议达成后回归祖国。张天一回国后在本县文化馆工作，1962年被任命文化馆副馆长。1963年10月，被选举为本县曲协会会长。1964年，主抓同年成立的宁陵县曲艺说唱队。从那时起，张天一和本县的曲艺事业结下了不解之缘。曲艺队不论到哪里演出，他都是拖着一双假脚亲自带队，还为曲艺队创作了许多节目，其中《吃鱼》《一只破碗》《虎穴除霸》等曾获商丘地区曲艺会演创作奖。曲艺说唱队在张天一的领导下，经常下乡为农民群众演出，每到一地，张天一都亲自带领队员慰问军烈属、五保户和困难群众，打水、扫地、洗衣拆被，送曲艺到院内床前，还时常捐赠钱物，深受广大农民群众赞扬。1974年，《河南日报》和《解放军画报》先后刊登介绍张天一先进事迹的长篇报道和多幅照片。

四、美术、书法、篆刻、摄影

美术、书法、摄影均属造型艺术。在宁陵历史上，美术和书法源远流长，历代人才辈出，不少社会知名人士往往也是书画名家。新中国成立后，宁陵的美术、书法艺术得到了发展，特别是改革开放以来，美术、书法得到了发展，队伍日益扩大，在市、省级乃至国家级获奖的作品逐年增多,水平日益提高。摄影艺术因受器材的限制,起步较晚。20 世纪六七十年代,以赵自培为代表的一批业余摄影创作人员,脱颖而出,创作了不少优秀摄影作品。

(一)美术

宁陵县的美术创作,国画作品最多,尤以人物画、花鸟画、山水画等门类取得的成就最大。先后涌现出纠广斌、丁时针、尚千芳、张道生、郭兴成、王圣林、吕秀山、石春良、冉书芳、孟让誉等美术创作人才。1949 年 5 月建立县文化馆时,即配备专职美术创作干部 2 名。1973 年 3 月至 1978 年 2 月,先后举办美术学习班 3 次,培养美术作者 61 名。1973 年至 1989 年,利用春节、"五一"国际劳动节或国庆节举办美术作品展览 22 次,展出作品 695 幅。参加地区美展 7 次,展出作品 187 幅。1985 年 6 月,本县 10 幅民间工艺美术作品在地区展览中获一等奖。1984 年,县文化馆专职美术工作人员尚千芳应聘参加了少林寺壁画的修复工作;1987 年又在本县举办了"尚千芳美术作品展";1990 年,尚千芳的美术作品参加河南省政协举办的书画展获优秀奖。1986 年,吕秀山的美术作品《牧童》《绣总理》《童年》入选商丘地区美术展并获奖;1988 年,吕秀山在开封市举办了个人美术作品展;1989 年中央电视台、河南电视台对吕秀山进行了采访并播出了题为《宝剑锋从磨砺出,梅花香自苦寒来》的专题报道。1996 年,石春良的画作《月月吐芳馨》获"爱心杯"全国书画大赛成年组二等奖;画作《患难与共》1997 年获"龙脉杯"全国书画大赛优秀奖,作品被故宫博物馆收藏;《一鸣声震霄》2000 年获"世界华人艺术展"佳作奖,本人并被授予"世界华人艺术人才";石春良撰写的《画意和画趣》、《画梅追求三美》等 5 篇论文在《美术报》发表;庄叶欣的画作被中国美协收藏;河南美协会员王向阳的画作《阳春三月露花深》2006 年入选河南省第十三届花鸟画作品展并入选画册。

(二)书法

书法艺术在宁陵深受人爱,习者甚多。早在清末民初时就名家辈出。本县的张子英(1868—1928 年)、吴清山(1882—1947 年)、褚纪文(1875—1958 年)等俱为当时在豫东乃至全省的书法名家。新中国成立后，特别是改革开放以来，书法艺术成了群众文化的一项重要活动。1982 年 8 月成立宁陵县书法协会，1986 年成立县老年人书画研究会，1997 年 3 月成立张迁书画院。同时，涌现出大批书法人才，取得了有史以来最为优异的成就，有代表性的书法作者有：张诗训、王长治、周湛明、叶道立、雍忠臣、贺自江、路传奇、刘东海、刘振海、吴海龙、王闯、程大玉、于中元、郭玉传、张诗勤等。

其主要成果为：1984 年 2 月，吕宜园、张诗训、周湛明 3 人被吸收为中国书法协会河南分会会员。1986 年，吕宜园、周湛明获商丘地区书法大赛一等奖。周湛明获“牡丹杯”国际书画大赛优秀奖。宁亚林的书法作品在 2005 年连续 9 次入选由中国书协主办的全国性书法展，在全国第二届“杏花村汾酒集团杯”电视书法大赛中荣获金奖。冉书芳的作品连续入选全国第三届、第四届妇女书法作品展、第二届中国书法“兰亭奖”书法大赛、全国首届“小榄杯”书法大赛，2005 年获“纪念邓小平诞辰 100 周年”全国大型书法展提名奖。2005 年，宁亚林、冉书芳以优异的成就被吸收为中国书法家协会会员，填补了本县没有国家级会员的空白。王长治的作品在 1996 年参加了《中国书法培训中心教育成果展》；张诗训的作品 1990 年入编《河南省书法家作品集》；路传奇的作品 1993 年获全国第一节“博士杯”书法大赛二等奖；刘振海的作品 2003 年获“全国当代文人书画艺术作品展”金奖、“王铎杯”全国书画展银奖、纪念毛泽东“向雷锋同志学习题词”50 周年全国书画大展铜奖；王闯的作品 2005 年获全国第二届“杏花村汾酒杯”书法大赛入围奖；雍忠臣的作品 2001 年获“首届中国老年人书画展”二等奖，2003 年获“第二届全国审计系统职工书画展”二等奖、“热爱河南、增辉中原”河南省领导干部书画艺术大赛二等奖；吴海龙的作品 2005 年获全国“许慎杯”书法大赛优秀奖，2006 年又入选全国第二届“兰亭奖”安美杯书法展；2002 年王保庆的作品入选“河南省第十一届群众书法展”；刘东海的作品入选河南省第十四届群众书法展；于中元的作品 2005 年入选“中国第三届正书书法作品展”和纪念抗日战争胜利 60 周年“高恒杯”全国书法展；程大玉的作品 2004 年入选“河南省青年书法展”和“河南省楹联书法作品展”。

（三）篆刻

在篆刻艺术方面，宁陵残疾人书法家贺自江的作品曾参加日本美术馆“国际第一届刻字艺术交流异彩”，被中国人才研究学会艺术家学部评审委员会“跨世纪当代诗、书、画、印作品大联赛”组委会收藏，他被世界书画家协会聘为书艺绘画基本会员。本县文化馆书法工作人员史成福的篆刻作品在开封市禹王台公园展出300方，河南日报和河南电视台对史成福进行采访并刊登和播放了专题报道。

1986年1月，史成福以在篆刻艺术方面取得优异成绩获河南省人才开发委员会颁发的“骏马奖”。

（四）摄影

宁陵的摄影艺术创作活动因受器材的限制，起步较晚。改革开放以来，随着时代和经济建设的进步，拥有摄影器材的单位和个人日益剧增，本县以赵自培为代表的一些专业和业余摄影艺术创作人才脱颖而出，创作了不少优秀作品。自1973年起，赵自培已在省和国家级刊物上发表摄影艺术作品200多幅。1983年9月，赵自培的摄影艺术作品《生命的历程》入选“中南五省摄影作品展”，评为优秀作品被新华社选作橱窗展览作品。同年，赵自培被吸收为中国摄影家协会河南分会会员。1989年被入编《中国摄影家大辞典》。2005年5月，赵自培的摄影作品被深圳华人（澳门）出版社出版，新华社原社长穆青为其亲书封面题字，河南省摄影家协会主席魏德忠、中共商丘市组织部副部长高道春（原中共宁陵县委书记）作序。县广电局王伟、县委宣传部张晓彦等先后被吸收为中国摄影协会河南分会会员，也都有优秀摄影艺术作品在省和国家级刊物发表。

五、民间艺术和庙会文化

新中国成立以后，宁陵民间舞蹈、器乐、工艺美术有了新的发展。宁陵县的民间舞蹈有10多种，城乡遍布，广泛流行，一直是庙会和节日庆典文化活动必不可少的文艺形式。本县的民间器乐主要有唢呐、竹笛、笙、二胡、板胡、琵琶、曲胡、坠胡、三弦、扬琴、软弓京胡等11种，器乐曲则主要以唢呐曲、坠胡曲，唢呐曲数量最多，最有代表性的首推“百鸟朝凤”、坠胡曲则是坠子艺人在演唱书目前演奏的一段“开场白”，或叫“大起板”或被称为“召曲集”。本县的民间艺术美术有烟花、纸扎、条编、剪纸、刺绣、泥塑等，能工巧匠辈出。但目前除条编、剪纸，多数已后继乏人。

民间文艺“八大集成”的编纂。从1981—1990年，县文化局、文化馆启动了民间文艺“八大集成”的收集编纂工程。完成了《宁陵县民族民间舞蹈集成》《宁陵县民族民间歌谣集成》《宁陵县民间故事集成》《宁陵县戏剧志》《宁陵县曲艺志》《宁陵县曲艺音乐集成》《宁陵县民族民间谚语集成》，真实、详细地记述了这些民族民间文艺的门类、起源、形式、沿革和兴衰轨迹。参与此项工作的主要人员有桑贤亮、李青、李汉德、张久亮、田宏、孙国柱、张鹏、史文良、郭德俊、李茂轩、许栋梁、杨雪亭等。其中《民间谚语》《民间歌谣》和《民间故事》集成分别被河南省文化厅、河南省民族事务委员会、河南省文联评为二、三等奖。张久亮被全国艺术科学规划领导组、中国民间文艺家协会、中华民族民间文艺集成编纂委员会授予全国先进工作者称号。田宏、郭德俊、孙国柱被省文化厅授予先进工作者，李青、张鹏、田宏获河南省民委、文化厅、省文联颁发的重大科研成果三等奖。

秧歌舞、腰鼓舞这两种舞蹈是新中国建立初期在本县同时兴起流行的，均属情绪群舞。秧歌舞是表演者手执系在腰间的彩绸或特制的扇子，结合打击乐伴奏的古典，做一些队形调度和造型。腰鼓是表演者每人腰间挎一长约40厘米的腰鼓，双手各执鼓条，边击鼓边做舞蹈动作。这两种舞蹈一般都在10多人。

1950年，秧歌队和腰鼓队普及到全县大部分学校，每逢重大节日及大的群众集会时进行表演。1955年之后逐渐减少消失。2001年，县文化局组织县文化馆、图书馆和文物馆工作人员成立了“宁陵县文化艺术中心”腰鼓和秧歌队。2002年，又有本县退休干部李爱英、郭昭贵、陈培琴等文艺爱好者组织社会各界妇女自发成立了两支秧歌和腰鼓队。2003年，又出现了柳河群众自发成立的柳河镇大型秧歌队，人数有40名之多。这些秧歌和腰鼓队近年来每逢春节、元宵节等重大节日和县委、县人大、县政府、县政协召开重大会议或社会各界的开业、奠基庆典和表彰时进行有偿或义务服务表演。

（一）盘鼓

2002年，宁陵县文化局文化艺术中心成立了本县第一支盘鼓队。盘鼓舞是一种情绪群舞。盘鼓表演的主要道具有盘鼓，直径约60厘米，厚约25厘米；大铙（俗称大镲）直径约30厘米，大鼓直径约80多厘米和指挥令旗。文化局盘鼓队有45人之多，表演时上场24面盘鼓，8付大铙，4面大鼓，8支龙凤彩旗和一名手舞令旗的指挥。2001年5月，文化局盘鼓队参加了在本县石桥举行的中国·宁陵梨花节“明之火”商丘采集庆祝表演。商丘电视台《热线直通车》栏目对该盘鼓队进行了采访。

（二）唢呐

新中国成立后，柳河集、万集、张弓集、大吕集、刘楼、史阁、栗寨、孔集、乔楼、逻岗、县城南街、曹兑河等20支唢呐班相继兴起。较为著名的唢呐手有张善庆、和尚文、王效功、姚继平、褚广仁、刘广文等。

1957年2月，桥北头唢呐班王效功之女王玉亭（12岁）参加了河南省第三届民间舞蹈音乐会演并获个人演出奖。1981年农历正月，县文化局举办全县唢呐会演，张弓、瓦屋刘、万集、大吕集等4个唢呐班被评为先进唢呐班。2006年5月，在“商丘市木兰文化节”唢呐会演中，万集唢呐班倪慧慧获金奖；县城南关唢呐班张建民获银奖；吕庄唢呐班王二叶获银奖。

（三）剪纸

宁陵县传统的剪纸艺术可分为两类：一是绑扎匾额；二是为绣花模子所剪的花样。第一种剪纸花样较多，如“云子勾”“花寿字”“富贵不断头”“万字拐”“连环奇”“花双喜”等喜忧事均用之。宁陵县城西街郝兴中、郝兴云、郝兴山三兄弟皆会此剪纸艺术。后者剪纸艺人多为妇女，所剪花样多为鞋样、帽花、枕花等。枕花、鞋花、帽花花样很多，但无固定样式。以花卉虫鸟为主要，枕边上多为“长命百岁”“金玉满堂”等吉祥语。

宁陵县较有名气并仍在进行剪纸艺术活动的有县城南街的李霞和县北关习天芝等。李霞的剪纸作品在商丘市委宣传部主办的2005年“商丘文化温州行”民间工艺美术作品展中获银奖，2006年她的剪纸和刺绣作品又获第四届“木兰文化节”工艺作品金奖。2000 年习天芝的剪纸作品在商丘市老干部局主办的“商丘离退人员才艺大赛”中获银奖。

(四)庙会

新中国成立后,庙会文化得到延续和发展。1952 年农历三月三日“圣水娘娘庙会”被移至本县北关。时有宁陵县豫剧团和本县三个业余剧团对唱,并有高跷、肘歌、狮子舞、龙灯、鬼会等民间舞蹈,会期 5 天,赶会者近 6 万人次之多。至 1989 年,全县有会址 23 处,共成会 96 次,其中庙会 15 次,例会 81 次。

新建的宁陵县观音庙会。县宁陵县观音寺,位于县城南解堌堆村后,占地 8 亩,系本县一些信奉宗教信仰的离退休人员和群众借款捐资,于 2003 年 10 月依明清宁陵观音寺建成。先是盖了五间“大雄宝殿”,坐北朝南。2006 年农历一月十六又开工兴建了天王大殿三间,又盖东、西配房各五间。两间用于主持师傅居住,余为客堂、斋堂、法资流通处和“栗大王”供奉堂。大雄宝殿内供奉着释迦牟尼、观世音、地藏王、阿弥陀佛和药师傅塑像。天王大殿内供奉着弥勒佛、韦陀菩萨、四大天王塑像。该观音寺是经市、县政府宗教部门批准兴建的,现已成本县的佛教圣地。每月的农历初一、十五或三、六、九日,不但本县的宗教信仰者前来朝拜,周边县、市和外省的善男信女们也慕名前来观光、烧香还愿。若逢释迦牟尼、观音菩萨的出家、成道纪念日,更是香客如云,络绎不绝。2005 年佛爷开光日,观音寺唱戏 3 天;2006 年栗大王开光唱戏 5 天。现在,本县还有黄岗青岗居士林、柳河镇张玉虎庄金佛寺居士林两个寺院,也是经政府有关部门批准兴建和活动的宗教寺院。

六、影视事业发展与文物保护

(一)电影放映事业

宁陵县的电影放映事业是新中国成立后开始的。1953 年,成立了宁陵县电影放映队,配有法国产手提式电影放映机一部。1954 年 5 月 1 日在县城南街原城厢小学首次放映国产故事片《农家乐》,观众达3 000人,开始了本县电影放映的历史。此后,宁陵县的电影事业迅速发展。1964年,在原电影队的基础成立宁陵县电影管理站,组成4个放映队,在全县农村巡回放映,深受农民群众欢迎。

1974年,各分社电影放映开始建立,有放映人员65名。1981年县电影管理站改建为宁陵县电影放映队。同年,石桥公社石桥大队农民王守义办起了全县第一个生产大队电影放映队。1984年,由县财政投资在县城原旧体育馆场处兴建钢筋混凝土结构新型电影院一座,内设连排椅1 222位。这一时期,诸如《少林寺》《卖花姑娘》《大决战》《开国大典》等一批红色经典、言情武打巨片相继在本县上映,引起极大轰动,每天连演数场,上座率和票房收入达到了历史高峰。1989年底,全县共有56个农村电影放映队,其中县办3个,乡办和个体电影队53个,拥有提包式放映机3部,16毫米放映机51部,放映员150人。进入20世纪90年代,由于受到电视和录像放映的冲击,1992年以来,本县的电影事业渐渐陷入低谷。有时放映一场,观众竟不过10人。2001年,宁陵电影院因无资金进行正常维修被有关部门定为危房停止使用,县城电影放映陷入瘫痪状态。2005年以后,出现私营投影放映电影队,活跃于城乡。

(二)广播电视事业

广播电视事业发展迅速。1950年9月建宁陵县收音站。1955年11月,取消收音站,建立县有线广播站。1987年更名为宁陵县人民广播台。1990年底,宁陵县电视台4频道开始试播,1991年正式开播,1993年宁陵有线电视台开播,1994年张弓、柳河有线电视台建成,2003年河南卫视宁陵转播站、宁陵电视台2、3频道在黄岗、柳河建成。如今,宁陵县广播电视事业获得长足发展。精品栏目、节目增多,全方位、立体式服务中心工作,频道发射功率逐渐增大,农村有线电视网络通过招商引资、股份改制等措施,获得快速发展,电影公司、影剧院从文化系统划归到广电系统,广播电视局更名为广播电影电视局。

(三)文物保护工作

自2000年成立宁陵县文物馆以来,共征集收藏文物160件,参考品23件。2000年10月,宁陵县东关清真寺被定为省级重点文物保护单位,2001年,宁陵明代吕坤墓、丁堌堆龙山文化遗址和黄岗汉墓群被定为市级文物保护单位。2006年,葛城遗址、隋唐大运河遗址被定为市级文物保护单位。

截至2007年底,全县共有省级重点文物保护单位3处,市级文物保护单位5处,县级文物保护单位4处。2007年全国第三次文物普查开始后,县人民政府成立文物普查领导小组,强化业务培训,通过电视、海报、墙标等宣传营造氛围,落实普查经费,扎实开展田野普查工作,对全县14个乡镇、364个行政村进行拉网式调查,与各乡镇协调加快进度,完成了新发现文化遗址、古建筑、古墓葬、近现代重要史迹、人文景观、古树等普查点的记录、摄影、测量工作。

七、群众文化生活

(一)农村文化

新中国成立后,在党和政府的重视下,宁陵县群众文化活动迅速发展。本县建了人民文化馆,负责管理图书、辅导剧团、广播宣传、搜集保管文物、组织群众性文化、娱乐活动等。1953年,建立张弓、柳河两个乡级农村文化站,内设图书、阅读、宣传、人民办事处等。1956年前后,本县几乎每个学校都有自己的腰鼓队或宣传队。文化馆还帮助县城街道办起了文化夜校,每逢重大节日,县文化馆还组织全县的民间音乐、舞蹈进行庆典表演活动。1997年投资70余万元建成了宁陵文化馆大楼,2003年,宁陵县图书馆破土动工,宁陵县15个乡镇全部建立了专职文化站(其中张弓镇、柳河镇建立文化大院)。截至2006年,全县共有图书馆1个,藏图书23 152册。群众性的文学、书画、摄影、美术创作活动蓬勃兴起成绩斐然。

(二)广场文化

广场文化有西南湖老干部活动中心、大转盘文化活动两处。西南湖老干部活动

中心文化活动建于1989年。当时那里是一片水坑,为让离退休的老干部们有个舒适的娱乐活动场所,县委、县政府号召全县机关单

位义务拉土7 000多方，垫地7亩，建起了宁陵县老干部活动中心。该活动中心建筑面积600平方米，有阅览、游艺、乒乓球、克郎球、军象棋等7个娱乐活动室，院内有2个门球场；还有100米长的松柏长廊、亭台、健身器材等设施。老干部活动中心建成后，每天都有数百名离退休人员聚集在这里，进行娱乐和体育锻炼活动。

（三）大转盘文化活动

宁陵县大转盘坐落在县城永乐北路，地面宽敞平坦，四通八达，环境优美。转盘中心建有花园式水磨石活动平台，面积2 000平方米。周围装点有乳白球灯和电子彩色烟花灯，并设置许多健身器材。每天早晨，人们自发地从四面八方汇聚在大转盘，有跳舞的、做健身操的、打太极拳的、跑步的、运用健身器材锻炼身体的，有打盘鼓的、打腰鼓的、遛鸟的、吹拉弹唱的，人山人海，鼓乐齐鸣，鸟语花香，琴扬歌飞，是本县精神文明的一大亮点。

（四）企业文化

企业办文化有三种形式：一是，组建文艺团体。宁陵县电业局是我县经济实力较强的单位，多年来，一直很重视自身的文化建设和文化宣传工作，培养和引进了一些文艺宣传人才，并购置了一些专门用于宣传演出的音响、服装、道具等，编排演一些舞蹈、歌曲、小品等中小型文艺节目。特别是近年来，每逢重大节日，他们都经常举办文艺演唱会，或出资赞助县里举办的春节文艺晚会和民间文艺庆典活动。他们自编自演的独舞、三人舞和歌伴舞等一些优秀节目也多次被选为县春节文艺晚会节目。还有县医院和县中医院，也组织培养了一批自己的文艺骨干，他们编排的一些戏剧、舞蹈等节目也多次参加了县春节文艺晚会。县公安局为了树立自身的良好形象，陶冶民警的高尚情操，也时常在重大节日期间组织民警们编排文艺节目，举办警民联欢文艺晚会。张弓酒业有限公司还采取企业搭台、文化唱戏的形式，先后同宁陵县豫剧团、商丘市豫剧院订立了文企联袂宣传协议。二是，举办行业、系统文化活动。本县政法系统、银行系统、税务系统、检察公安系统、电业系统、卫生系统等都多次举办过本系统、本行业的文艺演唱会或歌咏比赛等文化活动。这些行业文化活动在一定程度上弥补了县办文化活动不足。三是，对文化部门等举办的文化活动给予赞助。张弓酒业有限公司、县电业局、交通局、民政局、教育体育局、卫生局等企业和部门都曾以不同方式资助县宣传、文化部门举办的文化活动。

（五）校园文化

宁陵县校园文化也很是活跃。县教育局组建了一支20多人的军乐队，县第一实验小学、第二实验小学等学校都经常排练一些文艺节目，参加本系统或县文化部门举办的文化活动。还有本县县直幼儿园、百花幼儿园、实验幼儿园等也经常在六一儿童节、春节等重大节日编排一些少儿文艺节目，举行娱乐庆祝活动。

八、史学——《宁陵县志》的第五、六次续修和宁陵历史的研究发展

（一）县志编写

1960年，为总结新中国成立后的巨变，宁陵县建立县志办公室，共抽调7人，进行修志，搜集了一批材料，并撰写了部分初稿，由于三年苦难时期经济拮据而终止。1982年在全国修志热潮的推动下，本县于6月成立《宁陵县志》编纂委员会，下设总编辑室。根据全国地方志指导小组和省、地史志编委的安排，组织10多人的修志班子，搜集材料，查阅档案，召开各种座谈会，调查访问，开始编修第一代社会主义的新型县志。此次修志，县委、县政府任命张履新为总编辑，胡正常、王义敬、丁志林为副总编辑，在另外7名编辑人员和部分离退休老同志的协助下，共搜集1 000多万字的文字资料，经过三年努力，三易其稿，于1987年上半年完成了130万字的初稿撰写任务。初稿完成后，经过修改，在1988年4月，经有关专家学者和省、地史志编委领导及兄弟县修志同仁的评审，又经过修改、审定，于1990年12月交付印刷。这部《宁陵县志》遵循和贯彻“详今略古，立足当代，回首过去，放眼未来”的编写原则，成为系统记载本地现状的百科全书。

第二届社会主义《宁陵县志》从2006年8月全面启动，成立县地方史志编纂委员会，下设县志总编辑室，县委、县政府任命史继明兼

任县志主审，刘振海兼任县志主编。全县动员，与各乡镇、县直各单位签订目标责任书，截至2007年8月，全县已形成专业志66部、乡镇志14部，撰写县志资料长编27份，完成资料收集任务的97%。

（二）葛天文化研究会

宁陵县“葛天文化研究会”成立于2006年4月，现有会员50人，会长葛芳州，副会长刘振海。葛天文化研究会自成立以来，积极开展活动、查阅文献记载、撰写研究论文，在葛天文化研究、考证方面取得了很大的进展和成绩。该会副会长、县史志办主任刘振海撰写的《葛天氏名号和地望考辩》《葛天氏之乐之考析》等数篇论文先后在《全国文史论文丛书》《炎黄世界》《炎黄天地》《中原文史》等刊物发表，引起了有关专家和学者们的重视。2006年5月下旬，由中国民间文学委员会主任高有朋、河南省历史文化学院先秦史学家李玉洁等知名专家组成的葛天文化专家考察组莅临本县进行实地考察。2007年4月2～3日，由中华炎黄研究会、河南省炎黄文化研究会、河南大学、商丘市炎黄文化研究会共同举办的“中国·宁陵葛天文化与吕坤思想学术研讨会”上，来自中国社会科学院、中华书局、中国艺术研究院、中国社会科学出版社、复旦大学、香港中文大学、香港科技大学、河南大学、郑州大学、河南省社会科学院、河南省文物考古研究所、河南省地方史志办公室、洛阳社会科学联合社、商丘师范学院等科研单位、高等院校的52名考古、历史、文学等全国权威专家学者宣读了数篇关于葛天氏、葛伯国和葛姓渊源的论文，肯定了葛天文化的历史地位和影响，一致认定：葛天文化是中原古文化的重要组成部分，葛天氏地望在今河南宁陵，“葛天氏之乐”是我国有记载的出现最早的歌舞形式，宁陵县是全国葛氏族人的发祥地。

（三）吕坤思想研究会

宁陵县“吕坤思想研究会”成立于2006年4月，有会员52人，会长吕兴成，副会长吕益中。在2007年4月2日至3日举办的“中国·宁陵葛天文化与吕坤思想学术研讨会”上，共提交有关吕坤思想研究方面的论文40篇。宁陵县吕坤思想研究会正在进行《全国吕坤思想研究论文集》的编辑出版准备工作。吕益中作为吕坤第15代嗣孙、宁陵吕坤思想研究会常务副会长，先后荣获省科技三等奖两次，在负责重修吕坤墓的募捐工作中，先后募捐约20余万元，协助县委、县政府召开了全国性的吕坤思想研究会。2007年7月1日，吕益中、马学庆策划制作的“中华吕坤网”建成并开通，成为面向全球研究吕坤思想、文化的唯一网站。对于宁陵整体厚重历史文化的研究做出较为突出贡献。

2007年由王伟、马学庆策划、摄制的三部六集历史文献纪录片《人文始祖葛天氏》《回望葛伯国》《千古吕坤》，以大量翔实的历史文献资料、国内权威专家的高端访谈，真实地再现了中华音乐始祖葛天氏以及葛、诸葛等姓的发源地、古葛伯国遗址历史的挖掘整理和明朝一代思想家吕坤的生前哲学思想和对后人的影响，受到国内历史专家的好评。

九、社会主义教育制度的建立和发展

新中国成立以后，中共宁陵县委和政府对国民党遗留下来的学校，采取接受改造、增加经费、充实师资、扩充班级的方法，对旧教育制度进行彻底改革，创办人民教育制度，确立了社会主义教育方向。人民政府拨出大量经费，组织群众兴办学校，办学条件逐渐改善，教学质量稳步提高。

宁陵县教育行政机构为县政府设立的教育科，1953年改为文教科。1957年文教分属，仍设教育科，1960年5月撤销宁陵建制，县教育科并入睢县文教局。1961年睢宁分治，恢复建立宁陵县文教局。“文革”中，教育行政机构变更频繁。1969年教育、文化、卫生合为文教卫生组，1971年恢复文教局。1980年4月，文化、教育分设。1984年教育局、体育委员会合并，改为教育体育局。

（一）小学教育

1951年全县除城厢、张弓、吕集、孔集、逻岗、柳河、石桥7处完全小学校外，又新建和扩充了147处乡村小学校。到1957年，全县有高中1所，初中5所，小学120所，在校学生22 056人。农村冬学、夜校、城镇职工夜校如雨后春笋般兴起，青壮年学习文化知识蔚然成风。1957年“反右派”斗争后，一大批骨干教师被错划为“右派”而离开学校。在“大跃进”形势下，民办学校猛增，又片面强调勤工俭学，让学生过多地参加生产劳动，教育质量明显下降。1962年，在“调整、巩固、充实、提高”方针指导下，精简中学，停办民办学校，充实公立小学。1963年3月，执行了《全日制中小学暂行工作条例（草案）》后，中小学教育渐趋正规，教育质量明显提高。1965年全县有小学139所，在校学生22 145名，另有耕读小学614班，学生13 602名。

“文化大革命”期间，县内中小学停课闹革命。农村中小学全部下放到大队，教师返回原籍并由贫下中农聘用，公社办高中，大队办初中。贫下中农管理委员会接管学校，工农兵上讲台，文化知识传授少，学生有的停学。师资不足，就地取材，素质较差，致使课程开设不全，教育质量甚低。

1976年，宁陵县教育界批判了“文化大革命”中全盘否定前17年教育成绩的“两个估计”，恢复了招生考试制度，落实了知识分子政策。党的十一届三中全会以来，国家进一步规定了社会主义建设新时期的教育方针，即教育必须为社会主义现代化建设服务，必须与生产劳动结合，培养德智体等方面全面发展的社会主义事业的建设者和接班人，教育事业又进入了健康发展的新时期。1986年，全县普及了小学教育，适龄儿童入学率达96.9%。1989年，全县共有小学263所，教职工2 574名，当年招生13 193名，在校学生69 237名。

新中国成立后，宁陵县小学学制是初级小学4年，高级小学2年。1952年曾尝试行5年一贯制，因条件不具备，一年后暂缓执行，仍沿用“四、二”分段制。“文革”时期，小学学制缩短为5年，1982年河南省教育厅改小学5年制为6年制，但本县仍继续实行小学5年制。新中国成立初期小学开设的课程低年级为国语、美术、算数、游唱，高年级设国语（包括作文）、算数、政治、常识、历史、地理、自然、音乐、美术、体育。1952年使用全国统编教材，将国语改为语文。1958年增设农业知识课与生产劳动课。1963年按教育部颁布的《全日制小学暂行工作条例（草案）》设置课程。“文革”期间，各校教材和课程设置极不统一，多以《毛主席语录》《毛泽东著作选读》为语文教材，其他科目各取所需。1978年正式使用全国统编教材，低年级开设语文、数学、思想品德、体育、国画，高年级增设历史、地理、自然。

（二）中学教育

1948 年宁陵县解放，县人民政府接管了县初级中学。1950 年，县初级中学有 6 个班，附初师 1 个班，学生 371 名，教职工 22 名。1952 年，张弓完小附设初中班，招生 90 名，初中部名为宁陵县初级中学张弓分校，1953 年并入宁陵县初级中学。1954 年县初级中学有 17 个班，学生 929 名，教职工 53 名，学校由县城东街迁往东关。1955 年 8 月，定名为县第一初级中学。同年，柳河建立县第二初级中学，招生 4 班，学生 207 名，教职工 16 名。1956 年秋，县一中开始招收高中班 2 班，98 名。张弓、逻岗、瓦屋刘设初级中学班。1958 年，中学教育盲目发展，县二中招收高中新生 80 名。城关、孔集、石桥、阳驿、黄岗、华堡、刘楼、乔楼、赵村等 9 个公社分别建立初级中学，全县招生 18 班。另外，又组建民办中学 12 处，32 班，学生 1 503 名。

1962 年精简压缩中学。二中高中部并入一中高中部，初中部保留一、二、三中，压缩四、五、九中，其余中学和民办中学全部停办。一年后又停办了五中、九中。经过调整，教育质量明显提高。1965 年全县共有全日制高中 1 所，初中 4 所，在校学生 1 525 名。公社大队自筹资金，办耕读高中 1 所，耕读初中 25 所。“文化大革命”开始后，学校停课，师生外出串联，学生间派性斗争严重，学校图书、仪器、桌凳大量丢失、损坏。

1971 年全国教育工作会议上，江青反革命集团炮制出“解放 17 年来毛主席的无产阶级教育路线基本上没有得到贯彻执行，原有教师队伍的世界观基本上是属于资产阶级”的“两个估计”，全盘否定了新中国成立后的教育成就。接着又抛出“白卷英雄”张铁生、北京一个小学生的日记和马振扶公社中学事件等“反潮流典型”，在宁陵县造成极坏的影响，学生不学习文化知识，批判围攻教师，学校陷入混乱状态。

1975 年，中学盲目发展，全县高中达到 37 处，初中达到 109 处。由于布点分散，班级名额不足，加之师资奇缺，课程开设不全，教学质量甚低，学生是高中的牌子、初中的底子。

1978 年 11 月,彻底批判“两个估计”,为蒙冤的教师平反昭雪。认真贯彻执行了全国统一教学计划(草案),纠正违背教学规律的错误做法,恢复了正常的教学秩序。以后又对中学布点进行了大调整,以巩固高中、加强初中,中学教育进入了稳步发展的新时期。1989 年,全县有高中 5 所,初中 46 所,在校学生 19 181 名,教职工 1 308 名。1976—1989 年,本县高中毕业生考入大专院校的 1 185 名,初中毕业生考入中师、中专的 1 228 名。

新中国成立后,中学学制实行初中 3 年,高中 3 年。1969 年曾缩短为“二二”制,1978 年依照教育部颁发的《全日制中学暂行工作条例(草案)》,先改为“三二”制,后改为“三三”制。课程设置从 1952 年起,使用全国统编教材。1979 年后,初中开设有政治、语文、数学、英语、物理、化学、历史、地理、生理卫生、体育、美术、劳动,高中开设课程有政治、语文、数学、英语、物理、化学、历史、地理、生理、体育、劳动。教学方法有朗读精讲法、问答法、指导读书法、演示法、练习法、评讲法、补充法、调查访问法等,开发、启迪学生独立思考、独立解决问题的能力。中小学层层举办优质课评选活动,对教学改革促进很大。

20 世纪 80 年代初,宁陵开始实施普及初等义务教育,全县中小学实现了“一无两有”(学校无危房,学生有教室、有课桌凳),1988 年通过了省、市检查验收,普及了初等义务教育。《义务教育法》颁布实施后,自 1996 年以来,加快了实施普及九年义务教育的步伐。自 1991 年实施“普九”至 1999 年省政府“普九”验收,全县共投资 1.75 亿元,新建教学楼 127 幢、平房 4 712 间,建筑面积 22.62 万平方米;新建大门 190 座,筑围墙 48 633 米;购置课桌凳 57 733 双人套;修建厕所 24 893 平方米;绿化硬化校园投资 620 万元;购置了图书、仪器、体音美劳电教等设备设施。1999 年 10 月通过了河南省“普九”验收。之后,继续搞好“普九”巩固提高工作。截至 2003 年,共筹措资金 2 140多万元,改扩建教育场馆面积 57 620 平方米。自 2003 年实施中小学危房改造以来,全县共投入中小学危房改造资金 2 875 万元,改造学校 220 所,改造和修缮危房 80 409 平方米,学校办学条件得到了根本改善。2006 年以来,投入“两免一补”资金 5 841.6 万元,全县小学、初中入学率均达到100%,完成了县第一高级中学的扩建工作。

1997年4月,宁陵县通过了省政府的高标准扫盲验收;1998年8月宁陵县代表河南省通过教育部的高标准扫盲验收;1999年11月顺利通过省政府的“普九”验收,并授予“两基”工作先进县。多年来,宁陵县采取切实措施积极推进素质教育,实行了小学毕业免试就近划片入学的办法。2002年高招总成绩居全市第2名,省划大专以上上线率为70.6%。

(三)师范教育

1950年3月,县初级师范学校招生1班,50名,设在县初级中学内,有专职教师2人。1951年迁到东关,有学生4班,172名,教职工7名,秋季毕业50名,招新生172名。1953年8月并入河南省商丘第二师范学校。1958年8月,建立中级师范学校,招生64名,1959年迁往北关,时有学生4班,146名,教职工18名。

1961年7月,三年级学生和一、二年级部分学生分配工作,其余回乡务农,学校停办。1975年秋,师范学校又予以恢复,以推荐选拔相结合的方法招生38名,第二年又招生42名,均为二年制,属社来社去,后经省统一考试,合格者正式分配工作。1978年正式招生65名,分文、理两班,1980年学生毕业后,又一次停办。

(四)社会教育

新中国成立后,宁陵县职业教育、学前教育、职工教育、农民教育、体育教育得到了较快发展。

(1)职业教育。20世纪70年代初,宁陵职业教育开始起步。1974年3月创建卫生学校,培训卫生技术员,轮训在职医务人员。1974年初,创建农业机械化学校,培训农机管理、农机技术员、拖拉机驾驶员、柴油机手等。1979年教师进修学校恢复。1981年创办中央农业广播学校宁陵分校。1982—1984年,石桥、柳河等乡创办农民技术学校,1984年底全县增加到13所,学员2 000人。1991年成立了宁陵县职业技术培训中心,先后投入资金1 000万元,兴建了教学楼、办公楼、宿舍楼、实验楼等。开办有电脑、缝纫、幼师等十几个专业,拥有专职教师112名,在校生1 620名,该校被授予“省级重点职业学校”,大大改善了职业教育的落后面貌。

(2)学前教育。本县幼儿园始于1953年,配有受过培训的保育员31人。1956年3月,建立一所公办全日制县直托儿所。50年代到70年代,虽有发展,也只是在农忙季节举办。1980年5月,县直机关幼儿园重新建立,入园儿童160名,有幼儿教育和管理人员14名。农村幼儿园105班,入园儿童4 150名,民办幼儿教师106名,附设在小学的有70班,名为育红班,俗称半年级。幼儿园按幼儿年龄编成小班、中班、大班,依照北京市幼儿园教学大纲开设语言常识、算术、体育、音乐、美术课程,以便儿童熟悉学校环境,适应学校生活。1989年,全县共有幼儿园93所(包括小学附设的育红班),有幼儿教师130名,服务人员15名,共招生142班,入园儿童4 561人。

(3)职工教育。1950年冬,县文化馆创办文化补习夜校2班,有学员80名,分设初小、高小、初中三级课程,以学语文、数学为主,配专职教师1人。1952年学员增到170名,分4个班,夜校移交城厢小学举办。1953年8月,建立职工业余文化学校,学校设有速成识字班。1954年秋,建立县直机关干部业余文化学校,将职工业余学校并入,初中、高小、初小共3班,学员180名,教员7人。1956年机关干部业余学校增设5处。1958年突击办起综合大学18处,工业大学11处,因脱离实际,不久自行解散。1959年队机关干部业余文化学校进行整顿,增加了理论学习,主要学习毛泽东《矛盾论》《实践论》,1963年底停办。1978年后,恢复了职工文化教育。1981年6月,成立县职工教育委员会,对1968年至1980年初中、高中毕业的职工进行文化知识补课。全县参加补课的有2 096人,取得合格证书的有1 650人,合格率为78.7%。到高等学校学习的85人,中等专业学校学习的494人。1986年起,职工文化补课转向岗位技术培训,受中级技术培训的2 100人,初级技术培训的1 950人,参加电视大学、函授大学学习的480人。

(4)农民教育。新中国成立后,农民的文化教育引起党和政府的高度重视。

1949年全县青壮年88 113人,文盲就有77 319人,占87.75%。1950年冬,全县各村都办起了冬学,入学农民达21 460人。1951年冬，被中南局教育部确定为农民教育重点县。农业合作化后，县扫盲办公室汇集扫盲经验，编写了《带图同音识字课本》，1958 年 5 月由湖北人民出版社出版发行。在 1986 年地区农民教育大检查中，柳河镇获成人教育一等奖，石桥乡、城郊乡获三等奖。至 2003 年，全县青壮年非文盲率由 1990 年的 84.56% 上升到 99.8%，复查率控制在 5% 以下。

1997 年通过了省政府扫盲验收，1998 年又代表河南省参加了教育部的扫盲抽查，被省委、省政府评为扫盲工作先进县。

（5）体育教育。新中国成立以前，我县的体育事业非常落后。新中国成立后，党和政府非常重视人民体育活动。新中国成立初，县或省、地区举办的运动会，多是中小学生参加。自 1975 年起，学校不断举办冬季长跑、"达标"测验赛、广播体操比赛；1976 年起，全县中小学校将体育活动列入评定"三好"学生条件之一；仅 1979 年就举办全县中小学单项比赛 8 次；1981 年后，规定学生升入重点中学，必须加试体育。机关团体及企事业单位广泛展开篮球、乒乓球运动；1984 年 8 月县老年人体育协会成立，老干部局协同老年体协积极开展门球、钓鱼、棋类等各项体育活动；武术活动 79 年代出现热潮，1977 年 3 月本县举办首届武术表演大赛，1983 年被省体委定为武术工作重点县。体育竞赛我县成绩斐然，1982 年 3 月，在地区第一节运动会上，我县荣获金牌 1 枚，铜牌 19 枚。戴凌云以 48.3 的成绩破地区男子标枪记录；孙长海于 1979 年 8 月代表地区参加省在漯河举行的儿童田径运动会上，以 1 分 5 秒 9 的成绩获男子 400 米短跑第二名；张德军于 1981 年 12 月参加省传统项目重点学校田径通讯赛，以 58 秒 3 的成绩荣获初中男子组 400 米第一名。

十、医疗制度的建立和科技发展

（一）卫生

旧中国的卫生事业十分落后，广大人民健康根本没有保障。各种疾病丛生，鼠疫、霍乱、天花、血吸虫等传染病，广泛流行。全国人口平均寿命只有 35 岁。宁陵县历史上，霍乱天花脑炎等烈性传染病曾频繁发生和流行。明嘉靖十九年(1540年)、崇祯十四年(1641年)、清光绪十五年(1889年)、1912年、1915年、1927年,死于霍乱者不可胜数。1946年伤寒流行,不少村庄发病人数达50%。

新中国成立以后,县委、县政府逐步建立健全了各级卫生医疗机构。1951年7月创建县人民医院,1974年正式建立县妇幼保健所,1977年10月创建县中医院,1984年10成立公疗医院;同时,成立乡级医疗机构、基层医疗机构。新中国成立初期乡级医疗机构为区卫生所、中心乡卫生院,1958年人民公社化后,易名为公社卫生院,1983年底改为乡镇卫生院。1950年永康医院联合其他诊所在县城南街建立第一个联合诊所。1968年10月,逻岗公社黄尧大队在全县第一个建立合作医疗站。至2003年,宁陵县提前实现农村初级卫生保健阶段性目标任务,农村居民健康水平明显提高,婴儿死亡率和孕产妇死亡率持续下降,人口平均期望寿命达70.1岁;县乡村卫生服务网络进一步完善;农村自来水普及率和卫生厕所普及率逐年提高,疾病预防控制工作突出,普及了儿童计划免疫,继续消灭天花、鼠疫等疾病后,又消灭了血丝虫病和脊髓灰质炎,消除了疟疾和碘缺乏病,多种疾病、地方病得到了有效的控制。截至2003年底,全县共有县直医疗卫生单位6个,乡镇卫生院15个,村卫生室426个,平均每个行政村有村卫生室1.2个,工矿企业及其他部门医疗机构3个。全县共有各类卫生人员2460人。

县乡两级卫生机构中,有执业或助理执业医师691人,护士258人。县、乡医疗卫生机构有床位808张。

1993—2000年,全县投入近200万元进行农村卫生“三项建设”,使县妇幼保健院、县卫生防疫站和乡镇卫生院的基本面貌初步改善;世界银行贷款“加强中国农村贫困地区基本卫生服务项目”在宁陵实施,共对10个乡镇卫生院医疗病房进行了改、扩建,共投入项目资金300万元,改、扩建面积4 809平方米,项目的实施,巩固了农村三级医疗卫生保健网。

1998年以来,先后派出支农医疗队38支,医疗队员800人,定点帮扶乡镇卫生院20个。卫生下乡、卫生支农共出动宣传救护车辆400余次。发放卫生知识科普宣传单20万份,义诊人数15万人次。

无偿发放药品价值5万余元。

卫生资源配置进一步趋向合理。乡镇卫生院基本消除了医疗危房,实现了房屋、设备、人员三配套。对全县365所各类医疗机构进行了核定分类。开展了医疗服务价格调整工作,认真落实了药品集中招标采购,加强医疗服务价格监督。各医疗单位相继开通了“120”急救网络建设。

同时,广泛开展爱国卫生运动。全国加强了传染病、地方病、慢性非传染性疾病的防治工作,脊髓灰质炎、百白破、麻疹、乙肝疫苗的接种率均达90%以上。50年代以控制和消灭甲类传染病天花、白喉、霍乱为重点,开展全民性普种牛痘和霍乱菌苗注射,预防服药。新中国成立后,分别于1959年、1972年、1977年、1981年四次进行大规模的丝虫病普查治疗工作。1982年在全县范围内开展地方性氟中毒普查工作。

1983年在全县范围内进行头癣病调查。成功控制了1995—1996年连续两年在陇海铁路沿线发生的霍乱疫情和发生在邻县的0157H7等肠道传染病的侵入。1998年初级卫生保健工作达标。在2003年的抗击“非典”战役中,针对逻岗镇方庄出现的商丘市首例“非典”病例,及时采取了果断措施,成功地确保了全县没有一例“非典”疑似患者发生。2003年底,全县孕产妇死亡率由改革开放前的560/10万下降到59.21/10万,婴儿死亡率由改革开放前的169.26‰下降到4.56‰。新中国成立后,宁陵中医事业得到较快发展。县卫生院于1953年设中医部,有内科医生1名。50年代,张弓、程楼、柳河、孔集4个区卫生所设中医内科,后来其他公社卫生院也相继设立中医内科门诊部。

翟忠信擅长妇科及新生婴儿破伤风的治疗,对肝炎、肾炎也有丰富的治疗经验,1962年被省卫生厅选为“河南省九十九位名老中医”之一。张八卦外科第六代传人是李在明兄弟五人,继承父志,潜心钻研中医外科理论,注重医疗实践,并把西医外科与中医中药恰当地结合,取长补短,相得益彰,疗效更加显著。李在明将祖传临床经验汇集成《张八卦外科新编》,由河南人民出版社出版,在中医外科界很受重视。1953年县卫生院开设中医眼科门诊,由陈克常祖传眼科大夫陈陆轩任医师。1956 年陈陆轩病故后，其女陈淑英接替眼科治疗工作。至 1989 年，全县有 17 个医疗单位设中医内科门诊，共有中医内科人员 59 名。

（二）科技

宁陵科技事业在新中国成立后得到迅速发展。20 世纪 50 年代末，县建立农业科学研究所和科学技术委员会，开始组织闲散科技人员开展农业科技的研究和推广工作；以后又设立了农业机械化研究所、农技站、植保站、土肥站、种子站等科研和技术推广机构，推动了全县科技事业的进步，1959 年 8 月，建立农业科学研究院。“文革”期间，科研机构被砸烂，科技人员被批斗，科技事业受到严重破坏。1974 年建立农业机械化研究所；1975 年 9 月，建立地震办公室。1978 年以来，本县科研机构逐步得到恢复、调整和发展。1980 年后，在全国科技大会的鼓舞和推动下，县科技部门发动理、工、农、医等方面的科技工作者，先后建立了机电、卫生、体育、化学、物理、数学等专门学会组织，进行科技攻关和实验工作。1984 年 6 月，建立了宁陵县科学技术协会，普及科学技术知识。积极开展科技下乡活动，科学技术对经济增长的贡献率提高到 38% 以上。1985 年 11 月至 2007 年林业学会、水利学会、畜牧学会、园艺学会、棉花协会、蔬菜协会、酥梨协会、农机协会、锅炉压力容器协会、建筑学会、医学会、电业学会、环保学会、烟草学会、珠算学会、生物学会、计算机信息学会、气象学会相继成立。15 个乡（镇）成立各类农村专业技术协会、研究会 64 个，共有会员 10 282 人。其中经纪人 849 人。在 66 个协会中，养殖行业 27 个，制造业 3 个，果蔬业 22 个，种植业 13 个，其他 1 个。

1978 年 7 月，县生产公司试制成功 31 复合菌肥，当年获省、地科学大会荣誉奖。1978 年逻岗北刘庄村农民程传亭采取优选良种、科学管理等措施，花生亩产 351 千克，1980 年获商丘地区科技成果二等奖。1979 年省农科院、商丘地区科委、农科所和县科委、水利局等单位，在孔集东大队建立了盐碱旱涝综合治理试验区，这一综合治理研究成果获河南省重大科技成果二等奖。商丘地区浅层地下水资源评价研究工作 1981 年获河南省重大科技成果二等奖；1984 年获国家地质矿产部科技成果一等奖。还有高铬肉粉、氟气回收和氟硅酸循环法生产普钙新工艺、28°大曲酒、吉祥酒、异性无缝钢管、管井降水法在铁路集水井施工中的应用、DEGM-10号乳化油、4HW-50型花生挖掘犁、葡萄快速繁殖技术、果品保鲜技术研究开发、宁陵县综合农业区划、山羊养殖技术开发研究等也都获省、市科研成果奖。到1989年,全县已经完成了68项科研项目,获得科技成果46项,其中省级成果13项,地区级科技成果24项。

在新中国科技发展的进程中,在畜牧、曲酒、医疗等领域涌现出一批科技专家,如侯从远、郭宗武、姚昌礼等。

侯从远(1915—1985年)孔集乡侯庄村人。早在青少年时期,就受鲁迅、郭沫若著作的影响,积极参加抗日宣传、游行示威等爱国活动。

1940年毕业于西北农学院畜牧兽医系,曾任兰州西北防疫处技佐、兰州西北技术专科学校讲师、青海兽医防疫处湟源血清主任。1944年后,一直在西北农学院工作。1956年12月加入中国共产党,先后任西北农学院畜牧兽医系主任、副院长等职,专业职务教授,并兼任西北五省中西医兽医结合学术研究会会长、陕西省五号病顾问组组长等职务。他在雏鸡白痢疾病预防、鸡传染性鼻炎、山羊假结核病、仔山羊白肌病、乳山羊肠麦血症、商洛地区黄牛喘气病、幼驹副伤寒、马传染性贫血等课题的研究上,取得了卓越成果,受到陕西省科协的表彰。侯从远治学严谨,笔耕不辍,他主持翻译了苏联甘努诗金著的《家畜流行病学教程》,编写了《畜牧微生物学》《兽医微生物学》《马传染性贫血》等教学讲义,参与了全国农林院校《兽医微生物学》教材的编写。并主编了陕西《畜牧兽医》杂志,兼任《家畜传染病》《兽医科技》《中西兽医药物杂志》和《西农学报》等刊物的编委。先后发表有16篇专题论文,为我国畜牧兽医事业的发展,做出了积极的贡献。

郭宗武(1934—)石桥乡杨花楼人。原张弓酒厂厂长、总工程师,中国白酒协会理事,河南省酿酒协会副会长。1951年参加工作,曾任三区人民武装部政治助理员、中国人民解放军宁陵县人民武装部参谋、石桥公社农业技术指导站站长等职。1970年调张弓酒厂工作,

1976年研制成功38°优质张弓白酒，属国内首创，填补了我国酿酒工业中的一项空白，开创了中国低度白酒的先河。此成果1981年获河南省重大科技成果三等奖，1983年获国家轻工部科技成果三等奖，

1984年获国家银质奖章，1989年又获北京国际博览会金质奖。他参与研制的康复酒、吉祥酒、28°优质大曲酒等，在国际、国内都赢得了声誉。他编著的《白酒尝评勾兑与调味》一书，1986年8月由河南省科学技术出版社出版。

姚昌礼（1938—）城关回族镇人，回族，中共党员。国管专家，国务院特殊津贴享受者。1961年毕业于河南中医学徒班（大学本科），曾任县中医院院长，1994年晋升为主任医师兼河南中医学院教授。他青年时代曾师从著名老中医韩传修先生，中年时代曾师从于北京中医学院、工程院院士、国家第一位中医博士生导师董建华教授。从医40年来，具有较深的中医理论和丰富的临床经验，专长治疗内科、妇科等疑难杂症，尤其擅长肝病、糖尿病和胃、脾病的辨证治疗，善于总结临床经验，多年来共撰写学术论文30余篇。其中有8篇获国际、国家和省地优秀论文奖。其部分医案被编入《中国现代名中医医案精华》与《河南省当代名医内科学术经验精华》。科研课题“柳白皮合剂（克糖平胶囊）治疗糖尿病300例临床研究”获河南省科技进步三等奖、中国爱迪生杯银奖及中国科技精品城金奖，其内容被编入《中国科技成果大全》，于1993年9月在北京参加了“全国百名著名医学专家特色门诊”。曾先后获得全国卫生先进工作者、省劳动模范、省优秀共产党员、中国改革功勋、商丘地区人民信得过的好医生等荣誉称号。

十二、统一战线、民族、宗教及港澳台侨工作

1981年，县政府成立了侨务办公室，连续用几年时间对侨眷、侨属进行了普查。全县共有华侨10人，其中侨居新加坡2人，日本3人，美国2人，英国2人，越南1人；有华侨眷属11人。时有港澳同胞眷属106人，分布在13个乡镇。在摸清情况的基础上，县委统战部门认真落实了华侨和港澳同胞政策，对3名华侨眷属在“文化大革命”中的冤假错案予以平反；对3名华侨眷属和1名香港同胞眷属摘掉了

“右派分子”的帽子，恢复了工作；解决了1名侨属的住房问题，并在生活上给予了适当照顾。

在民族事务中，本县居民有回、藏、满、蒙、壮、黎、侗、锡伯、布依9个少数民族，以回族为多。为了加强民族团结，县委始终贯彻了党的民族政策，政治上各民族一律平等，尊重少数民族的风俗习惯，每逢回族的节日，县委、县政府主要领导都要前往祝贺与慰问。

为了做好宗教工作，县委统战部深入宣传贯彻了党的宗教信仰自由政策。1981年后，先后成立了伊斯兰教协会、基督教协会和基督教“三自”（自治、自传、自养）爱国运动委员会领导组，制定了10条基督教会众《爱国守法条约》。为保证正常的宗教活动，恢复伊斯兰教清真寺14方；对基督教经过“三定”（定点、定片、定人）工作，先后开放基督教活动点14处。

在对台湾事务工作中，县委于1981年设立了对台工作领导小组，至1989年查清本县去台人员185人。在党的“一国两制”方针、政策感召下，部分去台人员，通过多种办法与家人通信。统战部门做好宣传，认真做好台胞的接待工作、定居安置工作。

十三、社会生活

新中国成立后，随着社会主义事业的蓬勃发展，一些陈规陋习逐渐被人们所遗弃，具有传统美德的风尚被延续下来。20世纪80年代以后，人民的生活习俗较前发生了更大变化。

（一）服饰

随着社会制度和生产关系的变革，新中国成立后，男女服装有了很大变化，长袍马褂逐渐绝迹。无论男女，除冬季着大衣外，多变为短装。男人多穿中山装、军便服，戴解放帽。女装多样，妇女头上和手上的各种饰物也逐渐废除，但色调单一，灰、蓝、黑居多。

1980年以来，人民生活水平普遍提高，人们衣着花样翻新，是境内服饰的布料、款式、色泽变化最大的时期。各式男女时装流行，色泽鲜艳。中山装、军便装、学生装、夹克衫、风衣、皮毛服装、西装和裙子，凉鞋、布鞋、解放鞋、皮鞋、毛皮鞋、大头鞋、旅游鞋等，穿着已逐渐普及。青年男女发行变化很大,电烫、化学烫、离子烫流行,男子一般为游泳式、长鬓法等。进入20世纪90年代,无论农村与城镇,男女服饰均向休闲式、宽松式、高档化发展。20世纪80年代初期被人们所青睐的的确良、涤卡、尼龙等化纤衣料,进入90年代均被摒弃,代之流行的是麻、毛、丝绸等布料,纯棉衣料称为人们的首选衣料,羽绒、保暖服饰越来越流行。近年来,男青年特别是在机关、企事业单位上班的男青年,喜欢西装革履,时髦的女青年则喜欢超短裙、小背心等裸露部分身体的时装,以展示身材的秀丽。中年男女喜欢宽松式的服装,老年男女喜欢休闲式的服装。戴金、银、珍珠、钻石、玉等各种材料制作的戒指、耳环、项链等饰物的女性逐年增多,不少男性也戴上了金戒指、金手链、金项链。美容、化妆的中青年女性逐年增多。20世纪90年代以后男女发型变化也很大,青少年男女打彩色摩丝,将头发染淡黄色、板栗色、酒红色的增多。中老年男女理发时染黑打摩丝的增多。青壮年男性休闲洗发的增多,中青年女性讲究发型与脸型、身材搭配,扎辮子的减少,留披肩发、留羊尾巴、波浪式发型的增多。回族服装大体与汉族相同,部分壮年和老年人及清真寺里的人员多戴白布帽。

(二)婚俗

新中国成立前,汉、回民族订婚都需要媒人介绍。汉族在男女本人及双方父母同意后,写好订婚贴,连同彩礼送到女家,女家写回帖表示同意,即为订婚;回族则是在男女双方同意后,男家给女家送聘礼,一般是果品100斤、羊1只、鸡2—4只,山药、粉条若干,衣服数身,即为订婚。

新中国成立后,政府提倡婚姻自主、恋爱自由,通常是由介绍人介绍,男女双方亲自交谈,待成熟后互赠信物,即为订婚。同时,传统的订婚方式仍在进行。结婚仪式,回汉各有不同。汉族,旧时结婚形式有大搬亲和送亲两类,花轿、车马、唢呐、铁炮,热闹非常,花费很大。新中国成立后提倡新事新办,20世纪50年代后不坐轿、不坐车、不待宾客,形式简便,深受群众欢迎;还有的举行集体婚礼,旅游结婚。

20 世纪 90 年代,境内的婚嫁礼仪与 1985 年以前相比,有很大的变革。一是不少女青年向男方索要家用电器、首饰等彩礼而改变为要高档次的房屋、现金,男青年结婚的费用呈逐年上涨的趋势。男方的结婚费用,1985 年前后为 1 万~2.5 万元,1990 年前后为 2.5 万~4 万元,2000 年前后则上升到 5 万~8 万元。不少父母因为儿子结婚,花光多年的积蓄后,还欠下不少的债务。二是结婚用车向高档次发展。在农村,1985 年前用手扶拖拉机、大货车,甚至用马车即可迎娶新娘。1990 年前后,部分女青年要求男方用小汽车接,否则不发嫁。1995 年后,部分时髦讲排场的女青年结婚时,则要求男方租用小汽车 3 辆以上,车的档次不能低于桑塔纳。在城镇,1995 年后结婚用车更排场,披红挂彩的小汽车少则五六辆,多者十余辆甚至数十辆,迎娶新娘的彩车一字长龙般的排开,令行人注目。三是男到女家落户的逐年增多。1985 年前后,多为家庭贫穷、男方兄弟较多、不易找对象的大龄男青年愿意到女方落户当“倒插门女婿”。20 世纪 90 年代后,人们男女平等的意识增强后,社会文明程度增高,不少适龄青年自愿到女方落户,个别独生男孩也自愿到女方落户。四是参加集体婚礼的新郎、新娘逐年增多。各级妇联、团委及影楼等,为倡导社会主义文明新风,有计划地在五一、十一、元旦等适龄青年男女结婚的高峰期组织集体婚礼,不少新郎新娘踊跃报名参加。五是农村举办婚礼有趋繁复旧之势。1985 年前,由于大多数农民尚不富裕,许多农民在操办婚事中,除选择婚礼的日子要在“吉日”外,婚礼较为简洁、文明,由主持人简单介绍恋爱经过,新郎新娘向父母、来宾敬礼后即举行婚宴。1985 年后,特别是 20 世纪 90 年代后,个别农民家庭在举办婚礼时,又恢复了过去的“打麻秸火”“迎红”“撒喜钱”“导毡”“拜天地”“拜礼”“新郎新娘宴敬酒”“喝交心酒”“送客”“回门”等繁杂的礼节。县南张弓、黄岗、刘楼等几乡镇仍有大搬亲之风俗。

回族结婚,婚前亲友添箱,男女同到乡(镇)政府领取结婚证书。喜日早饭后,由 4 名女迎客曲接新娘,女方由新娘的伯父、叔父、兄、弟组成的护亲团护送。新娘下车,请阿訇主持证婚仪式。阿訇念证词后,新婚夫妇表示同意。阿訇把糖果、花生等洒向群众,仪式即告结束。第二天,新婚夫妇带着礼品到女家回拜。第三天,女方父母到男家会见亲家。

（三）丧俗

汉族丧葬，旧时人死后，为死者更衣入殓，家人焚纸大哭，用白纸糊门，亲友登门吊丧。一般按照死者年龄大小或者死者有否二老双亲决定停棺天数，多者停棺7天，少者3天。出殡之日，仪式悲壮。三周年忌日，亲朋毕至，隆重祭祀。

新中国成立后进行丧葬改革，不少农村建立红白事理事会，力求简办丧葬事宜，但大操大办的风气仍在一些地方存在。由于1978年在农村推行了联产承包生产责任制，农民逐渐富裕起来。1986年后，厚葬的习俗逐渐兴起，并有蔓延之势。一些富裕的农户极重视丧葬礼俗，引起手中没钱的农户跟着效仿，举债安葬长辈。农村的丧葬礼仪主要有，初丧时的哭丧、在亲属门上贴白纸，为死者噙口钱、盖蒙脸纸，孝子披麻戴孝、守灵，在死者棺内设鸡鸣饭、死者怀中放打狗饼、为死者“铺金盖银”，出殡的前一天晚上孝子为死者送路、送浆水，下葬前瞻仰死者遗容、封棺，下葬移棺时摔老盆、哭路、护棺，安葬死者后的谢孝、圆坟等。出殡的人群，少者十余人，多者数百人乃至千余人。死者的儿子、儿媳、女儿、女婿、侄儿、侄媳、外甥、外甥媳妇等直系亲属全身着孝，旁系亲属、好友、相邻戴孝帽或孝巾。葬仪上，规模较大的可收花圈、纸马、纸轿、纸人等冥品数百只，规模小的也能收到数十只。葬宴少者数十桌，多者百余桌乃至数百桌。安葬死者的棺材多为桐、桑、枣、红松、白松等木料做成，木板的厚度薄的30厘米、厚的60厘米。

目前，民众去世后一律实行火化。至期，亲朋敬献花圈、挽联，召开追悼会，向遗体告别。火化后，骨灰由子女保存，或由火葬场代管。

回族丧葬，人死后实行速葬、薄葬，不论贫富贵贱，男女老少，一般在三日之内葬之，并不准陪葬衣物，不准大哭，一律土葬。安葬那天，将尸体用清水冲洗干净，用白布包尸，请阿訇主持仪式，哀悼完毕，抬往墓地，亲友送行。女子一般不送葬。丧葬期间，死者家属不设宴饮，远方亲朋以家常饭招待。

（四）喜庆

主要有送粥米、祝寿、添箱送礼等。

(1)送粥米。即已婚生育第一胎后,在孩子出生的6~10日,要到娘家与亲友家送红鸡蛋数枚报喜,并约定送粥米的日期。送粥米的当日,亲友要送红糖(1990年后也有拿白糖的)、鸡蛋、大米或白面数十斤及各种花布或儿童衣帽,女亲友还要在见到新生儿后给一定数量的见面钱。娘家人除备下丰盛的食品外,还要为新生儿送衣帽与童车、童椅等儿童用具,较为富裕的娘家人还要送新生儿金、银、玉类的长寿锁、手镯等饰品及一定数量的现金。男家则设丰盛的宴席招待宾客,为宾客送行时,还要在宾客所带的器物中放几枚红鸡蛋和几个涂上红点的白面馒头。

祝寿在"文化大革命"时期曾被强行废止,20世纪80年代中期被恢复,20世纪90年代则声势越来越大。

(2)祝寿。一般从老人的60岁生日起,子女亲友送糕点、酒肉、衣料等礼品作为贺礼,设宴待客庆祝庆祝老人的生日,祝愿老人健康长寿。20世纪90年代中期,富裕的农民为老人祝寿,不仅设宴数十桌,还要连唱几场大戏或放几场电影。城镇居民中的富裕者为老人祝寿,要在高档饭店办宴席数桌乃至数十桌宴请祝寿的亲友。祝寿者一般不再买生日蛋糕及酒肉类的礼品,而是直接以现金充当礼品。

(3)添箱送礼。男婚女嫁,亲朋邻居馈赠钱物,谓之添箱。1985年前后,添箱送礼多在婚嫁之日,被通知添箱的为有过往来的至亲好友。20世纪90年代后,添箱送礼多在婚嫁日前,婚嫁的主家为了排场,多发请柬或用电话联系,邀请所认识或熟悉的人添箱。1990年后,添箱者除送衣物等礼品外,还要送一定数额的现金,而且所送现金数额呈逐年增多之势。

(五)禁忌

宁陵现存的禁忌主要有以下各项:①年初一,不扫地,不汲水,不借别人家的东西,忌毁坏器物。②产妇(含流产者)不满月,不准到邻居家串门。③初一、十五忌探亲访友。④下午忌探视病人。⑤在农村,忌再婚妇女为新婚夫妇套被褥。⑥在农村,非父母健在、儿女双全者忌在丧事时帮助丧事主人家挖墓穴。⑦孝子守孝期间,忌探亲访友及去邻居家串门。

（六）饮食

新中国后，劳动人民生活水平逐渐提高。20世纪50年代，吃糠咽菜者已不多见，但主食仍以粗粮为主。50年代末和60年代初，由于粮食减产，红薯开始大面积种植，红薯干成为主食之一。农民凭借红薯的高产优势逐步提高了吃粮标准，这样的低质量主粮一直维持了十多年。至70年代中期后，玉米取代高粱、谷子、黍子、稷子等大小秋作物，并有半数以上的地方以玉米取代了红薯。

20世纪80年代实行农业生产责任制后，小麦种植面积扩大，单位面积产量和总产量大幅上升，小麦逐渐称为主食，而红薯干和玉米等杂粮则退居畜禽饲料的位置。1983年以后，宁陵绝大多数农户一年四季吃白面，蔬菜多是自种自食。早晚餐一般为稀饭、白面馍、素菜，中餐一般以面条、米饭、菜蔬为主。逢年过节，肉食菜肴也较丰盛。20世纪90年代以后，农民饮食趋向多样化，由饱腹型向营养型过渡；城镇居民则由营养型向保健型过渡，部分富裕的家庭饮食已相当讲究，定量食用牛奶、鸡蛋、新鲜水果及其他保健类食品。市场上的杂面馍成为人们欢迎的营养食品。回民主食和餐具同汉族相同，肉食以牛羊鸡鸭为主。

农村传统炉灶由灶台、灶墙组成，有风箱，有烟囱；炊具多为瓦盆之类；饮水用具砖砌水井；日用家具多为自制桌、凳；照明用具为煤油灯、蜡烛；出行多为步行。进入20世纪80年代，城乡居民用上了煤球炉；炊具多为铝锅、铝盆者居多；饮水几乎家家有手压水井；日用家具流行组合柜、大立柜、折叠椅、竹藤椅、软沙发；照明开始安装电灯；出行多为自行车，有少量摩托车。进入90年代以后至今，液化气灶、电饭煲、微波炉之类的灶具开始逐渐普及，部分农村居民用沼气灶；细陶瓷、钢精、搪瓷、铝合金、不锈钢餐具已普遍使用，小型豆浆机、高压锅、电饭锅、微波炉进入寻常城乡居民家中；居民开始使用自来水，农民中富裕户家中安装了无塔供水设备，饮水机。

（七）居住环境

新中国成立后，城镇居民多为楼房。农村60年代后，瓦房增多，但多是后墙用砖包，或是“里生外熟”（即墙的外层是砖，里层是土坯）

墙。1978年后,随着农民经济收入的增加和生活水平的提高,农村建筑瓦房的逐渐增多,房屋结构由土木结构转向砖木结构。草房已经少见,建房开始向出厦房、两层带阳台小楼等新型住宅发展。无论城镇与乡村,三代同居一室的现象至20世纪90年代初期已基本绝迹。农民中富裕家庭已在室内设有卫生间,安有多用炉,一年四季有热水。较富裕的城镇家庭,建有楼房、别墅,水电暖及煤气管道俱全。中等收入的城镇居民,多购买、建置楼房,配置太阳能。城乡的居民条件向着舒适、卫生、整洁和环境优美的方向发展。

(八)节日习俗

新中国成立后传统节日习俗基本同民国时期。纪念节日则不同于民国时期。

1. 传统节日

(1)春节。农历的正月初一,宁陵俗称过年,是中华民族历史最久、影响最大,也是最为隆重的传统节日。一般春节前20天左右,人们就开始备年货。腊月三十晚上,大部分家庭要团聚在一起过“除夕”。傍晚时,人们就要将庆祝春节的年画、对联贴好。春节那天一早,人们争先早起,着新衣,燃放鞭炮。吃过饺子后,人们就走家串户,互致新年愉快新年祝福,晚辈人成群结队地向长辈磕头或问候,长辈向晚辈发放糖果、瓜子或压岁钱,俗称“拜年”。中午,全家老少欢聚一堂,共享丰盛的午餐,又称吃团圆饭。从1980年,县文化局和文化馆都要举办一些春节文化庆典活动,如举办书画展、猜谜语、曲艺唢呐街头演唱和一台大型春节文艺晚会。社会各界也常举办诸如歌咏、知识竞答和文艺联欢会。各单位门前红灯高挂,电影、戏剧一般都在春节当天连演数场。

(2)元宵节。在农历的正月十五,境内群众又称为上元节、灯节。民间“十四为试灯,十五为正灯,十六为收灯”的燃灯活动仍在沿袭。每逢这天家家户户吃元宵或水饺。城乡居民家家户户燃放烟花爆竹,城镇也有计划地组织燃放烟火。文化局和文化馆每年都在正月十四日至十六日组织全县的民间文艺队伍在县城表演高跷、肘歌、竹马、旱船、花轿舞、鬼会、龙灯、秧歌、腰鼓、曲艺、唢呐等艺术形式。

2011 年县文化局还在县西关北路，举办了本县有史以来第一次大型彩灯展，有宫灯、大型机械动力造型灯近 2 000 盏，展区两端搭有彩灯门楼，甚是壮观，吸引观众 6 万多人次。

（3）围仓节。围仓节为农历的二月初二，俗称为龙抬头的日子。年“文化大革命”时期被破除的农民围仓习俗，进入 20 世纪 90 年代又被少数民族恢复起来。这天，农户黎明即起，清扫院落，然后在庭院的中间手抓草木灰撒成一个又一个同心的圆圈，少者七八圈，多者十二三层圈，俗称围仓。围仓时，长者撒灰，幼者拍瓦罐或陶瓷罐唱“二月二，龙抬头，大囤尖，小囤流”及“二月二，拍罐子，蝎子出来没爪子”等民谣，以祈求农业丰收、虫灾减少。农村“二月二不干活，抱着孩子啃大馍”的习俗仍在沿袭。当天早饭，农民多吃在春节前便蒸好的大馒头（比平常吃的馒头大三至四倍），一整天休闲不干活。

（4）清明节。一般在每年农历的二月底或三月初。传统的风俗沿袭至今，这天人们纷纷为已故的亲人整修坟墓，烧纸。日出之前户户门上插柳枝，以示尽孝之意。新中国成立后这种活动仍在沿袭。进入 20 世纪 90 年代后，不少人在清明节到亲人墓前焚烧印制精美的冥币，币额不等。为了进行革命传统教育，学校多组织青少年到烈士陵园扫墓，缅怀先烈，进行革命传统教育。机关团体则组织青年党团员在烈士墓碑前宣誓，重温入党或入团誓词。

（5）端午节。又称端阳节，为农历的五月初五。当天家家户户门首插艾，一些妇女、儿童带香带，早饭食鸡蛋、粽子、糖糕，以纪念爱国诗人屈原，并驱瘟防病。

（6）天祝节。为农历的六月初六，是极古老的传统节日，但习俗至今沿袭。当天太阳未升之时，火炙小麦面微黄，投入沸水中，加糖食之，谓可去热毒、免目疾、除腹痛。

（7）乞巧节。为农历的七月初七，传说当日晚上是牛郎织女在天河鹊桥相会的日子。晚上，青年妇女在院中置桌，将装有水果的碗盘放于桌上，向天空星星密集的地方行礼，乞求织女传授针线技艺。这种活动是种戏乐，表达了青年妇女渴望心灵手巧的心情。进入 21 世纪，每到七月初七之日，人们仍会回忆牛郎织女相会的传说，但乞巧的习俗已渐渐绝迹。

(8)中秋节。为农历的八月十五,是传统的重大节日,一直被人们重视。节前,互相走亲访友,互赠月饼与其他礼品。当天家家户户改善生活,晚上全家人或邀请亲朋好友欢聚,吃月饼、瓜果,饮酒、赏月。

(9)重阳节。为农历的九月初九,亦称老人节。改革开放以来,每逢重阳节,县老干部局和民政局都要举行文化庆祝活动,如举行老年人书画法展,体育比赛,像乒乓球、门球、太极拳、象棋等,该组织一些老年戏迷吹拉弹唱。

(10)鬼节。为农历十月初一。旧时习俗较多,现仅存为亲友祭墓及在坟前烧纸的习俗,以怀念先人、故友。

(11)冬至。农历的二十四节气之一,是日为一年中白昼时间最短的日子,民谚有“吃了冬至饭,一天长一线”的说法。旧时习俗较多,现仅存有冬至吃饺子的习俗。

(12)腊八节。为农历的十二月(俗称腊月)初八。旧时习俗较多,如今沿袭有吃腊八粥的习俗。其粥多为小米或大米加枣熬制而成。

(13)祭灶。为农历的腊月二十三。1966—1977 年的“文化大革命”时期,旧时流传的在祭灶日里把糖糊在灶神的嘴上,用秫秸瓤子扎马并荐以草料,把上年除夕贴在墙上的旧灶神画拆下焚烧,焚烧画的人还要念着“上天言好事,下界保平安”的祈祷语等送灶神上天的习俗基本被废止。这时,人们在除夕日贴春联时,不再贴灶神画,仅灶门上方的墙上贴上一副“人寿年丰”或“丰衣足食”的红纸斗方。进入 20 世纪 90 年代,市场上又出现了灶神画,农村及县城郊区的农户贴灶神画的又逐渐增多,送灶神上天习俗又被少数人沿袭。

(14)除夕。为农历的腊月三十(小历为二十九)。这天家家户户打扫室内外卫生,贴对联、年画,中午吃饺子,晚上阖家吃团圆饭。睡前放炮三响,谓之关门炮。夜晚,年长的人正房的中间靠墙处摆上装有供品的桌子,在桌前焚香叩头,敬神以祈求天神保佑来年全家人身体健康、人财两旺。“文化大革命”时期,敬神活动被强行废止。20 世纪 80 年代中期,许多七八十岁的老年人仍在晚上敬神,中青年已不再加入敬神的行列。自中央电视台 1983 年开播春节联欢晚会节目后,观看晚会节目成为人们除夕夜的首选。

(15)元旦。为阳历(俗称公历)的1月1日,是中华民国成立后的新兴节日,已有90多年的历史。中华人民共和国成立后,国家工作人员在元旦放假一天。元旦是个喜庆的日子,城乡男女青年选择元旦作为喜日举行婚礼的特别多。

(16)回族开斋节。又称"大尔代"节,是伊斯兰教三大节日之一。斋月,是伊斯兰教历九月。斋戒期满,就是回族等民族一年一度最隆重的节日之一——开斋节,开斋节要过三天,清扫院落、沐浴更衣,到清真寺礼拜,然后串亲访友。节日中,家家户户炸馓子、油香、课课、花花等富有民族风味的传统食品。同时,还宰鸡、兔、羊等,做凉粉、烩菜等。有许多回族青年在开斋节举行婚礼,使节日更加热闹,更增添节日气氛。每年开斋节,县领导将带领有关部门带着水果糖、糕点等分别到全县各个清真寺慰问,与清真寺的阿訇、社头、回民群众等进行座谈。

2. 社会新风

1962年,全县人民响应毛泽东主席"向雷锋同志学习"的伟大号召,以雷锋为榜样,在全县形成了做好事、树新风活动。华堡学校16岁的初中二年级学生卢科科,在公社棉花加工厂失火时,不顾个人安危,一次又一次冲进火海抢救集体财产。《河南日报》和中央人民广播电台报道了他的模范事迹。楚庄乡傅集村生产队长、共产党员王长林见义勇为、舍己救人;阳驿乡郭屯学校校长梁积宏,1985年元月冒着生命危险抢救落水儿童,都被广为传颂。同时大力开展"五好"、"两村三户三好"家庭评选和"好媳妇"评选活动等;大力弘扬革命烈士张环礼、王利申见义勇为、舍己救人和王利华勇斗歹徒的英雄壮举。2002年,宁陵县荣获河南省"道德规范进万家活动先进县"荣誉称号。

50多年来,宁陵人民在中国共产党和人民政府的领导下,以靠自己勤劳的双手,在这块贫瘠的土地上,艰苦奋斗,建设家乡,使苦难深重的宁陵发生了根本性变化。尽管遇到了许多挫折,有过深刻的教训,但也为宁陵的社会主义建设积累了十分宝贵的经验。

宁陵有着众多的优势,蕴藏着巨大的发展潜力。"东风吹来满眼春,宁陵大地换新颜”。党的改革开放政策为宁陵经济插上了腾飞的翅膀,大商丘的开发给宁陵经济带来了大发展的机遇。宁陵县委、县政府正努力抓住这一有利时机,以“团结、勤奋、务实、廉洁、高效”的作风,全面实施开放带动战略,带领全县人民艰苦创业,苦干实干,以自己的勤劳和智慧,创造着和谐宁陵崭新美好的未来。

十四、“十三五”时期经济社会发展成就

决胜全面建成小康社会取得决定性成就。“十三五”期间,面对复杂多变的国内外环境和艰巨繁重的改革发展任务,宁陵县以习近平新时代中国特色社会主义思想为指导,坚持“稳中求进”工作总基调,紧扣全面建成小康社会目标任务,统筹推进“六稳六保”各项工作,坚持新发展理念,坚持推动高质量发展,狠抓脱贫攻坚、产业转型、乡村振兴、城乡建设、环境治理、项目引进和建设、民生保障、安全稳定等重点工作,深化供给侧结构性改革,着力培育富民产业,加快改善人居环境,切实提升民生福祉,全力维护社会稳定,保持经济持续健康发展和社会大局和谐稳定。较好实现了“十三五”的既定任务,为“十四五”发展奠定了良好基础。

(1)综合实力显著提升。坚持项目带动战略,经济平稳较快增长,总量持续扩大,经济实力显著增强,全县生产总值连续跨过100亿元、150亿元两个台阶,年均增长8.16%,高于全省平均水平;经济转型升级取得新进展,三次产业结构实现了由“二三一”向“三二一”的重大转变,二三产占比达到84.2%;工业内部结构优化,培育高新技术企业5家、省级工程技术研究中心5家、节能减排科技创新示范企业3家;特色现代农业蓬勃发展,以酥梨产业为基础,打造了“宁陵酥梨”“白蜡条杆工艺”等特色农产品;形成了覆盖全县乡村的电商服务网络,荣获“国家级电子商务进农村综合示范县”“河南省电商扶贫示范县”等荣誉称号。乡村旅游快速发展,通过举办“梨花节”“酥梨采摘节”“桃花节”,打响宁陵生态旅游品牌。

(2)脱贫攻坚成效显著。全县脱贫攻坚取得决定性胜利,顺利实现贫困县脱贫摘帽目标,106个贫困村退出贫困序列,67 222人稳定脱贫。强化基层组织建设,在全市率先实现行政村派驻第一书记全

覆盖；创新开展“3+六全”社会扶贫模式，被人民日报社评为2018民生示范工程，荣获2018年度全国工商联（商会）工作“创新中国”最佳案例。

（3）生态建设成绩斐然。牢固树立绿色发展理念，全方位部署、全社会发动、全领域治理、全天候督查、全过程整改，大力开展大气污染、水污染、土污染整治工作，PM10、PM2.5浓度持续下降，空气优良天数持续提升，环境治理成效显著。

城乡建设加快推进。四湖旧城改造顺利推进，建成3个污水处理厂，升级改造了长江路、永乐路、迎宾大道，新建了人民公园、迎宾公园、永乐公园，顺利通过“河南省园林县城”验收，成功创建河南省文明城市提名城市；乡村基础设施不断完善，乡镇通车率100%，行政村通车率98%，实现了城乡客运一体化。大力推进安全饮水工程，确保人民群众饮水安全。积极开展“四美乡村”“五美庭院”创建活动，农村人居环境明显改善。

（4）社会事业全面发展。积极推进就业、创业和社会保障等工作，民生福祉进一步增强。深入实施义务教育“全面改薄”和标准化学校建设工作，推动义务教育均衡发展，顺利通过国家验收；全县每千人口医疗机构床位数、执业（助理）医师数、注册护士数全部实现“十三五”规划目标；突出抓好慢性病综合防控和免疫规划标准化建设工作，荣获河南省慢性病综合防控示范区和河南省免疫规划标准化建设示范县荣誉称号。积极推进养老服务体系建设。宁陵县荣获“全国老龄工作先进县”“中国长寿之乡”等荣誉称号。文化事业繁荣发展，实现村级文化中心、文化设施全覆盖，荣获“河南省戏曲之乡”称号。积极推进文化产业建设，形成了以制笔、陀螺、藤编、葫芦烙画等一批知名文化产业。连续两届荣获全国五好工商联。

（5）管党治党取得重大成果。党内学习教育常态化制度化，习近平新时代中国特色社会主义思想更加深入人心；大抓基层基础、“五比五不比”的导向更加鲜明；中央八项规定及实施细则精神贯彻落实有力；以案促改扎实有效，反腐败斗争压倒性胜利巩固拓展；各级党组织的政治领导力、思想引领力、群众组织力、社会号召力显著提升。特别是面对突如其来的新冠肺炎疫情，在中央、省委和市委的正确领导下,我们统筹推进疫情防控和经济社会发展,把干部带头、依靠群众、全面排查、堵塞漏洞、集中救治贯穿始终,把外防输入与内防反弹、常态化疫情防控与补齐公共卫生短板有机结合,筑牢疫情防控的“宁陵防线”,贡献服务大局的宁陵力量。

第八章
向社会主义建设过渡时期的宁陵

第一节　巩固宁陵人民政权的斗争

1949 年 10 月 1 日,中华人民共和国成立,开创了中国历史的新时代。中国共产党由领导人民群众进行武装斗争夺取政权,到领导人民群众进行社会主义革命和社会主义建设。宁陵人民在广场召开庆祝大会,并举行了声势浩大的游行。

中国开始由新民主主义向社会主义过渡,宁陵的发展也进入一个崭新的时期。在党和政府的领导下,开展了剿匪反霸、减租减息、镇压反革命和抗美援朝,顺利地实行了土地改革,彻底摧毁了千百年来的封建剥削制度,从而为社会主义的新宁陵创造了优越的条件。经过农业合作化、"大跃进"、"文化大革命"等,宁陵社会主义建设在探索、曲折中前进。党的十一届三中全会以后,宁陵全面进入社会主义建设改革开放的新时期,各项建设蓬勃发展,取得瞩目成绩。

新中国成立以后,当时全县面临的形势十分严峻,既有国内外敌人进行破坏活动,又有严重困难的国民经济,百业待举。1950 年 4 月,宁陵县委、县政府领导全县人民建立基层民主政权,恢复和发展国民经济,进行社会主义革命和社会主义建设的历史重任。根据党的七届三中全会精神和上级指示,全县各级党的组织和人民政府,积极领导广大群众,进行土地改革、抗美援朝、剿匪反霸、镇压反革命和城市民主改革运动,战胜了敌人,克服了困难,逐步医治了战争的创伤,为进行大规模的社会主义改造和有计划的经济建设奠定了基础。

一、废除保甲制度

新中国成立后，宁陵县立即建立起各级人民政权和行政机构，并宣布废除国民党的保甲制度，进行了行政区划的调整，全县下设五个区：一区区政府设在张弓集；二区区政府设在吕集，1952 年冬迁程搂；三区区政府设在县城；四区区政府设在孔集；五区区政府设在逻岗集；1 个镇：城关镇；89 个乡，辖 1 025 个自然村。1951 年，新设第六区，区政府设在柳河集。全县共 6 个区、1 个镇，辖 73 个乡。

二、宁陵土地改革运动

封建社会中，大量土地集中在少数地主手中，广大贫苦农民却只有少量土地，或根本无土地，靠租种土地过活。

1950 年 2 月，根据省人民政府颁布的土地改革公告和《河南省土地改革条例》，全县用一年多时间，开展了土地改革运动，在张弓、吕集、城关 3 个区、40 个乡、475 个村、107 753 人中开展了土地改革试点。全县认真贯彻执行“依靠贫农，团结中农，孤立富农，打击地主”的阶级路线，划分了阶级。1951 年，根据《中华人民共和国土地改革法》，于是年冬至 1952 年，全县进行了土改复查，纠正了错划、漏划的阶级成分，在全县 53 944 户中，共划地主 3 076 户，占总户数 5.7%；富农 1 262 户，占总户数 2.3%；中农 21 100 户，占总户数 39.2%；贫雇农 27 242 户，占总户数 50.5%；其他 1 264 户，占总户数 2.3%。

在土改及土改复查中，共没收、征收地主、富农土地 38.3 万亩，牲口 3 165 头，房屋 13 637 间，农具 17 646 件，家具 18 784 件，粮食 135 万千克，棉花 6 532 千克，黄金 28.955 两，白银 815.5 两，铜币 2 551 千克，银元 14 301 元等。经过丈量土地，确定了地权，颁发了土地证，使无地、少地的贫雇农分得了土地，地主、富农应摊的一份土地和生产资料也得到了认可。

土地改革的完成，使宁陵县存在两千多年的封建剥削土地制度彻底废除了，地主阶级也被消灭了；农民成为土地的主人，在政治上、经济上翻了身，解放了生产力，农业生产获得迅速发展。

三、宁陵人民抗美援朝

1950 年,朝鲜内战爆发。美国悍然指挥所谓“联合国军”侵略朝鲜。他们越过“三八线”,一直打到中国边境,严重威胁我国的安全。1950 年 10 月,以彭德怀为司令员的中国人民解放军开赴朝鲜,同朝鲜军民一起,抗击美国侵略者。1953 年 7 月,在朝中人民军队的英勇顽强抗击下,美国侵略者在板门店被迫签订了《朝鲜停战协定》,抗美援朝取得决定性胜利。

在三年的抗美援朝中,宁陵各界同仇敌忾,上下义愤填膺,积极响应党中央、中央人民政府和抗美援朝总会的号召,同全国一样,迅速掀起一个深入社会各阶层、各方面的抗美援朝、保家卫国的群众运动。1950 年 5 月 1 日,全县 179 069 人参加了抗美援朝游行示威活动。1951 年 7 月 4 日,县三届一次各代会(各界代表会)根据全国抗美援朝总会的“六一”号召,做出了《开展爱国增产、捐献飞机大炮的决议》。两个月时间,全县捐献人民币 16 万元,购买飞机、大炮。8 月,中国人民赴朝慰问团商丘分团团长阎兴礼、团员熊珠林,到宁陵作赴朝慰问报告。同时,本县有 1 000 多名优秀青年参加中国人民志愿军,远离家乡,赴朝作战,为朝鲜人民的抗美斗争,为祖国的安全和建设,做出了卓越贡献。通过抗美援朝、保家卫国运动,在全县人民中一扫崇洋媚外、崇美恐美的思想,树立了民族自尊心与自信心,广大群众受到了深刻的爱国主义和国际主义教育,为宁陵县社会主义建设事业打下了良好的思想基础。

四、镇压反革命活动

朝鲜战争爆发以后,宁陵境内一些暗藏的特务、死心塌地地反革命分子、反动会道门,大肆煽动民众、进行适谣破坏,或暗中串联,图谋不轨,反动气焰十分嚣张。阳驿乡一反革命分子,新中国成立前曾杀害解放军战士和农会群众 7 人,新中国成立后仍继续蛊惑人心,煽动群众,殴打干部;反动会道门制造龙袍、龙旗、龙伞,曾两次举行武装暴动妄图推翻人民政权,杀害我农村基层干部数人;华堡乡一恶霸地主,在农会对其斗争之后,竟伺机杀害农会会长等。

面对反革命分子的猖狂反扑，为巩固人民政权，地方武装得到加强与整顿，1951 年 3 月撤销宁陵县县大队，建立中国人民解放军宁陵县人民武装部。县委、县政府遵照中共中央 1950 年 10 月 10 日发出的《关于纠正镇压反革命活动右倾偏向的指示》，于 1950 年 12 月，在全县范围内开展了镇压反革命活动，人武、公安联合出击，重点打击了土匪、特务、恶霸、反动党团骨干和反动会道门头子。

1952 年 12 月，在全县范围内集中开展了取缔反动会道门的活动，开始对一贯道（天罡道）、黄门道、离门道、坐宫道、金门道（又名黄沙和红沙会）、玄门道、老母娘道、一空堂道、天门道、天官清番道、东洋道（又名成己中央道）、佛教会、儒门圣教会、白莲教会、快门会、坎门会等各种会道门组织进行登记。同时，组织大批人员深入到会道门活动猖獗的地方，进行调查了解、宣传党的政策，揭露会道门的反动实质，通过摆事实、讲道理，使大部分会众在提高觉悟的基础上，自觉交出道具，退出会道门。在此基础上，放手发动群众，检举揭发反动会道门头子的反革命罪行，并依照法律，对部分罪大恶极的反动会道门头子予以惩办。至此，宁陵境内所有反动会道门组织均被取缔。

镇压反革命活动至 1953 年 12 月，全县共缴获长枪 386 支，短枪 300 支，小炮 5 门，轻机枪 5 挺，冲锋枪 5 支，炮弹 61 发，手榴弹 1 958 枚，子弹 25 950 发，各种委任状、符号、反动书籍以及会道门组织用的龙旗、龙棚、龙伞等反动物证 200 余件。

1954 年元月，宁陵又开展了第二次镇压反革命活动。1955 年 4 月，根据中央“提高警惕，肃清一切反革命，防止偏差，不冤枉一个好人”的镇反方针，继续打击了一批反革命分子。运动中，根据党的“首恶必办，胁从不问，立功赎罪，立大功受奖”的一贯政策和《中华人民共和国惩治反革命条例》，除杀掉一部分罪大恶极的反革命分子外，其余分别进行了关押、劳动改造或交群众管制劳动的处理。县内的反革命势力基本上肃清了，社会秩序得到安定。

五、整顿县容

宁陵县解放初，首先就妨碍交通、秩序混乱、脏乱差的街容街貌、环境卫生进行了整治，拆除了县城城墙，修筑了道路。县城的整个建设格局发生了很大变化,公共建筑日益增多,服务设施逐步完善,居民住宅大为改观。其次,封闭妓院,严禁鸦片烟毒。新中国成立后,县公安局即将妓院列为特种行业,进行限制和管理。之后,全面封闭妓院,铲除了旧社会"统治者和剥削者摧残妇女精神与肉体,侮辱妇女人格的兽性的野蛮制度和残余",人民无不拍手称快。1952年春,县建立禁毒委员会,在全县范围内开展了禁止种植、制作、贩卖和吸食鸦片的群众性活动。在贩毒、吸毒比较严重的县城和较大集镇,广泛宣传禁毒的意义,对贩毒和吸食毒品者进行登记和规劝,使其自觉交出毒品和毒具;对屡教不改者,采取强制措施,使其根除恶习;对极少数民愤较大的毒品犯,给予必要的法律制裁。经过这一活动,全县共收缴毒品9.685千克,各种烟具25件。宁陵县经过废除保甲制度、土地改革、抗美援朝、镇压反革命的胜利和整顿县容,进一步巩固了人民民主专政,为即将进行的宁陵社会主义建设创造了优越的条件。

第二节　宁陵国民经济的恢复和发展

国民政府20多年的统治,留给宁陵人民一个贫穷落后的烂摊子。在党和政府的领导下,宁陵县通过开展没收官僚资本、打击投机倒把、统一财政经济、进行"三反""五反"运动、农业合作化和对农业、手工业和资本主义工商业的社会主义改造,用几年短暂的时间恢复和发展了国民经济,为有计划地开展社会主义经济建设准备了条件。

一、新中国成立初期宁陵的经济形势

由于帝国主义长期掠夺,国民政府肆意搜刮和多年战争的严重破坏,宁陵解放前夕,经济形势已趋于全面崩溃。那时候,工业技术低下,农业生产落后,物资紧缺,物价飞涨,市场混乱,全县人民生活痛苦不堪。

在旧中国,粮食产量中,农民还要以收获的一半交租、交税、交粮,实际平均每人每年口粮只有100千克左右。一般情况下,要缺半年粮食。

为了恢复和发展国民经济,党和政府首先是没收官僚资本,建立

了社会主义性质的国有经济，同时打击投机倒把，加强市场管理，以稳定市场物价；统一财政经济，以实现财政收支平衡；合理调整工商业，以发展生产。到 1952 年底，宁陵工农业生产超过历史最高水平。

二、“三反”“五反”运动

土地改革的完成，工商业的合理调整，使宁陵经济状况迅速得到好转。1951 年是民族资本主义发展的“黄金时代”，资产阶级获得了国民党统治时期不曾有过的利润。但是，资产阶级唯利是图的本性和发展资本主义的欲望更加暴露。一些不法资本家见利忘义，为牟取暴利，行贿国家干部、偷税漏税、盗骗国家财产、偷工减料、盗窃国家经济情报，“五毒”横行。他们反对国家的限制政策，向社会主义发起进攻。有些国家机关和企业的工作人员进城后，贪图享受，经不起资产阶级糖衣炮弹的袭击，犯了贪污、浪费、官僚主义的错误，有的罪行很严重。为了打退资产阶级的进攻，1951 年底，中共中央和中央政府决定开展“三反”“五反”运动。

1952 年春，宁陵县委、县政府在全县私营工商业中，开展了“反行贿、反偷税漏税、反盗骗国家资财、反偷工减料、反盗窃国家经济情报”的“五反”运动，通过查、摆、算账，揭露和清算了一批违法经营者的错误和罪行。同年 8 月，根据省、地委指示，在全县国家机关工作人员中开展了以“反贪污、反浪费、反官僚主义”为内容的“三反”整风运动。在“坦白从宽、抗拒从严”“过去从宽、今后从严”的政策感召下，一批贪污分子主动坦白交代了自己的罪行，受到宽大处理，并严肃处理了少数拒不交代的贪污分子和给国家资财造成严重浪费与损失的人和事。“三反”、“五反”运动打退了资产阶级的进攻，挽救了一批干部，巩固了人民民主专政。

三、全县农业合作化

土地改革使农民分得了土地，激发了广大群众的劳动热情，但由于家底薄，缺乏耕畜和农具，农民的个体生产存有一定困难，很难发展大生产，农产品很难满足国家工业化建设的需要。为此，政府引导农民组织起来，走集体化道路。

根据《中共中央关于农业生产互助合作的决议(草案)》精神,宁陵县委、县政府及时向全县农民发出了“组织起来,开展农业互助合作”的号召。1951 年春,本县第四区孟揍乡张楼村农民李明秋,首先发起11 户贫苦农民,组成了全县第一个农业互助组。互助组的建立,充分显示了互助合作的优越性,当年小麦产量平均高于个体户的15% ~20% 。当年冬,政府因势利导,全县农村互助组不断发展壮大。至1952 年8 月底,农村互助组已发展到4 956 个。其中长年互助组 2 797 个,临时互助组 2 086 个,牲畜互助组 73 个,入组农民27 342 户,占全县总户数的47.4%;入组农民134 343 人,占全县总人口的55.5% 。互助组的发展,使广大农民产生了进一步联合的愿望。

1953 年,中央政府根据过渡时期的总路线,编制了发展国民经济的第一个五年计划(1953—1957),这更极大地鼓舞了宁陵人民建设社会主义的积极性。1953 年春,李明秋互助组和李明信互助组联合建立了全县第一个农业生产合作社,入社农民28 户,120 人,土地361亩。至1955 年上半年,全县初级农业生产合作社已达到1203 个,入社农民达到95% 。初级社实行土地入股分红,大型农具作价入社,产品分配有地六劳四、地五劳五或地四劳六几种形式,农民的生产积极性空前高涨。

1955 年9 月,按照毛泽东主席《关于农业合作化问题》的报告和中共中央《关于农业合作化问题的决议》精神,县委通过召开县、区、乡三级干部会议,批判了在合作化问题上的右倾思想,制定出《农业合作化方案》,将初级社合并建立高级农业生产合作社(简称高级社),至1956 年12 月,全县高级社达到164 个,入社农民55 000 户,占农村总户数的98.18%。高级社初步形成了社会主义的生产关系,土地所有制由私有制转变为集体所有制。

四、私营工商业的社会主义改造

我国对资本主义工商业的社会主义改造是通过多种形式的国家资本主义,采取赎买的方式进行的。在农业合作化高潮的影响下,1956 年初,资本主义工商业的社会主义改造,出现了全行业公私合营的高潮。

1956年元月，县委、县政府根据《中共中央关于资本主义工商业改造问题的决议（草案）》，除对粮、棉、油行业予以取缔外，对其他私营工商业均采取了经销、代销、联营、公私合营等形式进行改造。全县共改造私营商业1 015户，1 957人，资金4.4万元。其中纯商业改造574户，682人；饮食业258人，服务业183户，197人。并建合作店、组698个，实行代销89户，95人，经销200户，240人。食品行业，改造屠宰户和肉食摊贩12户，12人；医药行业建立3个公私合营门市部；铁、木、缝纫、编织等个体手工业改造238户，组成8个手工业生产合作社。

五、宁陵各级群团组织的建立

新中国成立后，宁陵县群众团体组织先后建立健全起来，在社会主义改造和社会主义建设中，充分发挥了自身的作用。宁陵县工商业联合会1949年2月成立。工商联成立后，在党的领导下，带领工商业者进行了社会主义改造，随后组织工商业者走合作化道路，在县城设立了3个合作商店和1个合作小组，各大集镇也都成立了合作店组。1951年3月，县委决定建立宁陵县总工会筹备领导小组；1952年3月成立了宁陵县总工会。宁陵县农民协会是由新中国成立前延续过来的，县农民协会建立后，各区、乡、行政村也都成立了农民协会组织，在土地改革、抗美援朝、剿匪反霸和镇压反革命运动中，都发挥了重要作用。中国新民主主义青年团宁陵县工作委员会由新中国成立前延续过来，1954年5月召开了中国新民主主义青年团宁陵县第一次代表大会，选举产生了中国新民主主义青年团宁陵县委员会。1959年3月根据中国新民主主义青年团第三次全国代表大会的决议，将中国新民主主义青年团宁陵县委员会改为中国共产主义青年团宁陵县委员会。宁陵县民主妇女联合会是由新中国成立前延续过来的，1956年10月，改称宁陵县妇女联合会。1965年3月成立了宁陵县贫下中农协会。

六、中国共产党宁陵县第一次代表大会召开

随着社会主义改造的完成和社会主义建设事业的发展，党的组

织建设得到加强，新的组织机构相继建立，党员素质不断提高，党的民主生活制度逐步健全。1956 年 6 月 6 日 ~21 日，在宁陵县城人民剧院召开了中国共产党宁陵县第一次代表大会。出席大会的正式代表 230 人，列席代表 6 人，代表着全县 2 502 名党员。与会代表学习了毛泽东主席《论十大关系》的讲话，听取了《中共宁陵县委关于 1955 年工作总结和今后意见的报告》。大会选举产生了中共宁陵县第一届委员会。各级党组织在社会主义革命和社会主义建设当中充分发挥了核心领导作用，保证了各项建设事业的蓬勃发展。

到 1956 年底，宁陵县基本完成了对农业、手工业和资本主义工商业的社会主义改造，这标志着本县基本上实现了把生产资料私有制转变为社会主义公有制，所有制方面的社会主义革命取得了决定性的胜利，有步骤地实现了从新民主主义到社会主义的转变，社会主义制度在宁陵基本上建立起来了。国民经济得到了比较快的发展，1956 年底全县工农业总产值达到 4 629.1 万元，比 1950 年增长 44%。从此，宁陵县进入了大规模、有计划地、全面的建设社会主义时期。

第三节　宁陵社会主义建设在探索中前进

新中国成立以后，中国共产党不断探索建设社会主义的道路。1956 年召开的党的八大是一次极为重要的探索，会议指出，当前党和人民的主要任务是，集中力量发展生产力，把我国尽快地从落后的农业国变为先进的工业国，以满足人民日益增长的物质和文化的需要。这为我国全面建设社会主义指明了方向。1957 年，我国进入开始全面建设社会主义时期。后来，由于“左”的错误等影响，社会主义建设事业遇到了一些曲折。

一、宁陵整风运动和反右派斗争

1957 年 4 月 27 日，中共中央发出《关于整风运动的指示》，在全党进行一次全面的整风运动，主要是反对官僚主义、宗派主义和主观主义，要使全党学会正确处理人民内部矛盾，完成社会主义建设的任务。整风开始以后,群众向党和政府提了许多有益意见和合理建议。但是,极少数资产阶级右派分子趁机攻击中国共产党的领导,反对社会主义制度。之后,整风运动转入反右派斗争。

在群众性社会主义教育运动的基础上,根据上级指示,1957 年 12 月 17 日,宁陵县在全县干部中分期分批开展了“反官僚主义、反宗派主义、反主观主义”的整风运动,县、乡干部和教师参加 2 771 人。运动一开始,就采取“大鸣大放”等做法。1958 年 1 月,开始了反右派斗争。在参加整风运动的人员中,虽有极少数人对右派的论点表示同情,甚至说了一些过激的话,对他们进行必要的批评是完全应该的;但由于对当时阶级斗争形势估计得过分严重,反右派斗争被严重地扩大化了,把 564 名知识分子和党内干部错划为“右派分子”,甚至株连了他们的亲属和子女,造成了极为不幸的后果。另外,还对运动中犯有所谓右倾错谋的党、团员分别进行了错误处理。

1962 年 1 月扩大的中央工作会议前后,县委按照中央“实事求是,有错必纠”的原则,对 1958 年下半年“反右倾”运动中被错误批判的大多数同志进行了甄别平反,还给一部分被错划为“右派分子”的人摘掉了“右派分子”帽子,恢复了一些人的职务和待遇。1978 年,县委对被错划为“右派分子”及其受株连的亲属子女,全部给予了平反改正和妥善安置。

二、宁陵社会主义建设的全面展开和“大跃进”

宁陵县生产资料私有制社会主义改造的基本完成和发展国民经济第一个五年计划的提前实现,大大鼓舞了全县人民建设社会主义的热情,随之宁陵县的社会主义建设全面展开。农田基本建设、工业建设、城市建设和地方科技事业都在迅速发展,宁陵县面貌进一步发生变化。

1958 年 5 月,中共八大第二次会议通过了“鼓足干劲、力争上游、多快好省地建设社会主义”的总路线。总路线反映了广大人民迫切要求改变我国经济落后的愿望,但忽视了客观的经济规律。会后,全国掀起“大跃进”的高潮。农业方面要求用 5 年甚至更短的时间,达到原计划用 12 年才能达到的粮食生产指标;工业方面要求用 7 年甚至更短的时间，实现原定的 15 年钢产量赶上或超过英国的目标。

在“左”的思想和建设社会主义总路线指引下，中共宁陵县委于 1958 年 8 月召开县、乡、社三级干部会议，提出了不切实际的工农业生产发展规划，要求五年内地方工业总产值超过农业总产值，农业生产基本实现机械化和半机械化，1962 年粮食亩产达到 800 千克。会后，在全县范围内迅速掀起了“大跃进”高潮。一向低产的阳驿、逻岗、皮堂等乡，提出“当年过长江，实现千斤乡”的跃进口号；《宁陵县报》也以大量篇幅刊载了“高产”典型，广发套红“号外”专刊。1958 年 8 月 21 日，全县有 13 个“钢铁元帅”。8 月 22 日至 25 日，县委召开 1 475 人参加的党员大会，进行了“反瞒产”，批判了“农业增产有限论”，错误地提出了“人有多大胆，地有多高产”“乘卫星，驾火箭，肉掉 20 斤，少活 20 年，十年规划一年完”等口号。

工业生产在“以钢为纲”的方针指导下，宁陵县突击办工厂 7 964 个。为实现省委提出的“钢铁总产量一番”的要求，在全县掀起“大炼钢铁”高潮，大搞小（小高炉）、土（土法炼钢铁）、群（群众运动），各行各业支持“钢铁元帅升帐”，耗费了巨大的人力、物力和财力。到 1958 年 10 月，本县土法炼钢完成 53 万千克，占原计划的 50%，所炼“钢铁”只是废铁（烧结铁）一堆。

三、人民公社化运动

在“大跃进”运动进入高潮的同时，各地农村一哄而起，大办人民公社，只用了一个多月时间，全国就基本上实现了人民公社化。

1958 年 9 月，根据《中共中央关于在农村建立人民公社问题的决议》，宁陵县在 13 个乡、镇的基础上建立了 13 个“政社合一”“工、农、商、学、兵五位一体，农、林、牧、副、渔统一经营”的人民公社。人民公社片面强调“一大二公”，实行组织军事化、行动战斗化、生活集体化（吃食堂），组织“大兵团作战”。并在公社内大搞“一平二调”的共产风，劳动力、生产资料统一调配，生产队财产无代价上调；大办公共食堂，提倡吃饭不要钱，这就造成了“共产”风。甚至社员的一些财产，如自留地、家畜、果树等，也无偿地收归公社所有，群众意见很大。给农业生产带来严重的后果。1958 年粮食总产 6 637 万千克，1959 年下降为5 917万千克,1960年减到4 829万千克。

在"大跃进"和人民公社化运动中,以高指标、瞎指挥、浮夸风和"共产风"为主要标志的"左"倾错严重泛滥开来,严重地挫伤了农民的生产积极性,破坏了生产力,影响了宁陵县经济建设的发展。

四、"反右倾"斗争和宁陵三年严重自然灾害

1959年7月,"庐山会议"召开。之后,按照中央指示,宁陵县于8月开始又开展了"反右倾"斗争,使"左"倾错误不断延续和发展,挫伤了党员干部部的积极性,使党内民主生活遭到严重损害。

与此同时,1959至1961年,国民经济发生严重困难,我国的自然灾害连续三年比较严重,加之当时的苏联政府又背信弃义地撕毁合同。广大农民的生产积极性受到了严重挫伤,生活水平严重下降,国家和人民遭到重大损失。1961年,全县工农业生产总产值比1956年下降52%。

五、宁睢合并、建制恢复与区划调整

新中国成立后,宁陵县的行政区划进行了几次大的调整,经历了由少到多、由简到繁和合并、增设、撤销、重建的变化过程。1949年10月至1958年12月,宁陵县隶属商丘专员公署管辖;1958年12月至1961年12月,宁陵县隶属于开封专员公署领导;1961年12月至1966年5月,宁陵县复属商丘专员公署管辖。县政府领导机构,1954年以加称宁陵县人民政府,1954年6月以后改称宁陵县人民委员会。

中共宁陵县委、县政府下辖组织,由1949年10月的5个区委,到1952年增加到六个区委。1955年9月,根据中共河南省委指示,按照"整顿机构、紧缩编制、减少层次、调整干部、精减人员、加强下层"的方针,取消区,合并乡,将全县67个小乡合并为32个乡、1个镇;1956年7月,合并为16个乡和1个镇。1958年8月,全县实现了人民公社化,将17个乡(镇)改建为13个人民公社。1960年5月9日,经国务院批准,撤销宁陵县建制,其辖区并入睢县管辖,下辖的13个人民公社划归睢县领导,县委、县政府及其工作部门也随之撤销。1961年7月,宁、睢两县分开。10月5日,国务院正式批复恢复宁陵县建制,

并入睢县的辖区全部划回宁陵县管辖;中共开封地委通知,成立中共宁陵县委及其工作部门。宁、睢两县分开建制恢复后,宁陵县辖15个人民公社,1965年5月调整为13个人民公社。

六、宁陵国民经济的调整和发展

为克服困难,1960年冬,中共中央决定全面调整国民经济。具体办法是:加强农业生产,增加粮食产量;缩短基本建设战线,保证重点工程;在农村坚决纠正“共产”风,在城市精简职工,减少城镇人口,压缩城镇粮食供应量。

1961年2月,宁陵县在贯彻党的八届九中全会关于国民经济“调整、巩固、充实、提高”八字方针的同时,农村深入贯彻《十二条》,开始纠正“五风”错误,取消了农村公共食堂,恢复了家庭厨灶。同年5月,将社员的自留地退还社员种植,并给社员每人借地半亩,生产元气有所恢复。1962年7月,贯彻《农村人民公社工作条例》(即“60条”),改人民公社统一核算为公社、大队、生产队三级所有,队为基础,以生产队为基本核算单位,同时在农村实行了“四固定(即固定土地、固定财产、固定劳力、固定上交)”。1963年后,为帮助群众度过灾荒,全县组织大批干部,从全国5个省、区调进粮食和代食品供应灾区社员。一年中,宁陵县共发放救济款791万元,寒衣18621件,统销粮672.5万千克,还免费治疗了社员各种疾病,使群众顺利度过了三年困难时期。到1964年,国民经济全面好转,调整国民经济的任务基本完成了。1966年全县工农业总产值比1961年增长59%。

七、“四清”运动

1964年10月,在中共商丘地委统一组织下,宁陵县抽调140名国家干部、83名转退军人和知识青年,赴项城参加以“清政治、清经济、清组织、清思想”为内容的社会主义教育运动(简称“大四清”运动),1965年5月结束。9月,又转赴柘城县林张、张桥两公社参加“四清”运动,于1966年9月撤回。同时于1965年元月,中共宁陵县委在试点的基础上,在本县进行了“小四清”(即“清账目、清仓库、清财物、清工分”)运动。这次运动虽对解决干部作风和经营管理问题起了一定作用，但由于强调以阶级斗争为纲，使一些基层干部受到了不应有的打击。1981 年 4 月，县委对“小四清”运动中受处分的干部、工人进行了复议，纠正了原来错误的处分决定。同时，依据中共中央关于“在经过‘四清’的地方，积极慎重地发展党员”的决定，发展了一批“四清”运动中的积极分子入党。

八、农业学大寨

1964 年，全国开展“农业学大寨”后，宁陵县组织全县干部群众，学习大寨艰苦奋斗、自力更生的精神，农业生产条件有了一定改变，粮食产量开始上升，1965 年全县粮食总产 7 782.5 万千克，比上年增长 26.8%。“文化大革命”中，农业学大寨为林彪、江青反革命集团所利用，搞“大批促大干”“宁要社会主义的草，不要资本主义的苗”，把“农业学大寨”引入歧途。在这种形势下，宁陵县大批人去大寨参观学习，不切实际地搬用大寨“经验”，不但没有改变农村面貌，反而打乱了作物布局，破坏了生态平衡，搞乱了人们的思想，阻碍了农业的发展。

九、中国共产党宁陵县第二次代表大会召开

1965 年 7 月 15 日至 19 日，在宁陵县城人民剧院召开了中国共产党宁陵县第二次代表大会。出席大会的正式代表 430 人，代表着全县 4467 名党员。与会代表听取了《中共宁陵县第一届委员会的工作报告》，大会选举产生了中共宁陵县第二届委员会。

第四节　宁陵“文化大革命”的十年

1966—1976 年，是“文化大革命”的十年。这十年中，宁陵县同全国一样发生了许多匪夷所思的事情：一些文物古迹被打砸毁坏殆尽，派性斗争使许多干部、群众受到迫害，遭到新中国成立以来最严重的挫折和损失。

一、"文化大革命"的发动和在宁陵的展开

1966年6月，中共宁陵县委按照5月16日《中国共产党中央委员会通知》精神，抽调20多人的"文化大革命"工作组进驻宁陵县第一中学，领导学校师生开展大鸣、大放、大字报、大辩论。8月，县委工作组被视为"执行资产阶级反动路线"而被迫撤出学校。

8月中旬，党的八届十一中全会通过的《关于无产阶级文化大革命的决定》公布后，县一中"红卫兵"冲向社会，横扫"四旧"（旧思想、旧文化、旧风俗、旧习惯），外出串联，全县城乡各种名目的"革命造反组织"相继成立。

二、宁陵武装抓总和"二七分社"

在1967年1月上海"一月风暴"的影响下，宁陵县各"革命造反组织"开始全面夺权，工作秩序处于逐步混乱的状态。大批领导干部受到批判和斗争，党的各级组织不能发挥正常作用，党员被迫停止组织活动。

1967年3月，中国人民解放军宁陵县人民武装部奉命介入地方"文化大革命"运动，执行"三支、两军"（支左、支公、支农，军管、军训）。5月3日，成立了宁陵县抓革命促生产第一线指挥部，实施武装抓总，处理全县的日常工作，各人民公社和生产大队也相继成立了抓革命促生产临时领导班子，对维持工农业生产和稳定局势起了一定作用，但并没有从根本上改变混乱局面。

1967年8月上旬，宁陵县"二七分社"（后改支社）应运而生。由于内部意见分歧，造成分裂，在宁陵县很快形成"支"和"捣"跨行业的两大派群众组织，争核心、争权力，派性斗争愈演愈烈，停工停产，无政府主义盛行。"文化大革命"运动使宁陵县社会秩序和工农业生产遭受严重破坏和损失。

三、宁陵县革委会的成立和开门整党、"清队"工作

在极度混乱的情况下，为落实"实现革命大联合"的指示，1968年4月5日经河南省革命委员会、河南省军区党委批准，宁陵县成立了

由解放军、干部、群众代表参加的宁陵县革命委员会，实行“一元化”领导，取代了县委、县人委的领导职权。各公社和县直局委也成立了革命委员会或革命领导小组。

5 月，宁陵县两派群众组织通过协商，实现了“大联合”，分别建立职工代表会、贫下中农代表会、红卫兵代表会。6 月，县革委会成立“清理阶级队伍领导小组”。8 月，在原县人委大院举办党群政法机关“清队”学习班。由于派性干扰，大抓所谓“叛徒”“特务”“走资派”，不少党员、干部受到迫害。

10 月 5 日，“五十字建党纲领”和“吐故纳新”指示发表，全县进行开门整党。但在整党中，违背了党的组织原则，采取党外整党内、非党员整党员的错误做法，使大批党员干部受到批判斗争。与此同时，把一批不符合党员条件的人拉入党内，从而造成党的组织严重不纯和党内生活极不正常的状态。12 月，县革委会召开县、社、大队党员代表会，批判所谓资产阶级的“多中心论”，一些领导干部和群众被公开点名批判。

1969 年 1 月，县革命委员会决定将原县直 83 个单位中的 81 个合并为附属于四个大组 14 个站、队、院、组，如毛泽东思想宣传站、毛泽东思想宣传队、人民卫生防治院、财税组等。是月，县直各系统、各公社革委会，按照“清理阶级队伍，一是要抓紧，二是要注意政策”的指示，在全县开展了“清队”工作。至 1970 年 2 月结束，有的干部、群众被错定为叛徒、特务、走资派和地、富、反、坏分子、阶级异己分子，制造了大批冤假错案。同时，县革委根据中央通知，抽调工作组，赴柳河公社开展“一打三反”（打击现行反革命、反贪污盗窃、反投机倒把、反铺张浪费）运动试点，4 月在全县普遍展开。运动中，采用各种形式发动职工揭发，大搞逼、供、信，使一些同志受到了伤害，制造了一批冤假错案。

四、基层党组织活动的恢复和宁陵三次党代会的召开

1970 年 2 月 11 日，经河南省革命委员会党的核心小组批准，成立了中共宁陵县革命委员会核心小组，随后县直各局委、各公社革委会党的核心小组相继成立。从此，党员恢复生活，党的基层组织恢复

活动。

1971年6月,根据《中共中央关于召开地方各级党代表大会的通知》精神,于17日召开中共宁陵县第三次代表大会,选举产生了中共宁陵县第三届委员会,并撤销了宁陵县革命委员会党的核心小组。县委建立后,工作部门与县革命委员会办事机构是一套班子。1972年7月,宁陵县各级党组织陆续恢复,13个人民公社党委相继成立。1973年8月,经中共商丘地委批准,撤销县革委会办事组、政工组、生产指挥组和保卫组,恢复县委办公室、组织部、宣传部、政策研究室、县直机关党委、党校6个工作部门。

五、“批林批孔”“反击右倾翻案风”运动

1974年春,中共宁陵县委召开万人大会,动员全县人民通过“评法批儒”掀起批林批孔运动,把矛头指向各级领导干部和科技人员,再次批斗了一批领导干部。同时突击入党、突击提干,再次造成组织上严重不纯。1975年初,经过国民经济的整顿,工农业生产刚刚有所好转。1976年又开展了“反击右倾翻案风”运动,又一批党政领导干部和群众受到批斗和伤害,搞乱了刚刚恢复的社会秩序、生产和工作秩序。到1976年底,县委共有7个工作部门,辖13个人民公社党委和4个基层党委,党员发展到8 921名。

1976年10月6日,江青反革命集团被粉碎,宣告了长达十年的“文化大革命”的结束,我国进入了新的历史发展时期,宁陵也由此进入新的历史发展时期。

第九章
改革开放时期的宁陵

第一节　宁陵拨乱反正和历史性的转折

“文化大革命”以后，中国共产党在大政方针上有了重大决策。中共宁陵县委领导全县人民拨乱反正。1976 年 11 月下旬，县委举办了县直机关干部学习班，联系本县与江青反革命集团篡党夺权阴谋活动有牵连的人和事，开展了“揭、批、查”，对有“打、砸、抢”问题的人分别进行了处理，提高了广大干部群众的政治思想觉悟，认清了“四人帮”的反革命阴谋。随后进行了党和政权组织的整顿、冤假错案的平反，广大干部群众以极大的热情投入各项革命和建设工作，工农业生产得到较快恢复。随着“揭、批、查”运动的深入开展，广大干群强烈要求纠正“文化大革命”的错误，但是受“两个凡是”错误方针的影响，加之县委领导班子中某些人在“文化大革命”中有严重问题，捂盖子、压群众，“揭、批、查”运动受到严重的阻碍，广大干部群众的积极性未能充分发挥，使各项工作呈现出在徘徊中前进的局面。

1978 年 12 月召开的党的十一届三中全会，是建国以来党的历史上的伟大转折，重新确立了马克思主义的思想路线、政治路线和组织路线，宁陵县结束了两年徘徊前进局面，开始全面地认真地纠正“文化大革命”中及其以前的“左”倾错误。此后，我国社会主义现代化建设进入了一个崭新的历史时期。

根据十一届三中全会精神，1979 年 1 月中共商丘地委派联络员 5 人进驻宁陵。1 月 5 日至 17 日，县委召开了 188 人参加的常委扩大会议，进一步揭批“四人帮”的罪行和清查与“四人帮”有牵连的人和事,调整了县委领导班子,落实党的干部政策,调整、充实和加强各局、委、公社领导班子,整顿了党的各级组织,有步骤地解决了新中国成立以来的许多历史遗留问题和实际工作中出现的新问题,逐步纠正了“文化大革命”中的“左”倾错误,免去35人的现任领导职务,为16名在“文化大革命”中受迫害的老干部恢复了原任职务,同时提拔20名优秀干部到领导岗位上来。通过落实政策,充分调动了各方面的积极性,使宁陵县出现了经济上迅速发展、政治上安定团结的局面。1978年至1981年4月,县委按照政策,在查证落实的基础上,对“文化大革命”中造成的冤、假、错案,受迫害的干部、工人、农民及其受株连的家属子女,全部给予了平反、昭雪和妥善安置。

第二节　宁陵人民政权体系的重组和城乡的改革开放政策

经济腾飞和社会全面进步需要可靠的政治保证。十一届三中全会以后,为了保障人民群众当家做主的民主权利,保证现代化建设的顺利发展,中共宁陵县委不断加强全县的社会主义政治建设。1981年2月,成立中国人民政治协商会议河南省宁陵县委员会,统一战线工作进一步加强。1981年3月,召开宁陵县第五届人民代表大会,撤销宁陵县革命委员会,成立宁陵县人民政府。8月10日,中国共产党宁陵县第四次代表大会召开。新的县委、县政府班子带领全县人民坚决贯彻执行党的十一届三中全会以来确立的路线、方针政策,加快了宁陵县社会主义现代化建设的步伐。1982年党的十二大以后,中共宁陵县委、县政府贯彻落实十二大精神,坚持“对内改革、对外开放”政策,大力推进两个文明建设,逐步恢复和建立了政权、军事、统战、群团系统。1986年1月,中国共产党宁陵县第五次代表大会召开。1989年12月,中国共产党宁陵县第六次代表大会召开。1992年12月,中国共产党宁陵县第七次代表大会召开。1998年4月,中国共产党宁陵县第八次代表大会召开。2003年9月,中国共产党宁陵县第九次代表大会召开。2006年5月,中国共产党宁陵县第十次代表大会召开。同时,在党的精神指引下,实施一系列发展经济、改革开放新政策。

一、在农村废除人民公社

随着改革开放和经济建设的形势，人民公社体制已不适应新的工作需要，1983年4月，阳驿人民公社进行了政社分设试点工作，建立了乡党委、乡政府和乡经济联合社。到12月份，将全县15个人民公社改为15个乡（镇）。2005年，宁陵县乡镇区划调整：撤销楚庄乡，将其行政区域划归华堡乡管辖，华堡乡人民政府驻原楚庄乡人民政府驻地楚庄村。

二、实行以家庭联产承包为主的责任制

1979年4月中共中央提出"调整、改革、整顿、提高"的方针。中共宁陵县委、县政府认真执行这一方针，坚决纠正前两年经济工作中的失误，认真清理经济工作中长期存在的"左倾"错误影响，积极推行各种形式的生产责任制，极大地调动了工人、农民的生产积极性，促进了全县国民经济的发展。1979年和1980年农业获得大丰收，人民生活有了很大改善。20世纪80年代初，宁陵农业生产经营体制打破了"队为基础，三级所有"的模式，实施了家庭联产承包、统分结合的双层经营体制。1984年，县委、县政府鉴于土地承包后农村承包户人口发生很大变化的实际情况，在全县农村进行了调整土地工作。1998年，实施了第二轮土地承包，坚持"30年不变"经营权的方针政策，有效地解放了农村生产力，农业生产水平迅速提高。2000年，全县推行了农村税费改革工作。2003年实施取消特产税、降低农业税、种植直补等改革举措。2006年起，千年"皇粮"，一朝豁免，宁陵农民彻底告别延续了2600年的"皇粮国税"——农业税。截至2007年，累计发放粮食直补和农业综合补贴资金6 263万元、玉米良种补贴资金300万元、补贴面积30万亩，农机补贴资金225万元、补贴大型农机具265台。

三、招商引资发展乡镇企业、民营企业

1978—2007年，宁陵县乡镇企业、民营经济经历了一个从少到

多，从小到大的发展过程。民营经济整体规模迅速膨胀，成为宁陵成长最快和最具活力的经营主体。民营经济从1979年的社队企业总产值640万元（按1970年不变价计算），营业收入639万元，企业单位数206个，从业人员4 026人，发展到2006年的民营企业完成总产值（现行价）40.7亿元，营业收入37.2亿元，企业增加值10.9亿元，从业人员达7万人，企业个数达10 936个，乡镇企业、民营经济得到了较快的发展。民营企业税收占财政收入的比重也在逐年上升，由1978年的不足10%上升到2006年的44%，充分展示了生机和活力。

县委、县政府努力提高民营企业家的政治地位，出台一系列扶持发展民营经济的优惠政策，推进招商引资工作，鼓励大上民营企业项目，深化国企改革，初步实施了“国退民进”的战略转变，发展壮大了民营企业队伍，形成了以农副产品加工、养殖、皮毛皮革、机械制造、冶金建材、流通贸易、木器加工、抽纱纺织等为主导的民营产业。至2008年宁陵县成功举办了五届“中国·宁陵梨花节”、两届“酥梨采摘节”“全国葛天文化与吕坤思想学术研讨会”，积极参与广交会、河南省旅游交易会、郑州四届国际贸易洽谈会、木兰文化节、华商文化节等招商活动，张弓酒业、富堂皮革、银信纺织、福润食品、驰野纺织、宇森人造板等批大项目相继落地宁陵。全县40多家有一定规模的民营企业已与70多家高等院校、科研机构建立了科技联姻。

四、机构改革和人事制度改革

1983年、1993年、1995年、2002年，先后四次在全县范围内进行地方机构改革。1983年开始的机构改革，至1992年告一段落，重点是改革领导体制，改善领导方法，精简机构，界定各部门的任务与职责权限，紧缩编制等。1993年进行的地方机构改革，采取积极探索、大胆试验的方法，使机关由单纯的行政管理型向管理、服务、经营型转变。改革的重点是转变职能，下放权力，分流人员，创办实体，实现“小机关、大服务”的目标，进一步解放和发展生产力，推进全县经济和社会各项事业发展。1995年进行的地方机构改革，大力精简机构和人员，减少办事程序和具体审批事项，提高工作效率，乡镇的借用人员全部清退。行政、事业各部门都开展定职能、定机构、定人员的

“三定”工作。2002年的机构改革,使机构编制大幅精简,政府组织机构得到调整和优化,政府职能转变有了一定突破,管理方式和工作作风有了较大改进。

同时,大力推进干部人事制度改革、推行国家公务员制度,加强党组织的思想建设、组织建设和作风建设,积极推进社会主义民主与法治建设,坚持政治协商制度,强化统一战线建设工作,做好少数民族、宗教、侨务工作,使新时期宁陵的三大文明建设出现了令世人瞩目的成就。

第三节　新时期宁陵社会主义建设的伟大成就

实行改革开放以来,宁陵县社会主义理论成果辉煌,取得瞩目成就。

一、农业经济全面快速发展

新中国成立后,宁陵粮食产量虽经历几次较大起伏,但仍呈螺旋式增长。1956年单产63.1千克;1963年由于受“大跃进”和自然灾害的侵袭,单产仅有29.6千克;1965年单产67.9千克,1975年136.4千克;1978年后农作物产量大幅度增长,1984年粮食单产194.5千克。作物主要有小麦、玉米、大豆、红薯、高粱、谷子、棉花、花生、芝麻、绿豆、麻类等,堤北高滩旱地、盐碱薄地、沙壤土地、淤土、两合土地种植作物各有侧重。作物熟制有一年二熟制和二年三熟制。种植方式有单作、间作、套种、混作四种。耕作方式一般采取耕翻、耙磨、镇压、中耕等措施,又分为春耕、伏耕和秋耕。农业合作化后,开始引进小麦、玉米、大豆、红薯、棉花等高产良种,在施用传统农家肥的同时,开始施用氮肥、磷肥、复合肥、微量元素等化学肥料,以及B9、矮壮素、九二〇等植物激素,农机部门大力推广了花生地膜覆盖技术、小麦叶龄指标促、控新技术、玉米见展叶差追肥法、配方施肥、平衡施肥等新技术,大大促进了作物品质和产量的提高。

改革开放后,优质小麦、温棚蔬菜、优质梨、棉花、花生等五大优势产业,成为宁陵农民群众增收的支柱。①1995年,宁陵县被定为全国商品粮生产基地县。2006 年小麦实现总产 2.6 亿千克,连续三年创历史新高;全县优质专用小麦面积发展到 38 万亩,占麦播总面积的 48%,成为商丘市最大的优质小麦生产基地县、河南省 10 个优质小麦产销一体化示范县之一。②全肥蔬菜种植面积 15 万亩(含复播),温棚黄瓜达到 3 958 座,产量达 3 800 万千克,成为商丘市最大的温棚蔬菜生产基地、河南省最大的温棚黄瓜生产基地。1994 年,在阳驿乡潘集实施的食用菌基地开发,带动了菏泽、濮阳、亳州等周边地市的 2 万多农户,被时任商丘地委书记杨金亮称为“潘集生产模式”。③酥梨开发工程建成了石桥、逻岗、阳驿、孔集、乔楼为中心的酥梨生产基地,酥梨面积由 1997 年的 10 万亩发展到 20 万亩,总产量达 3 亿千克,产地贮藏保鲜 6 000 万千克,创产值 2 亿元。1998 年被定为全国唯一的优质酥梨生产基地县,2004 年取得全国无公害酥梨生产基地。2006 年宁陵金顶谢花酥梨被国家质检总局列为实施国家地理标志保护产品。2003 年,酥梨、黄瓜、葡萄、菜椒、秋番茄等涉及 11 个无公害农产品基地,被国家农业部定为“全国百名无公害农产品生产示范基地县”。④大力推广双基因抗虫棉和抗虫杂交棉,1990 年,宁陵县被中国农科院棉花研究所确定为棉花良种繁育基地,每年可繁育原种良种 50 万亩;1994 年,宁陵县被定为全国优质棉生产基地县;1996 年成为全国最大优质抗虫棉基地。⑤努力提高花生品质和产量,形成了逻岗、城郊、阳驿为中心的 12 万亩花生生产大区,全县种植面积达 25 万亩,产值超亿元,是全国油料生产百强县之一。大宗农产品供应实现了由 20 世纪 80 年代初的长期短缺到供求平衡和部分农产品相对过剩的巨大转变。

农业机械化水平明显提高。新中国成立前,耕作、收获、植保农具落后,主要有木犁、木耙、地镂、砘子、榔头、抓钩、锄头、镰刀、铲子、镢头等,原始笨重,劳动强度大,工效较低。汲水工具多用木箭、罐子或辘轳等。农用运输工具,多是人力手推车、畜力太平车。新中国成立以来,农业耕作、收获、植保机具变化很大,旧式农具除部分仍在沿用外,大部分已被机械化、半机械化所取代。50 年代初,对农业病虫害主要靠人工扑打、撒青灰、酒烟叶水以及黑光灯诱杀等。1955 年后,开始使用小型喷雾(粉)器。农业合作化后,收获机具逐渐使用了马拉收割机。1953 年靠木制水车灌溉农田,1956 年锅驼机和解放式水车开始使用,1966 年后机井配套动力柴油机、电动机、电机组,提水工具有多种型式的离心式水泵;1980 年开始有了喷灌机。农用运输机具 50 年代初期是胶轮马车,60 年代后架子车,80 年代小型拖拉机。农村实行联产承包责任制后,随着农业机械集体经营转入联户或独立经营,农业机械向小型、多样方面发展,大拖拉机逐渐减少,农村广泛使用手扶和小拖拉机耕作。之后,农机逐步发展到机引犁、施耕机、机引播种机、免耕播种机、化肥深施机、秸秆粉碎还田机、联合收割机、机动喷雾机等种类。至 1984 年底,机械耕作覆盖率已达 70%以上,农机作业项目也由原来的耕作机械扩大到耕、耙、播、探耕、深松、收割、脱粒、灌溉、运输、加工等作业项目。全县运输已全部实行机械化,机械运输已普及到各家各户。至 2007 年底,全县拥有大中型拖拉机 130 台,小型手扶拖拉机(包括小四轮)2 068 台,柴油机 3 135 台,电动机 3 716 台,机脱、收割、播种等机械 500 余台,机引农具 618 台,各种水泵 4 727 台,农用汽车 61 部,农业机械总动力达 91 792.6 马力。农田耕作、灌溉、副业加工、运输等作业项目初步实现了机械化。

农业科技的推广和运用。充分利用农广校阵地,多渠道、多层次实施农业职业教育。1996 年开始实施绿证工程,开设种植、养殖、果品加工、经济四个专业,培训绿证学员 0.8 万人,为农业发展培养了一批科技致富带头人,涌现了“蔬菜大王”、“花生大王”等农民科技骨干。2001 年,又成功实施“跨世纪青年农民培训工程”,培训骨干学员 3 000 人。着力实施了农村安全饮水项目、土地整理项目、农村沼气项目、世行三期项目、农业综合开发项目、农村危桥改造项目、以工代赈项目、农村电网改造项目、农村电视村村通项目,农村生产生活条件有了新改善。

二、生态林业建设取得了新成效

宁陵县作为全省 16 个重点沙区县之一,在旧社会的漫长岁月中,每遇大风,整个沙区便淹没在飞沙之中。大风过后,有的村庄被吞噬,房屋被压塌,水井被填没,庄稼被连根拔掉,广大人民群众深受风沙之苦。据1950年的一次调查表明，新中国成立前从本县西北部的大周庄到县城西三里河，沿大沙河两岸，有17个村庄被风沙吞没，群众流离失所。

从1950年开始，宁陵县人民在党和政府的领导下，大力营造防风固沙林带，大搞农林间作，县国有林场、社队和广大群众在本县泛风地带、田间、路边、村庄、河岸广泛种植了各种树木，从而使飞沙不毛之地，到处一片葱绿。1950年冬，自逻岗的郭老家以东，沿大沙河向东南沙滩荒地营造耐水淹的旱柳，造防护林带849亩，植柳树211 000株。1951年春，在逻岗前屯村南沿刘徐河至徐庄，营造防护林网2 596亩，植杨、柳648 700株。1952年春、冬两次自逻岗乡三丈寺东起，向西经大周庄、马尔、二郎庙，沿洮河两岸向东南，又连续向东经潘集、郭屯到胡二庄，营造防护林带4 760亩。1953年转向沙丘造林，当年营造防护林网2 252亩，植树796 342株。到1957年，全县沙区已全部植上了防护林，总面积达30 207亩，1958年的"大跃进"后的三年困难时期，防护林遭到严重破坏。到1962年，全县沙区3万多亩防护林，除国有林场的3 000亩外，其余全部被毁，以致风沙又起，严重威胁农业生产。1963年底，县委把恢复发展林业当成头等大事来抓，林业生产开始出现转机，到1965年，国家、生产队合作营造防护林19 415亩，洮河林带578亩，铁路林带1 870亩。"文化大革命"中，一些地方以"学大寨"之名，毁林种粮，致使林区树减，林带不整。1972年后，为保护农田，发展农业生产，全县又掀起大规模的植树造林运动。

1956年全县村旁、宅旁零星植树449万株，到1976年全县已达681万株。1959年10月，陇海铁路沿线的逻岗、柳河、孔集3个公社，全民动员，8天完成了铁路两侧22.26千米的植树任务，荣获"开封地区锦绣陇海铁路一等模范县"锦旗和"河南省锦绣铁路先进县"奖状。50年代起为了防风固沙，宁陵开始建设农条间作林网，将白蜡条从河沿、沟边移向大田，至1965年全县发展到16万亩，为历史最高纪录。60年代宁陵开始实行农桐间作，到1976年底，全县农桐间作面积达25.4万亩，比1964年增加41倍。据1976年6—9月的森林资源清查，当年境内林木覆盖率为19.3%。

20 世纪 50 年代初,林木主要是谁栽谁管,属个体。1958 年后,各公社建立集体林场,除房前屋后零星树木外,其余林木全部由国家和集体经营。1978 年,县政府成立绿化委员会,负责指导全县植树造林和林木保护工作。20 世纪 80 年代后,各种责任制建立,除国有林场、苗圃育苗外,还出现了大量的育苗重点村、专业户。1980 年 6 月,林业劳模潘从正应新华社社长穆青的邀请到北京观光,他向林业部提出要搞林业责任制的建议,受到国务院的重视。全县推广了林业生产责任制,颁发林权证书 3 万余份。并要求对林木的采伐切实做到计划采伐、合理采伐、综合利用。

1982 年,全县林业资源调查表明,分布在全县范围内的树种有泡桐、榆、刺槐、意大利杨、加拿大杨、美国杨、毛白杨、银白杨、青杨、黄杨、楸杨、旱柳、垂柳、春椿、千头椿、香椿、桑、侧柏、松、千头柏、门蜡、枫杨、梧桐、皂角、女贞、紫穗、槐、杞柳、火炬树、接骨木、柘桑、银杏、核桃、柿、枣、文冠果、木槿、无花果、苹果、梨、葡萄、花红、桃、杏、李、樱桃、山楂、石榴、花椒等 60 多种。

1982 年全县防护林面积 2 494.5 亩。1983 年春,在黄河故道栽植防护林带 700 亩,植刺槐 6 万株。1984 年以后,县林业局与育苗者签订苗木购销合同,促进了全县育苗生产的发展。1984 年春,在阳驿、城郊、逻岗、柳河、石桥、华堡等乡,营造豫东防护林 3 668 亩,植树 324 225 株(墩),其中刺槐 310 811 株、毛白杨 4 436 株、柳树 1 000 株、沙兰杨 4 778 株、紫穗槐 3 200 墩。1985 年,在废黄河两岸营造 764 亩,栽刺槐 74 358 株,沙兰杨 4 850 株。1988 年,本县有 81 条斗农渠实现了绿化和生物护坡,1989 年又在大沙河两岸栽植沙兰杨 5 万多株。农桐间作 1984 年开始推广温床催根、地膜覆盖泡桐苗的新技术,全县育苗 12 000 亩,植桐 264.6 万株,搞农桐间作林 27.8 万亩,全县首次实现了大地林网化,成为全省营林绿化的先进单位。

新中国成立后,宁陵县果树开始大量栽培,河新庄畜牧场、五门刘园艺场、和庄原种场等各种果园相继建立。本县果木主要有金顶谢花酥梨、苹果、葡萄、柿子、枣、桃、杏、李、核桃、花红、石榴、无花果、山楂、樱桃等。特别是金顶谢花酥梨种植,得到大力推广和发展。2006 年顺利通过国家地理标志产品保护专家组审查,被批准为国家地理标志保护产品。到2007年,全县酥梨面积达20万亩,年产2亿千克,成为全国最大的金顶谢花酥梨生产基地,宁陵因此成为著名的“中国酥梨之乡”。

截至2003年,全县林木总株数达到1 689万株,活立木蓄积89万立方米,林木年生长量13.3万立方米,森林覆盖率28.9%,其中村庄林木覆盖率48%,城镇绿化率26%,农田林网面积25万亩,农桐间作面积22万亩,农条间作面积15万亩,农果间作面积25万亩,沟、河、路渠全部绿化,林网间作控制率达95%以上,宁陵县多次被原国家林业部、国家林业局、省人民政府、省林业厅、省绿委会、商丘市人民政府评为林业发展先进县。发展白蜡条杆面积20万亩,年产白蜡杆1 000万根,白蜡条1 200万千克,1998年宁陵县被林业部授予“全国最大的白蜡条杆生产基地”。2006年“全国防沙治沙现场会”“全省生态林业现场会”先后在宁陵召开,宁陵县获得“全国经济林建设示范县”奖牌,白蜡杆(条)被国家质检总局列为实施国家地理标志保护产品。

三、畜牧业已构成了规模化、集约化、现代化饲养的新框架

民国时期,受战乱影响,宁陵县畜牧养殖业发展缓慢,新中国成立后,县委、县政府采取一系列支持和鼓励发展畜牧业的措施,拨出专款用于良种繁育、疫病防治和技术培训等。1951年建立县家畜配种(改良)站。1953年,县兽医院建立;同时建立各公社兽医联营诊所,做好防疫检疫、疫病防治工作。供销系统从四川、新疆、吉林、内蒙古、青海、甘肃、贵州、云南、宁夏和省内引进畜禽新品种,畜牧科技人员积极进行品种选配,大大改良了本县畜禽品系。目前,本县家畜主要有牛、驴、骡、马、猪、羊、兔、鸡、鸭、鹅等。

1980年年底,随着土地承包到户,县委、县政府大力提倡畜牧业,并支持发展饲养专业户和重点户,畜牧业主要生产指标大幅度增长。2003年年底,全县畜牧业总产值5.45亿元,肉类总产5.43万吨,禽蛋总产1.63万吨,奶业从无到有,总产达到106.4万吨,全县有各类养殖专业村80个,养殖专业户4 090户,出栏生猪30.23万头、牛2.9

万头、羊 52.24 万只、各类家禽 110.88 万只,已构成了规模化、集约化、现代化饲养的新框架。养殖小区蓬勃发展,全县有各类养殖小区 30 个,品种结构日益优化,三元杂交猪、波尔山杂交羊、西杂牛和良种禽的比例分别达到 40.12%、30.77%、50.66% 和 91.32%。羊板皮质地优良,年产量达 30 多万张,宁陵县被国家命名为"山羊板皮生产优质县"。2006 年,全县肉类总产量 5.91 万吨,蛋类总产量 1.78 万吨。较好地预防了禽流感、口蹄疫等重大动物疫病。

四、工业民营经济初具规模

新中国成立前,宁陵县工业除两家私营小烟厂外,多为个体手工业作坊。新中国成立后,党和人民政府采取多种形式人力扶持手工业生产。1951 年 3 月,在县合作总社设立生产股,负责对全县手工业的管理。1954 年,全县手工业已有从业人员 21 498 人,年产值 81.9 万元。到 1955 年,对手工业完成社会主义改造后,银行在资金上予以扶植,税收部门免征 3 年所得税,国营、合作社营商业对手工业生产合作社、组实行加工订货,产品包销,使全县的手工业社、组迅速发展,工业总产值上升到 98.2 万元。1956 年 5 月,全县手工业已发展到 30 多个行业,产品 70 多种。工业总产值增长到 140.2 万元。1958 年 8 月本县始有机械工业,地方国营宁陵县机械厂建立。1958 年原有集体企业全部转为地方国营。当年全县工业总产值达到 311.6 万元,三年经济困难时期,除保留县机械厂、印刷厂、张弓酒厂、电厂等 4 个国有工厂外,其余工厂全部退转为集体性质的企业,工业总产值大幅度下降,1962 年仅有 72.8 万元。进入 70 年代后,随着农业的不断发展,本县工业生产也进入新的发展时期。县办化肥厂、磷肥厂、白酒厂、面粉厂等相继建立。1972 年 9 月地方国营宁陵县磷肥厂在柳河建成投产,年产过磷酸钙约 240 万千克;1979 年扩建后易名为宁陵县化工厂,年产磷肥 2 400 万千克,复合肥 400 万千克。1974 年 3 月地方国营宁陵县化肥厂筹建,1975 年 3 月建成投产,年产合成氮 300 万千克。1976 年工业总产值达到 1 904.4 万元,比 1968 年增长16.2倍。

新中国成立后,建材工业、印刷工业、食品工业、棉花加工业也得到了较快发展。1954 年全县砖瓦窑发展到 7 个,从业人员 74 人,产值2.25万元。1989年国营窑厂生产机砖850万块，机瓦66万片，产值59万元。1956年7月，本县在柳河建立石灰生产合作社，1969年2月更名为地方国营宁陵县建材厂，生产石灰、水泥。印刷工业，1952年正式建立地方国营宁陵县印刷厂，1980年后引进先进设备。食品工业主要有食品、酱菜、罐头和粮油加工，1958年国营食品加工厂建立；1956年建立县酱菜加工厂；1974年建立地方国营罐头厂；1955年4月县油脂公司建立；1968年秋建立县面粉厂。1959年柳河棉花加工厂竣工投产，1974年5月张弓棉花加工厂建成投产，1984年春县城北关棉花加工厂建成投产。

党的十一届三中全会后，改革开放的政策给宁陵县工业生产带来了勃勃生机。本县的工业企业在原来十分薄弱的基础上，积极调整产业结构和产业升级，大胆引进高新技术，不断深化企业改革，认真学习借鉴科学的管理经验，解放思想，锐意进取，取得明显成效。

（1）工业经济总量。除新建等级面粉厂、油脂厂、麻袋厂、饲料加工厂、果品加工厂、纸箱厂外，还建立了“职代会”，落实了经济责任制。1978年，全县工业企业共计79家，其中全民企业21家，集体企业56家，主要分布在县城城区和柳河、张弓等乡镇。工业年总产值1 627万元，其中全民企业总产值1 081.4万元，集体企业总产值545.7万元。主要产品有化肥、建材、机械、农药、木材加工、食品、纺织、皮革、造纸、文教用品等，从业人员6 420人。80年代，宁陵县工业有了进一步发展，特别是张弓酒厂通过多年的经营，在全国白酒消费市场中初步占有一定分量，为90年代的飞跃奠定了基础。进入90年代以后宁陵县工业规模迅速发展壮大，产值和效益增长较快，实现了量的扩张、质的飞跃。2003年，全县企业个数发展到372家，其中国有企业11家，集体企业54家、个体私营企业307家，主要分布在县城区和重点乡镇。工业总产值11.58亿元，是1978年的101倍，其中国有企业产值1.5亿元，集体企业产值3.4亿元，个体私营企业6.68亿元。已形成酿酒、皮革、面粉、桐木加工、焊条、童车、床垫、抽纱工艺品、造纸、建材、机械铸造、磷肥等多元化的工业体系，从业人员达45 079人，是1978年全县从业人员的7倍。1978年以来，宁陵县工业产值平均年递增19.4%，实现了经济效益的发展速度的协调发展，为宁陵县的经济振兴做出了重要贡献。

(2)国有企业改革。党的十一届三中全会以来,宁陵国有企业的推进在全县的改革开放和现代化建设、保持社会稳定中发挥了重要作用。许多企业在改革中走向市场,在激烈的市场竞争中,逐步发展壮大,走向成熟。但是,也有一部分企业由于包袱沉重、体制不活、“吃大锅饭”等原因,不适应社会主义市场经济的要求,出现了经营困难,造成企业效益下降,出现亏损。针对这种状况,按照国家和省、市对国有企业改革的工作部署,县委、县政府制定出台了《宁陵县国有企业改革实施总见》。按照《意见》要求,以“产权明晰、权责明确、政企分开、管理科学”为目标,坚持一厂一策、因厂适宜的原则,对国有集体企业进行了改革。到2006年,共对18家国有工业企业进行了不同形式的改革,或实行股份制改造,或实行内部承包经营,或实施破产、兼并、重组、整体出售、租赁给外商,企业出现了新的生机。张弓集团在20世纪90年代曾是国家大型一类企业,固定资产5亿多元,年实现利税上亿元,2003年实现了与广东南桂集团的股权转让,改制成张弓酒业有限公司,为国家大型民营股份制企业。通过改革,全县国有企业逐步走出低谷,进入了稳步发展的新阶段。

(3)工业产品结构调整。为适应市场变化,多年来,县委、县政府积极组织企业及时调整产品结构,大胆引进先进技术和人才,用高新技术和先进实用技术改造传统产业。鼓励企业与大中专院校、科研院所联姻,增强企业自我创新能力,提高产品科技含量和竞争力,为实现新型工业化打好基础。张弓集团积极开发生产了保健酒、养生酒、纯净水,投资100多万元,组织技术人员攻关,开发生产了新品38度、新品28度、张弓老泥池、张弓原酒头、张弓老酒铺、张弓老酒根、醉中原、纯粮酿造和内部招待酒系列等11个品种,大大增强了市场竞争力。肉食品、方便食品、花生奶制品、信用明胶、优质淀粉、桐木拼板生产、白蜡条杆工艺制品等类工业企业,变资源优势为经济优势,进一步优化全县工业产业结构。

五、商业、金融繁荣发展

民国后期,战乱和自然灾害频繁,捐税无度,物价飞涨,市场萧条，商业贸易受到严重损害。新中国成立后，党和政府制定了一系列恢复经济、保护发展私营商业、繁荣市场的政策，商业活动逐步复兴。国营、供销合作社合营商业机构的建立，使国合商业占据了主导地位。国营和合作社商业的购销活动，以及私营商业的有效补充，沟通了城乡物资交流，较好地满足了城乡人民生产、生活资料的需求。但由于 1958 年的“大跃进”和“文化大革命”期间，国营商业的两次合并，私营商贩的“升级过渡”和“文化大革命”中的被取缔，打乱了经营体制。

党的十一届三中全会以后，商业战线坚持改革，实行多种形式的责任制，集体商业、个体商业和集市贸易迅猛发展，打破了国营商业一统天下的格局。1986—2007 年，全县国有商业逐步由计划经济向市场经济转变，其间经历了承包经营、“四开放”（经营、价格、分配、用工）、“破三铁”（铁饭碗、铁工资、铁交椅）、国有民营、股份制改革等阶段。日用工业品，特别是大宗商品、名优商品、高档商品均呈现供求繁荣局面，如棉布、纺织品、火柴、肥皂、洗衣粉、缝纫机、手表、自行车、彩电、摩托、电动车等。食品供应表现为，屠宰户增多，私营肉车、肉架大量上市，超市全天供应牛肉、羊肉、猪肉、禽、蛋和糖、烟、酒、各类副食等。粮油购销、工农业生产资料、农副产品供应，由统购统销、定量供应到全面放开、自由购销，全面满足了广大人民群众的市场需求。对外贸易，随着工农业的发展，逐步加大了工业产品出口的比重，如皮毛、肉粉、花生、酥梨、条编等，先后出口到日本、澳大利亚、加拿大、蒙古、意大利等国和港澳台等地区。饮食、服务业也以市场经济体制得到了繁荣发展，如超市、快餐、宾馆旅社、理发、浴池、影楼、修配等。

1985 年，宁陵县金融机构有 4 家银行（人民银行、工商银行、农业银行、建设银行）、1 家保险公司。1986 年后，陆续增设了中国银行、农业发展银行、农村信用联社、城市信用社以及邮政储蓄，保险公司一分为二（中国人民保险公司宁陵县支公司、中国人寿保险公司宁陵县支公司）。近年来，太平洋保险公司、康泰保险公司、中华保险公司等进驻宁陵县。2005 年，全县有 5 家银行、1 家金融监管机构、8 家保险公司以及信用联社、邮政储蓄。金融业务主要包括存款、贷款、银行结算业务等。随着金融改革的深入,各专业银行向商业银行转轨,市场竞争更加激烈,各行、社深化内部改革,不断拓宽经营,扩大中间业务,实行信息化办公,提高管理水平和办公效率。

六、基础设施建设日新月异

党的十一届三中全会以后,宁陵县的农田水利、城镇建设、交通、电力、通信等基础设施建设进入一个高速发展阶段。

(1)农田水利基本建设。县委、县政府带领全县人民战天斗地,大力开展农田水利基本建设,有效地治理和控制了风沙、盐碱、内涝三大灾害。为治理盐碱,我县对原有25万亩盐碱地,采取了开沟躲碱、官水淋碱、挖沟洫台田、大种耐碱作物等方法,便70%的盐碱地变成了良田。1981年3月,宁陵盐域治理工作纳入了华北平原农业项目,全县8.3万亩盐碱地,经过综合治理,投资2 493.23万元,挖沟330条,打机井786眼,配套机井1 112眼,架设高低压输电线路361.62千米,植树153.46万株,添大小拖拉机396台,使盐碱地区的面貌发生了根本变化。另外,宁陵有16.7万亩耕地因地势低洼而经常受到涝灾的威胁。多少年来,一直是"大雨大灾,小雨小灾"。

党的十四大以来,全县人民投入了大量的人力、物力和财力,先后开展了规模浩大的除涝治碱、引黄补源水利工程建设,实施了旱涝保收田、利用银行贷款发展平原井灌、黄淮海平原农业综合开发、节水灌溉等重点水利工程项目。累计投入水利建设资金1.86亿元,使用劳动积累工6 500万个,治理低洼易涝地面积22万亩,改造中低产田55万亩,建成有效灌溉面积66万亩、旱涝保收田面积60万亩。全县已初步形成旱能浇、涝能排,黄水引得来、蓄得住、分得出、用得上的较完整的水利灌排体系。2003年,宁陵县荣获河南省"红旗渠精神杯"奖杯。大力发展机井建设,1998年,在全市率先实现了50亩地1眼井,人均一亩水浇田的目标。截至2003年底,全县机井保有量达到15 010眼,灌溉机械保有量达到17 567台(套)、73.14千瓦,基本农田有效灌溉率达到75%以上,灌溉周期缩短到5至7天。

积极稳妥地发展引黄事业,制定了《新三义寨引黄灌区宁陵县引黄工程总体规划》。1989年以来,连年掀起大规模的引黄建设高潮,疏浚治理了大沙河、上清水河、清水河等骨干河道及干、支沟(渠)37条,斗农沟(渠)563条,新建水闸26座,维修水闸16座,截至2006年现水闸已达46座,新建桥涵1 188座,桥涵总数达2 280座,引黄蓄水能力达到1 500万立方米,发展引黄灌溉面积10万亩,引黄补源面积42万亩。最高年引水量达到3 000万平方米。1991年和1992年冬,全县人民组织10万大军,两赴兰考开挖引黄总干渠和引黄沉沙条渠。1998年,自力更生完成了太平沟、废黄河、古宋河、陈两河4条骨干河道疏浚治理,县财政投资510万元,新建了大沙河凤凰桥闸、古宋河赵村集闸等5座中小型水闸。1999年,国家安排的引黄节水改造工程、引黄配套骨干工程两个重点水利工程项目,总投资1 400万元,修建干、支沟桥梁13座,修建了上清水河三丈寺闸、任庄闸,下清水河东王观庙闸、古宋河翟庄闸等小型水闸15座。全县15个乡镇都引得来、用得上黄河水,引黄工程效益显著,补源区内地下水位明显回升,引水到达256个村委,占全县村委总数的70.3%。

(2)城镇建设。宁陵城镇建设,新中国成立后县城和乡村在道路、桥梁、供电、公共建筑、服务设施、居民住房、环境保护等方面都发生了重大变化,给水、排水、城镇规划、街道规划、街道治理也有了明显改观。昔日那种低暗、潮湿的茅屋,弯窄不平的街巷,已为高大明亮的瓦房和宽敞平坦的街道所取代,人民生活也得到不断改善。

(3)县城建设。新中国成立后由于建设需要,取城墙砖用于机关、学校等公共建筑,县供销社供应经理部在城墙上多处建窑烧砖,县直机关、学校和居民也在城墙上取土。至1956年县城城墙已全部拆毁。县城的整个建设格局发生了很大变化,公共建筑日益增多,服务设施逐步完善,居民住宅大为改观。1958年将城内主要街道路面由原土质路面铺上了砖渣。1969年3月铺上了渣油,路面加宽到6米。

特别是1978年以后,县城建设有了新的发展,以县城改造为重点,科学规划,加大投入,全县城镇建设成效明显,建筑面积比新中国成立前扩大了一倍,东自县等级面粉厂至西沙河5千米,南自变电站至连霍高速入口3千米。1983年县委、县政府对城内四湖进行改造,投资60万元,缩小湖面、加深湖底、取直湖边,湖边修筑人行道,铺设渣油路面。1986年7月，拓宽整修了崇文路，铺成渣油路，路面宽7米。是年，还完成了县城北关十字路口的拓宽工程。1988至1989年，完成了西大街和西环城路的拓宽改造工程，铺设了府前街、阳和街渣油路面。1998年以来，县委、县政府强力实施城镇带动战略，坚持用市场经济的理念经营城市，最大限度地盘活县城资产。狠抓了县城基础设施建设和主干道路的硬化、绿化、亮化、美化工作。2003年，投资410多万元完成了西南城湖二期改造工程。投资1 600多万元修通了县城南环路。截至2006年底，累计完成城市建设资金3亿多元，先后投资修通了2.4千米的永乐路、4.2千米的建设路、1千米的新吾路、万寿路、7.1千米的县城环城路，拓宽改造了人民路、迎宾大道，建成了永乐广场和永乐小区一期工程，实施了西南城湖改造，完善了城市道路供水、排水及硬化、绿化、亮化设施。总投资5 400多万元的县电业局、交通局、公路局、民政局、审计局、法院、财政局、电信局、技术监督局等26个局委的办公大楼建成搬迁新址。新建了第二水厂、县污水处理厂、县垃圾处理厂、农机综合批发市场、银河宾馆、金港商务酒店及28家大型超市，启动了新天地、商贸城、清水河花园小区、市民文化广场、青少年校外活动中心、物资局改造项目建设等。2006年城镇固定资产投资完成8.5亿元，较1997年1.3亿元增长553.8%，增幅高于全市平均水平80个百分点，居全市第一位。宁陵县城占地面积达10平方千米，人口增至7万人，通车里程延长到53千米，拉开了县城“五纵五横”大框架。

乡镇建设，建国也发生了很大变化，各乡镇所在地都进行了新的科学规划发展。除修建了乡(镇)直各机关单位的公共住房外，并建有商店超市、旅社宾馆、粮店、医院、中小学校等。

(4)交通、电力、邮政通信建设。新中国成立后尤其是改革开放以后，宁陵县交通、电力、邮政通讯事业发展迅速。

宁陵历为苏皖至陕甘之要冲，交通事业历史悠久。新中国成立后，党和人民政府为发展生产，沟通城乡交流，专门设直了交通管理机构，加强了公路管理，并对宁陵至商丘、睢县、柘城，宁陵至柳河、黄岗、孔集、赵村、逻岗等几条主要干线公路进行了拓宽取直。1969年后，本县先后修建了5条渣油路面。至1978年，宁陵公路总长度仅

94 千米,通车里程仅 78 千米。县内主要公路干支线有:灵永公路、宁柘公路、商兰公路、宁柳公路、宁黄公路。1961 年宁陵县汽车站建成。1970 年 3 月,县汽车队成立。1958 年 7 月,三丈寺火车站建成。1961 年 7 月,孔集火车站建成。陇海铁路宁陵段自 1915 年正式通车后,境内路段共建中、小桥梁 16 座,排水涵洞 15 座;1978 年陇海铁路宁陵段扩建为双线,站内四股道改为五股道,新建了货场,站舍移建于道南,客货运输能力明显提高。

“九五”以来,宁陵县紧紧抓住交通扶贫的有利机遇,大打交通脱贫攻坚战,连年进行大规模的公路建设。仅 2001 年,就先后投资 440 万元修通了全长 22 千米的高速公路连接线,投资 1 800 万元修通了全长 15 千米的孔张公路一期工程——县城至张弓镇公路。投资 580 万元铺修了全长 29 千米的乡村联网道路。2006 年全县公路总里程达 979 千米,全县公路密度达 140%,位居全市第一。全县 15 个乡镇全部实现了公路联网,行政村也基本实现了通油路,已形成了一个以国道、省道为依托,以县乡公路为骨架,以乡村道路为支撑,干支相连、四通八达的公路交通网络。

1957 年 10 月,宁陵县始建发电厂,1958 年 9 月竣工发电,装机容量 30 千瓦,仅能供县直机关、学校照明和工厂一个班生产用电,年发电量约 1.6 万度。1963 年 10 月,用 135 马力柴油机与 100 千瓦发电机并组发电。1968 年 4 月,换成 300 马力柴油机与 200 千瓦发电机组发电,使用 300 千伏安变压器,并安装 10 千伏安配电变压器 13 台,容量为 300 千伏安,年发电量 21.74 万度,基本满足了县直机关、学校、工厂、居民生活用电。1969 年 10 月,县南关 35 千伏变电站与商丘至宁陵的 35 千伏线路两项工程竣工后,开始由商丘电厂供电。1970 年 6 月,成立宁陵县电业管理所,1973 年 10 月,电业管理由水电局管辖。1975 年 12 月成立县供电局,1980 年 7 月县电业局归属商丘地区电业局系统领导,易名为宁陵县供电局,下设南关、张弓、万集 3 个变电站。随着改革开放的深入和经济的发展,宁陵县电力建设发展较快。1979 年 12 月,万集 35 千伏变电站投入运行;1980 年 12 月,县城 110 千伏变电站投入运行;1981 年 12 月,张弓 35 千伏变电站投入运行,城乡通电率不断提高,供电负荷持续增长。自 1999 年 2 月以来，先后分别投资6 600万元、3 220万元实施了农网改造一、二期工程和城网改造工程。2002年6月至2003年6月，投资1.15亿元建成了崔楼220千伏输变电站工程。截至2003年，全县有220千伏变电站1座、110千伏变电站1座、35千伏变电站9座，10千伏线路1184千米，配电变压器1 385台，低压线路2 856千米，电力总容量达256兆伏安。

（5）邮政、通信建设。1948年全县解放，建立宁陵县邮政局，同时建立县电信局。1952年元月，邮政、电信合并为县邮电局。1960年5月，宁陵县并入睢县，县邮电局易名为宁陵镇邮电支局，1961年睢宁分开，恢复宁陵县邮电局。1968年6月，邮电局分设为邮政局、电信局（军管），1973年9月再次合并为邮电局，同时撤销电信军管。1958年全县共有邮投合一的线路13 997千米，县邮电局邮政业务开办函件、包件、汇兑业务和报刊发行；电信业务开办电报、电话业务。

1998年10月邮电分营后成立宁陵县邮政局、宁陵县电信局。宁陵县邮政局下辖10个专业公司（局）、3个县城网点、13个农村支局（所）；共有14个邮储营业网点，14个邮政营业网点，每个网点至少有两个投递段道和一个标准信箱。县城共有7个投递段道。配有专用运钞车两辆。投递长度1 419千米。2005年宁陵县邮政居在西关营业厅安装了ATM，使储户取款更加便利；11月县邮政局成立了我县第一个农民集邮协会——孔集乡集邮协会。物流局与金大地肥料集团合作开办以服务“三农”为目的的肥料、种子配送业务，受到县政府的表彰。2007年县邮政局电子化支局一、二、三期工程全面上线，实现了邮政普通业务的规范化、电子化、专业化，使我县群众用邮更加便利、快捷。

宁陵县网通公司的前身是宁陵通信公司、宁陵县电信局、宁陵县邮电局。1998年10月邮电分营后称电信局，寻呼业务、手机业务也先后剥离出去；2000年5月改制更名为电信公司；2002年12月中国电信南北拆分重组后归属中国网通集团公司，正式挂牌后称河南省通信公司宁陵县分公司；2004年11月，集团公司上市后，更名为中国网通（集团）有限公司宁陵县分公司。截至2003年12月底，宁陵县通信分公司局用交换机容量达到62 202门，全县光缆总长度达到

2 119千米，本地中继光缆线路长度达到 124 千米，本地光缆线路长度达到 1 736 千米，全县已形成了一个全方位、多层次的立体通信网络。2004 年底，县通信公司在县城建成小灵通基站 97 个，相继又调通了石桥乡和柳河镇的基站，全县基站总数达到 114 个，为全县小灵通的发展提供良好的网络支持。2006 年，公司为农民实行“三免一送”优惠政策，使农村基础信息网络从窄带跃升为宽带，实现从单一语音到综合信息服务，实现了村村通宽带，户户能上网的综合信息共享。至 2007 年，县城程控电话普及率已达 96%，农村普及率接近 80%。

第十章
脱贫攻坚　再铸辉煌

第一节　宁陵县脱贫攻坚之路

1994 年被国家列为“八七”扶贫攻坚计划重点扶持县,2002 年被国务院确定为扶贫开发重点县,2011 年被国务院确定为大别山连片特困地区重点县和国家扶贫开发重点县。

2016—2020 年,县委、县政府以习近平新时代中国特色社会主义思想和习近平扶贫开发重要论述为引领,提高政治站位,强化责任担当,以脱贫攻坚统揽全县工作大局,以全面实现“两不愁、三保障”为首要任务,举全县之力,集全民之智,全力打赢打好脱贫攻坚战,成功走出了一条独具特色的宁陵脱贫攻坚之路,全县经济社会发展和扶贫开发取得新的成效。2018 年 9 月 15 日,宁陵县委、县政府在体育馆召开全县脱贫摘帽“百日会战”誓师大会。2019 年 5 月 9 日,宁陵县经河南省政府宣布脱贫摘帽,7 月 4 日代表河南省顺利通过了国家抽查第三方实地评估,经国家和河南省第三方评估核查认定宁陵县综合贫困发生率为 1.17%,漏评率、误退率均为 0,国家和省评估群众认可度分别为 98.61% 和 99.04%。2019 年 12 月 23 日、24 日国家脱贫攻坚成效考核新华社海南分社暗访组对宁陵县华堡镇孟路口、豫东牧业和张弓镇小吕集村进行了暗访,暗访组对宁陵县的脱贫攻坚工作给予了充分肯定。2020 年 5 月份,宁陵县在省脱贫攻坚成效考核中考核成绩在全省抽查的 15 个贫困县中取得了第一名,为商丘市进入全省第一方阵创造了条件。顺利通过国家脱贫攻坚普查、2020 年度省级脱贫攻坚成效考核第三方评估和四次省级脱贫攻坚督查工作。

一、脱贫成效显著

（1）贫困面貌发生了根本性转变。截至2020年底，全县建档立卡贫困人口27 063户67 222人已全部脱贫（2020年脱贫1 204户2 920人）。全县106个贫困村全部通过扶贫实现退出，村村都发展起了主导产业和集体经济；农村居民人均可支配收入2020年达到12 934.1元，同比增长7.4%，居全市第6位；教育、文化、卫生医疗等基本公共服务取得长足发展，主要指标超过全省平均水平，初步实现农村贫困人口不愁吃、不愁穿，义务教育、基本医疗和住房安全有保障。各种强农惠农政策纷纷出台落地，基层党组织战斗堡垒作用持续增强，全县农村贫困人口明显减少，贫困发生率持续下降，农民生产生活条件显著改善，贫困群众获得感、幸福感与日俱增，对党和政府的满意度、认可度、支持度持续提升。

（2）经济社会发展实现长足性进步。近年来，宁陵县坚持以脱贫攻坚筑牢高质量发展基础，以高质量发展带动贫困群众稳定脱贫，不断推动经济社会稳中求进、持续向好发展，农村人居环境、道路基础设施、公共服务体系、特色产业发展、集体经济、乡村治理结构、群众精神面貌、党群干群关系都发生了明显改善。建档立卡贫困人口人均纯收入由2015年的2 782元增加到2020年的11 153元，年均增幅32.01%。

（3）居民生产生活有了全面提升。全县加大涉农资金整合力度和县级财政投入力度，2016—2020年，宁陵县共统筹整合各级财政涉农资金191 775.95万元，县级投入67 604.94万元，贫困人口人均财力投入居全市前列。全县106个贫困村实现基础设施“四通五达标”、扶贫车间全覆盖；自然村通上“硬化路”“致富路”；所有行政村通客车、通邮政，农田水利设施在率先“井井通电”的基础上进一步完善，所有自然村、贫困户用上自来水，农村饮水安全问题得到全面解决；106个贫困村完成电网改造升级，实现户通生活用电、村通生产用电；县乡村医疗机构得到不同程度的新建、扩建，乡镇卫生院全部新建病房综合楼，106个贫困村建成了标准化卫生室；全县所有乡镇建立文化站，建成“七个一”标准化村级综合文化服务中心123个，为贫困户免费安装有线电视，行政村光纤通达率100%；农村人居环境整治有效提升，“一体三格”无公害化厕所改造覆盖贫困村所有农户、非贫困村贫困户，所有行政村垃圾治理实行社会化服务，农村人居环境明显改善，村庄环境基本干净整洁有序，村民环境与健康意识普遍增强。

（4）脱贫扶贫举措得到实践性检验。县域龙头企业带贫成效卓著，直接带贫和隐形带动双量齐增，特色产业带贫助推1.4万户贫困群众增收。光伏扶贫工程可使贫困村村集体每年增收26万元，连续收益20年，带动6 000余户贫困户持续增收。实施国家电子商务进农村综合示范工作，建立了县乡村三级物流体系，带动1 000户3 000余人摆脱贫困。依托万亩梨园、万亩桃园举办梨花节、桃花节、酥梨采摘节，发展乡村旅游，助推1 800余户贫困群众脱贫。特色家居加工业带贫异军突起，促使2 000余贫困家庭依靠手工业脱贫。创新农村交通“四好农村路”行业扶贫，被交通运输部、农业农村部、国务院扶贫办三部委联合命名为“四好农村路”全国示范县。创新实施“3+六全”社会扶贫模式，通过“十星农户”评选，嫁接“同心圆梦”超市运行，被人民日报社评为全国“2018民生示范工程”，入选2018年度全国工商联（商会）工作“创新中国”最佳案例，人民日报、光明日报等多家国家级媒体进行了宣传报道。

（5）社会文明程度有了显著性提升。全县注重推进思想、文化、道德、典型引领四大工程，转变陈旧观念，破除陈规陋习，增强贫困群众信心，点燃自身脱贫斗志，出现了“五多五少”的可喜局面，即喜事新办、丧事简办的多了，大操大办的少了；尊老爱幼、邻里和睦的多了，吵架斗殴的少了；跳舞健身、休闲娱乐的多了，打牌赌博的少了；积极争星、主动脱贫的多了，以贫为荣的少了；自主就业、返乡创业的多了，游手好闲的少了。在全省率先开展“移风易俗新风尚·文明宁陵正能量”社会主义核心价值观主题活动，举办乡贤、孝贤、好媳妇、好婆婆、十佳道德模范、美德少年等评选，照全家福、吃千人饺子宴、办集体婚礼、建村级史馆等活动，被中宣部在全国推广，《人民日报》《河南日报》和河南卫视等主流媒体进行了广泛宣传。

二、措施落实得力

（1）坚持高位推动。成立了产业扶贫等13个专项指挥部。各乡镇、各单位、各村委相应成立了指挥部和办公室，建立了“纵到底、横到边”的工作组织体系。着力构建专项扶贫、行业扶贫、社会扶贫“三位一体”的大扶贫格局，把全县方方面面的力量凝聚起来、调动起来，众志成城、合力攻坚，为打赢打好脱贫攻坚战提供了坚强的组织保障。

（2）构建责任体系。实行“书记县长抓统领、四大班子齐上阵、全县上下齐动员”的工作机制，将县委、县政府正职，主抓副职、班子成员，乡镇、村委、帮扶单位、驻村帮扶责任人等12类责任主体职责任务细化为135个具体责任事项，进一步明确每个人该干什么、怎么干。同时针对“巩固提升脱贫成果、两不愁三保障突出问题排查、脱贫攻坚回头看、三个清零”等工作，专门成立了由县纪委牵头的脱贫攻坚联合督导组，进一步压实了督导责任，明确了督导重点，确保了督导效果，做到了脱贫攻坚督导督查全覆盖、无死角。

（3）突出作风引领。深入开展干部作风大整顿活动，把“转作风、抓落实”贯彻于脱贫攻坚工作始终，推动各级干部谋实招、干实事、求实效，以作风攻坚促进脱贫攻坚。三年行动计划部署以来，县党委书记遍访贫困村两遍以上，非贫困村一遍以上，乡镇党委书记和村党组织书记遍访了所有贫困户，县党委政府每月至少专题研究一次脱贫攻坚工作、党政正职每个月至少5个工作日用于脱贫攻坚工作。帮扶责任人每月至少一次到贫困户家中走访。分包乡镇县处级领导、县直单位帮扶人员、乡镇领导干部、村脱贫责任组成员、第一书记以及驻村工作队员坚持在脱贫攻坚中锤炼作风。用实际行动展示了宁陵党员干部扑下身子、倾心为民、真抓实干、合力攻坚的作风面貌。

（4）强化示范带动。一是树立鲜明导向。全县开展了争创脱贫攻坚“十面红旗”活动，树立了凡提必扶的选人用人导向，2016年以来，共提拔了113名驻村第一书记和扶贫干部。表彰了一批帮扶单位标兵、驻村第一书记标兵、村党支部书记标兵，在全县形成了决战决胜脱贫攻坚的浓厚氛围。二是加强督查巡查。紧盯关键环节，坚持问题导向，突出整改提升，对督导中发现的问题，列出清单，建立台账，限期整改解决。

（5）产业引领提升造血功能。一是抓好龙头企业带贫。发挥河南牧原集团等龙头企业带贫作用，采取“政府+龙头企业+合作社+基地+贫困户”等多种帮扶模式，带动13 225户稳定增收。依托上市公司河南牧原集团，投资22亿元建设23个养殖基地，成立了宁陵惠宁农牧专业合作社，带动4 731户贫困户，每户每年可收益3 200元；直接解决3 000名贫困人口就地就业问题，每户年增收都在50 000元左右；养殖场土地流转6 200余亩，每亩每年交纳租金1 200元，覆盖780户贫困户增收脱贫。依托豫东牧业“五包扶贫、集中托管、吸纳务工就业、扶智扶技、循环产业和土地流转”等“六大扶贫模式”，直接带动农户13 600多户38 800余人致富；辐射和引领周边市县农户30 000多户90 000多人发展养殖产业。牧原集团、豫东牧业先后被授予“全国脱贫攻坚奖奉献奖”。二是抓好特色产业带贫。依托全县30万亩花生、22万亩酥梨、10万亩白蜡条杆、5万亩设施葡萄、2万亩小杂果和1万亩菊花等特色产业优势，助推1.4万户贫困群众增收。三是抓好扶贫车间管理。对全县151个扶贫车间进行了集中整顿，安排了3 000余名贫困人口就地务工。四是抓好光伏产业带贫。投资2.2亿元，在所有贫困村实施光伏产业扶贫工程，已经全部并网发电，每村每年可增加集体收入26万元，连续收益20年，带动6 000余户贫困户持续增收。五是抓好电商服务带贫。依据国家电子商务进农村示范县的创新优势，有效带动了1 000户3 000多人摆脱贫困。2019年9月份全省电商扶贫现场会在宁陵县顺利召开。六是抓好乡村旅游带贫。以万顷梨园和万亩桃园为平台积极打造乡村生态休闲游，着力办好一年一度的梨花节、桃花节和酥梨采摘节，每年吸引30多万人次到宁陵休闲旅游观光，助推1 800余户贫困群众通过旅游带动脱贫。七是抓好特色加工带贫。玩具编制、吊篮编制、服装加工等适合居家就业、加工的特色加工业在华堡、张弓、刘楼、程楼等乡镇异军突起，企业对贫困群众加工就业实行特殊价格，促使2 000余贫困家庭依靠手工业脱贫致富。

（6）教育扶贫斩断穷根。在全面落实上级现有教育扶贫政策的基础上，创新高中教育阶段建档立卡贫困学生扶持政策，将国家助学金补助标准提高至每生每年 2 500 元，发生活补助 1 000 元，免学费、住宿费、书籍费，实现建档立卡贫困学生教育资助全覆盖。

(7)健康扶贫解除忧患。在完善医疗保障机制上，对全县贫困人口建立了城乡居民医疗保险、大病医疗保险、大病补充医疗保险、大病救助、大病医疗政府兜底 5 重保障机制，县域内住院报销比例提高 10%，慢性病门诊报销由 65% 提高到 85%。为每名贫困群众办理意外保险，实行了住院“一站式”结算，免收住院押金、免费体检。

(8)住房安全有效保障。按照“危旧房里不住人、有人住房不危旧”的原则，5 年来，上级共下达宁陵县任务数 5 556 户，拨付补助资金 8 033.8 万元。全县实际共实施农村危房改造 10 638 户，比中央下达任务数多出 5 082 户；共拨付危改资金 14 176.561 1 万元，其中全县整合资金 6 142.761 1 万元。同时持续开展了破旧房屋和长期无人居住房屋治理。

(9)社会保障全面兜底。严格落实最低生活保障、特困供养救助、医疗救助等各项政策，建档立卡贫困户中共有 16 661 户 22 407 人享受低保待遇，建档立卡贫困户中共有 1 465 户 1 465 人享受特困人员待遇。全县脱贫户中 94.4% 的纳入低保、特困兜底保障范围。为 7 408 名残疾贫困人口落实政策，为 8 391 名贫困群众代缴养老金。

(10)金融扶贫助力发展。加强金融服务、信用评价、风险防控、产业支撑四大体系建设，投入风险补偿金 6 800 万元；完成了符合条件的 12 368 户贫困户信用等级评定工作，积极推进“四位一体”新型经济主体和精准扶贫企业贷款。截至 2020 年底，全县累计发放贫困户小额信贷 7 718 户 14 272.65 万元，边缘户小额贷款 87 户 37.8 万元；“四位一体”发放贷款 11 086 万元，带动贫困户 1 209 户；精准企业贷款 13 299.44 万元，带动贫困户 1 330 户。

(11)就业扶贫自力更生。整合城乡劳动力职业培训、新型职业农民培训、雨露计划培训等资源。投入财政资金开发村级公益性岗位 9 类 11 345 个，通过劳务输出、县内企业就业、能人带动、居家灵活就业促使 24 725 名贫困劳动力就业，有就业愿望的贫困人口就业率达 100%，促进了贫困群众增收致富。

(12)夯实基础提升水平。一是实施道路畅通工程。2018 年宁陵县被交通运输部、农业农村部、国务院扶贫办三部委联合命名为“四好农村路”全国示范县,2019 年开展了“四好公路”提升工程,完成村道 158 千米,县乡道 29.8 千米,实现了所有自然村(组)通公路。二是实施水利设施工程。2016 年以来,共投入水利建设资金 2.41 亿元,其中小型农田水利建设资金 1.33 亿元,农村饮水安全项目资金 1.08 亿元。实施了小型农田水利建设项目,新打机井 3 324 眼,修复旧井 996 眼,配套机井 2 237 眼,发展节水灌溉面积 11.79 万亩,清淤沟河 34 条,长度 57.05 千米,新建水闸 2 座,维修水闸 16 座,新建(重建)桥梁(涵)128 座,提升了贫困村的水利化程度,改善农业生产条件,促进农业增、产农民增收。三是实施饮水安全工程。先后 4 批次为 1 525 户贫困户免费安装自来水,实现所有自然村、所有农户用上自来水,水质全部达标,从根本上解决了农村饮水不安全问题。四是实施电网升级工程。全县 106 个贫困村完成了电网改造升级工程,实现户通生活用电、村通生产用电。五是实施文化惠民工程。建设 123 个“七个一”标准村级综合文化服务中心、14 个乡镇文化站,让群众足不出村就能品尝到“文化大餐”。六是实施信息化建设工程。全县形成了覆盖城乡、便捷高效、功能完备、服务到户的新型广播电视覆盖服务体系,做到了广播电视全覆盖。全县 20 272 户贫困户免费安装有线电视,所有行政村光纤通达率达 100%。七是实施人居环境工程。全县建设卫生厕所 11.23 万座,农村改厕完成率达到 85.1%,已经完成农村人居环境整治 3 年行动实施方案农村改厕目标任务。县财政每年投入资金 2 900 万元,对所有行政村实施农村环境综合整治工程,对垃圾治理实行社会化服务。

三、巩固拓展脱贫攻坚成果与乡村振兴有效衔接

(1)扎实开展动态调整。根据省、市安排,认真开展了以巩固脱贫质量为重点的贫困人口精准识别、精准退出、建档立卡动态调整和档卡规范化建设工作。全面开展入户普查,四类人员普查率达到 100%,全县农户普查率达到 80% 以上,做到应纳尽纳。为提高建档立卡数据质量,创新动态调整 4 个机制。一是建立迅速纠错机制。根

据省信息中心反馈问题清单，各乡镇必须在当天内完成核实修改。二是建立集中修改机制。在扶贫对象动态调整中，集中入户核实，并在纸质档案中修改，集中时间进行微机录入。三是建立乡镇互查机制。对于完成修改或数据录入后，乡镇之间相互进行检查核实。四是建立县级审核机制。对于完成修改或数据录入后，县级扶贫信息中心按照数据审验规则进行全部审核，发现问题立即向乡镇反馈审核修改。

（2）统筹推进项目资金整合。按照“渠道不乱、用途不变、统筹安排、集中投入”原则，建立“花钱必问效，无效必追责”的监督机制，保证了财政扶贫资金安全、高效、规范运行，促进了项目顺利实施。5年来，宁陵县共统筹整合各级财政涉农资金191 775.95万元，县级投入67 604.94万元，为宁陵县贫困县退出、打赢脱贫攻坚战提供了有力保障。

（3）稳步推进村级集体经济发展。组织有关部门对全县村集体进行清产核资，组建村级集体经济合作社，把财政整合资金建设的扶贫车间、光伏电站、种植养殖扶贫基地等产权纳入村集体管理，不断壮大村集体经济实力。2020年，106个贫困村集体经济年收入平均10万元以上，为带动贫困户持续增收打下了坚实基础。

（4）激发内生动力。一是移风易俗净化风气。围绕村民自治，在全县行政村（社区）制定村规民约，成立红白理事会，大力宣扬婚俗改革经验做法，引导传承家庭传统美德，切实扭转了不良风气。二是赡养模式孝扶结合。对65岁以上贫困户老人专门设立孝善基金，引导激励贫困老人子女履行赡养义务，每年县财政投入近1 000万元，筹集社会资金近10 000万元，惠及2万多名65岁以上贫困老人，解决了老年人收入问题。三是社会扶贫激发内生动力。共募集社会资金3 000多万元用于“同心圆梦超市”运行；持续开展“星级农户”评选活动，激发了贫困群众脱贫致富的内生动力。

（5）建强基层组织。全县359个行政村实现驻村第一书记、脱贫攻坚村级责任组和帮扶责任人全覆盖，选派帮扶责任人7 200余名；下派了70位科级干部加强落后村的攻坚力量，整顿了40个软弱涣散村级党支部，公开招聘50名全日制本科以上学历的优秀毕业生，选派到软弱涣散村担任村级专干；每年举办脱贫攻坚专题培训班，基层扶贫干部培训一遍，同时，持续开展党建“逐村观摩、整乡推进”活动，进一步夯实筑牢基层党建阵地。

（6）组织开展巡回观摩。全县开展了三次脱贫攻坚工作巡回观摩，有针对性地设置观摩内容，县级以上领导、职能部门负责人和乡镇负责人全程参与、实地查看、现场打分，全县累计拿出840万元对先进乡镇进行奖励，落后乡镇作表态发言，营造“先进带后进、大家齐前进”的工作局面，有力促进了工作深入开展。

（7）开展“四个不摘”专项治理。按照中央、省委、市委的决策部署，大力开展了“四个不摘”专项治理和“两不愁三保障”突出问题的排查，创新开展了“20项清零行动”，覆盖教育保障、医疗保障、农村危房改造、安全饮水、贫困户增收措施、扶贫车间带贫、九大基础设施、扶贫助残、社会兜底保障、金融四大体系建设、档卡资料准确无误、贫困户无漏评错评和错退，贫困村村级集体经济收入、孝善基金、同心圆梦超市建设、移风易俗、政策知晓、六改一增、农村人居环境卫生整治、基层组织建设整顿提高等20项具体工作。同时按照中共中央、国务院《关于打赢脱贫攻坚战三年行动的指导意见》和《河南省打赢脱贫攻坚三年行动计划》的要求，组织开展了13项专项行动，包括“三保障”到位、收入达标、持续做好“边缘户”管理、六改一增和农村人居环境集中整治、“五保户”集中供养和请老人回家、大数据应急比对、非贫困村基础设施建设、政策宣传、社会扶贫、作风建设、基层党建、规范项目管理和资金统筹使用、扶贫车间规范化管理等13个方面，进一步巩固提升了脱贫攻坚工作成果。

第二节　抗疫之路

2020年初，面对突如其来的新冠疫情，宁陵县严格贯彻落实中央、省、市重大决策部署，按照重大突发公共卫生事件Ⅰ级响应要求，加强领导，完善机制，全民参与，果断应对，取得了新冠肺炎疫情防控的阶段性胜利。宁陵县坚持人民至上，生命至上，发扬能吃苦，能战斗，能奉献的精神，同时间赛跑、与病魔较量，迅速打响疫情防控的人民战争，积极依法防控、科学应对，认真落实早发现、早报告、早隔离、早治疗防控措施，有效遏制疫情蔓延，切实保护全县人民身体健康和生命安全。2020 年全县共有 15 人（其中无症状感染者 6 人）不幸感染新冠肺炎病毒，经过医生的精心治疗全部康复出院，没有一例死亡病例。在新冠疫情防控阻击战中，全县各条战线的广大干部群众和共产党员不怕牺牲、勇担风险，涌现出了一大批可歌可泣的先进集体和先进个人典型，先后有 3 名个人 1 个集体被省委、省政府授予抗击新冠疫情先进个人、先进集体称号，1 名共产党员被省委表彰为优秀共产党员；20 名个人和 6 个集体被市委、市政府授予先进个人和先进集体称号，3 名共产党员和 2 个党组织被市委授予优秀共产党员和先进基层党组织称号；被省、市委组织部和省、市人社局集体记大功 2 个、个人记功 25 人、嘉奖 250 人。

新冠肺炎疫情发生以来，宁陵县严格贯彻落实中央、省、市重大决策部署，按照重大突发公共卫生事件 I 级响应要求，加强领导、完善机制、全民参与，果断应对，坚决打赢新冠病毒疫情防控阻击战。

一、疫情防控措施落实

（一）加强领导，夯实防控阵地

（1）加强领导。成立由县委书记任总指挥、县政府县长任第一副总指挥、分管副县长任常务副总指挥，43 个县直部门、14 个乡镇参加的县疫情防控指挥部，下设办公室、卫生防治组、宣传组、交通组、市场监管组、安全保障组、乡镇工作组、保障组、督查组，并从各部门抽调 120 余名精干人员，明确各工作组的具体职责。各乡镇、有关部门全部成立相应的工作机构，在全县形成上下衔接、左右协调的组织指挥体系。

（2）强化责任。县委书记、县政府县长、分管副县长等领导以身作则，靠前指挥，每日深入一线检查指导防控工作，县四家领导全部取消节假日，全员返岗到位，履职尽责。采取县领导分包乡镇，乡镇干部包村，村组干部包户，党员干部包人的做法，将防控责任覆盖到组、户、人。

(3)夯实阵地。为确保对全县疫情防控工作的集中统一领导,在县卫健委专门配备楼层作为指挥部办公地点,一办八组均配备电脑、打印机、复印机、电话等办公设备,为加班工作人员提供就餐食堂,所有参战人员保持24小时通讯畅通,确保指挥部高效有序运转。同时,宁陵县还注重以党建引领疫情防控工作,在全县成立587个党员先锋队(先锋岗),10个临时党支部,全县6 728名党员干部全部深入一线担当疫情防控的排查员、宣传员、服务员和战斗员,切实发挥基层党组织和党员干部的战斗堡垒作用。

(二)精细排查,摸清防控底数

(1)做好外来人口排查。组织动员农村、社区和全社会力量,采取分片负责、重点跟踪、定人定位的方式,对辖区实施地毯式排查,逐户逐人测量体温,全面翔实掌握常住人口基本情况,做到底数清、无盲区,不漏一户一人。

(2)加强流动人口排查。在国省道、县乡道、高速出口、火车站、居民小区等设立卡点1 052个,对外地返乡人员,特别是境外、湖北、武汉等疫情重点区域返乡人员进行深入排查和体温检测,逐一建立登记台账,全面翔实掌握返乡人员情况,并对所有来自高、中风险地区的车辆和人员进行劝返。

(3)实行监测日报告制度。实行疫情信息日报告、零报告。各乡镇明确专人每天将本地排查和检测情况报送至县疫情防控工作指挥部办公室,为全县防控工作开展提供有力支撑。

(三)广泛宣传,营造防控氛围

(1)规范宣传内容。坚持公开透明的原则,以县疫情防控指挥部或指挥部办公室的名义第一时间对外公布疫情防控的最新态势、政策措施和工作进展,每年累计发布各类通知、通告、慰问信、简报900余篇,最大限度地消除社会恐慌。

(2)丰富宣传形式。先后制发“致宁陵返乡人员和农民工的一封信”“爱国卫生运动倡议书”“致一线抗疫人员及家属的慰问信”“致全县广大人民群众的一封信”等宣传材料;悬挂疫情宣传横幅,设置检查劝返牌、宣传版面;在广播电视、微博微信、政府网站开辟宣传专栏；利用微信群、手机短信、电视滚动字幕、宣传车、村级广播、电子屏等多种宣传方式推送疫情防控政策和防控知识；制作宣传音频视频，推出了关于疫情防控的顺口溜、豫剧、短视频等一批群众喜闻乐见的文艺宣传作品，提高全县群众的防控意识和防控技能，引导城乡居民正确应对疫情、主动取消或推迟红白事，减少人群集聚，防止疫情蔓延。2020 年，全县累计出动宣传车 2.4 万辆次，发放宣传单 51 万份，悬挂条幅 6 845 条，制作提示牌 3 322 个，取消红白事 1 791 次。

（3）加强舆情引导。全县通过微博、微信、新闻客户端等“两微一端”发布各类疫情信息共 8 800 余条，累计点击量愈 1 300 多万次；先后被市级以上媒体、政府简报采用疫情防控工作专期、信息等615 篇，其中《身残志坚捐款抗疫冲在前》《用“最大同心圆”画出“爱的防控线”》《凝聚起基层抗疫“爱的防控线”》《河南宁陵文艺家“艺”心战“疫”》《30 万斤金顶谢花酥梨驰援武汉》《宁陵高效阻击疫情有序复工复产》《“小推车精神”薪火相传——宁陵梨农将 20 000 多斤酥梨捐给“最可爱的人”》《携手战“疫”不负“邵华”》等 170 篇报道，先后被人民日报、人民政协报、中华工商时报、中国纪检监察报、人民网、新华网、光明网、凤凰网报道国家级媒体采用、转发，为全县打赢疫情阻击战营造的良好舆论环境。加强负面舆情监测，网信、网监等部门累计检测网络负面舆论 1 200 余篇，全部给予回应和处理，疫情防控期间全县没有发生一起影响恶劣的负面舆论报道。

（四）突出重点，增强防控实效

（1）突出重点人群的防控。疫情开始，全县就将防控目光重点放在居民小区、基层农村，根据疫情情况采取科学措施，对所有外来及返乡人员逐个进行登记、体检筛查，对武汉返乡和来宁人员一律居家隔离观察 2 ~ 3 周，每天至少两次体温检测，出现症状及时送检。对疑似病例的日常行程及时展开调查，向社会发布公告，寻找其密切接触者并在最短的时间实施隔离措施，把疫情控制在最小范围。

（2）突出重点场所的防控。全面取消一切群体性宴席、集会、庙会、文化活动，关闭县新华书店、图书馆、博物馆、文化馆、葛天公园等公共场所，关闭全县所有的影院、网吧、KTV、洗浴中心等娱乐场所，暂停城区公交车和城乡客运班车运营,尽可能减少人员聚集带来的隐患。加强公共区域消杀工作,先后2次利用雾炮车等现代设备,对城区所有主次干道、广场等公共区域喷洒消毒剂。各乡镇积极作为,全面开展爱国卫生清洁运动,累计清运垃圾3.9万吨,防疫消毒808万平方米。

(3)突出重点行业的防控。取消全县农(集)贸市场交易,所有餐馆、饭店、理发店等暂停营业,对城区旅馆住宿人员进行全面排查、登记、体温检测,发现发烧人员立即送诊。全县近5 000名教师,通过班级微信群、学校公众号、钉钉等网络渠道,向全县14万名学生发送了通知,告知疫情防控要求,普及疫情防治知识,开展网上课程,积极排查困难家庭学生,着力解决缺少手机无法上网课问题,切实做好全县中小学生“停学不停课”工作。全县各级学校在做好疫情防控工作的前提下陆续有序开学,恢复正常上课学习。

(五)搭建平台,提升防控水平

(1)建立疫情防控指挥平台。依托移动、联通等电信运营商大数据平台优势,全面推进“网上办公”,在全县20家政企单位开通疫情防控“云视讯视频会议系统”,1 700余人开通远程视讯软件账号,市县乡三级建立起OA系统,所有疫情防控会议实现在线召开。

(2)建立疫情防控APP平台。专门组织技术人员自主开发“家在宁陵”疫情防控APP,对所有县外返乡人员和小区出入人员通过手机在线打卡,通过疫情一键自主上报、线上预警分析、在线精准监管、疫情防控防治等功能,实现“无接触”管理,有效阻断病毒传播途径。全县县外返乡人员、流动人员、小区居民全部实现扫描打卡,打卡率达100%。

(3)建立12345防控热线平台。推行“12345”马上办便民服务热线服务为疫情防控服务热线,为群众提供“7×24”小时热线服务,疫情类工作“当天当办,即时即办”,回应人民关切,减轻群众疑虑。疫情工单办结率100%,群众满意率100%。

(六)高效施治,巩固防控成果

(1)规范救治流程。先后出台《新型冠状病毒感染的肺炎样本检测流程》《新型冠状病毒肺炎疫情防控期间救治流程》《全县发热病人就医流程》等，全县22家发热门诊昼夜接诊，做好对就诊发热病人的疫情监测。对于排查出的疑似病例统一集中到县人民医院发热门诊就诊；其他发烧人员按就近原则就诊，避免因人员集中出现交叉感染。

（2）提高救治能力。县直医院和乡镇卫生院设立了隔离病区，配备防护服、相关药物和设备，“急救120”全天候待命。将县人民医院确定为定点救治医院，设置留观床位30张、确诊床位36张、ICU床位6张，医护人员160人；将县中医院作为备选救治医院，设置治疗床位46张，医护人员60人；及时采取集中隔离措施。一是选择美巢家园酒店作为密切接触者留观点，由政府免费提供隔离房间，2020年2月4日对孔集乡32名密切接触人员实行集中隔离医学观察；二是选择66快捷酒店作为境外返乡人员集中隔离观察点，对所有境外返回人员进行集中隔离医学观察，有效阻断疫情的蔓延。对确诊的9名病例和6名无症状感染者及时送往省市定点医院进行救治，全部治愈出院，没有出现一例死亡病例。

（3）打造救治队伍。为进一步加强核酸检测采样和流调工作，县卫健委要求每个乡镇卫生院抽出10名，县疾控中心抽出20名业务骨干进行核酸检测培训，并要求每位采样人员都要到县医院发热门诊现场跟班学习，掌握规范采样技术，直至考核合格，提高核酸标本采集人员工作能力和工作质量。每个乡镇卫生院抽出2名，县疾控中心抽出30名业务骨干进行流调工作培训。建立300人的采样、60人的流调和30人的消杀储备队伍，取得良好效果，为应对新冠肺炎疫情防控工作打下坚实的基础。

（七）全民动员，凝聚防控力量

（1）发挥党员先锋作用。疫情刚开始，全县就迅速动员3.5万余名乡村干部、医务人员、党员志愿者等分赴乡村疫情一线，积极参与防控工作，充分发挥各级各部门党员干部模范先锋作用。

（2）汇聚社会爱心力量。发布《凝聚社会力量、打赢疫情阻击战》倡议书，全县爱心企业和社会各界爱心人士大力发扬“致富思源、扶危济困、义利兼顾、回馈社会”的光彩事业精神，积极履行社会责任，慷慨解囊，捐款捐物，助力疫情防控工作。全县社会各界已累计捐款捐物突破2 100余万元，其中通过红十字会捐赠的款物达1 500余万元，有力地支援疫情防控工作的顺利开展。

(3)团结依靠人民群众。抗击疫情是一场全民战争，离不开广大人民群众的支持和配合。在各级党委、政府的宣传引导下，全县群众响应号召、积极参与、主动隔离，坚持不出门、不扎堆、不聚会，坚持足不出户、车不上路、店不开张，有的群众、党员、离退休干部、大学生自发到卡点或劝返点帮助工作，与乡村干部一起共同抗击疫情；有的邻里互相监督劝阻返乡自行隔离，有的主动给卡点工作送菜送饭；由于全民发动，全民参与，群防群控，共同筑起全县的防控大堤，成为全县打赢疫情防控阻击战的制胜法宝。

(八)科学调度，落实防控保障

(1)加大资金投入。截至2022年1月，全县各级财政投入疫情防控资金约1.2亿元，有力保障疫情防控一线人员的需求。对参加疫情防控一线工作的医务人员、城乡社区工作人员等全部落实相关津贴和补助；对全县所有县乡村从事疫情防控的人员全部购买疫情防控专属保险，做好对从事疫情防控一线人员的关心关爱工作。

(2)强化物资调度。保障好医疗用品供应。针对医疗机构、居民急需的口罩、消毒液、日常用药等医用物资，积极投入资金用于物资设备设施采购。督促药品零售企业通过多种渠道采购急需医用物资，及时保障全县市场供应，疫情防控期间全县医疗用品供需基本保持稳定。保障好生活物资供应。商务部门协调大型商超积极做好备货和配送，加强市场供应，保证日供应蔬菜不少于50吨，让群众足不出村、不出小区就能买到生活必需品。加强农资及饲料运输保障。及时为运输农资和饲料的应急运输车辆办理通行A证和B证，确保农村春耕和农民养殖的急需物资的保障。

(3)加强市场监管。加大对商场超市、零售药店的市场监管力度，规范市场价格行为，对恶意涨价的商户给予严厉处罚，保证全县33种居民生活必需品总体供应充足，价格平稳。同时，开展市场监管执法，严厉打击制售假冒伪劣、发布虚假广告、囤积居奇等不法行为，有效地维护疫情防控期间正常的市场秩序，满足人民群众基本生活需要。

（九）严格督查，压实防控责任

（1）实行县级领导带头督导。县委要求全县所有县级领导干部一律放弃节假日，全员返岗在位，全部深入到联系乡镇坐镇指导、督导疫情防控工作。涉及疫情工作的县委常委和副县长轮流到县疫情防控指挥部值班值守，及时处置疫情事务。县委书记、县长、分管疫情防控的副县长等四家领导不畏艰险，靠前指挥，每天深入一线和疫区督导疫情防控工作。同时，对出现确诊病例、无症状阳性患者的重点乡镇孔集乡派出由县委政法委书记和分包乡镇的县级干部带队的驻乡督导组，驻点督导。

（2）实行县乡村三级联动督导。县级成立纪委监委、县“两办”督查室组成的专门督查组，县直部门和乡镇成立由执法工作人员和纪检人员组成的专业督查组，村级成立由老党员组成的监督小组，每天对乡镇、县直单位、村（社区）疫情防控工作进行监督督导，对不胜任、不履行、不作为、慢作为，甚至临阵退缩、不服从调派或者弄虚作假、失职渎职的干部严肃问责。疫情防控工作开展以来，截至2022年1月全县共查处疫情防控责任落实不到位、工作失职案件33起，党纪政务处分26人，组织处理30人，通报曝光疫情防控履职不力17人，在全县形成了阻击疫情密防严控的高压态势。

第三节　建设“四好农村路全国示范县”

截至2020年底，宁陵县农村公路总里程1 750.351千米，其中，县道239.49千米、乡道338.169千米、村道1 172.692千米，桥梁总计327座，中心养护站4个、乡镇管养站13个，公路超限检测站1个，359个行政村“通路、通车、通邮”均达100%。2017年4月，被省交通运输厅命名为全省第一批“四好农村路”示范县；2017年8月，被交通运输部命名为首批“四好农村路”全国示范县；2018年9月，被交通运输部、农业农村部、国务院扶贫办联合命名为“四好农村路”全国示范县。多年来,县委、县政府高度重视“四好农村路”建设,加大建设资金投入,2017—2020 年统筹整合财政涉农资金 6.22 亿元用于农村公路建、管、护、运工作,推动“四好农村路”建设高质量发展,改善了农村公路路容路貌,美化了农村人居环境,增加了农民群众的获得感和幸福感。

一、主要成效

近年来,宁陵县认真贯彻落实习近平总书记关于“四好农村路”(建好、管好、护好、运营好农村公路)建设重要指示批示精神,主动作为,大胆创新,攻坚克难,积极推进“四好农村路”建设,为“决战脱贫攻坚、决胜全面小康”提供了坚实的交通运输支撑和保障。

脱贫攻坚,交通先行。宁陵县一直大力支持农村交通基础设施建设,农村公路建设得到了迅速发展。四通八达的农村公路有效促进了农村同外部市场的融通、致富信息的畅通、农副产品的流通,带动了特色农业、扶贫产业、旅游业的蓬勃发展,群众出行和农产品外运更加便捷顺畅,农家乐、乡村游、生态园等农村休闲旅游迅速兴起,物流快速发展,电商经济进入农村,加快了农民群众致富奔小康的步伐,切实服务了“三农”发展。

(1)带动农民增收。通过实施农村交通基础设施建设,全县所有行政村全部实现“三通”目标,农村公路沿线建成了扶贫企业 11 家、产业扶贫基地 13 个、扶贫车间 50 多个,带动 5 千多名贫困户实现精准脱贫。比如:张弓镇小吕集村产业扶贫车间,靠着道路给村民们带来致富脱贫的希望。小吕集村依托农村交通便捷的优势,建成三个 1 500多平方米的扶贫车间,生产服装、箱包、光学镜片等,提供就业岗位 1 000 余个,安置贫困户 600 余人,贫困户每月工资收入 2 200 多元,实现了在家门口就业增收、精准脱贫。

设置农村公路养护公益性岗位助力贫困户脱贫。坚持以人民为中心发展思想,使农民群众成为“四好农村路”建设的参与者、受益者。全县设置了农村公路养护员公益性岗位 1 800 个,吸收有劳动能力的建档立卡贫困户,开展路面清扫保洁、路肩整修培护等日常养护工作，每月发放生活补助300元，增加了贫困户收入。

（2）带动农业增效。四通八达的农村公路与特色农业路、景区旅游路有效衔接，通过完善交通标志、排水、安防等设施，亮化美化农村公路，为农村特色产业快速发展提供有力支撑。比如：乔楼乡辘轳湾村桃园，2015年之前，桃园周边还是土路，桃农们只能采用小车换大车的方式，才能把成熟的鲜桃运出去，而今天，随着辘轳湾村内及周边乡村水泥路通到田间地头，人推肩拉的运输已成为过往，省内外客商可以开车直接到桃园地边采购鲜桃，价格也上去了，截至2020年成功举办了4届桃花节，带动“农家乐、乡村游”迅速发展，打响了辘轳湾鲜桃品牌，每亩桃果增收8 000多元，带动了村民增收致富，壮大了特色农业经济。

（3）带动农村繁荣。农村公路提档升级，切实改善了农民群众生产生活和村容村貌，有力助推了特色农业发展和集体经济壮大，促进了农村经济发展，带动了小城镇建设。比如：被誉为“梨园小镇”的石桥镇，在“四好农村路”建设的带动下，依托区域交通优势，酥梨种植面积逐年扩大，年产酥梨12亿斤，产值约16亿元；截至2020年成功举办了17届梨花节，14届酥梨采摘节，每年都吸引30余万人来宁陵赏梨花、摘酥梨，辐射带动了6万多人就业致富。乡村人居环境极大改善，农村经济快速发展，加快了城镇一体化进程，呈现了现代化小城镇雏形。

二、主要做法

宁陵县坚持做到建养并重、管运到位，认真落实县级政府主体责任，建立农村公路发展五项长效机制，切实推动了“四好农村路”建设。

（1）党政齐抓的工作机制。坚持把“四好农村路”建设作为“五个新宁陵”（富裕、开放、魅力、生态、平安新宁陵）建设的重要内容，列为民生工程，纳入年度目标责任考核体系，成立县长任组长的领导小组，出台专项实施方案，形成“党委领导、政府重视、部门协同、社会参与”的建管护运机制，为全面推进工作提供了坚强组织保障。

（2）上下联动的管养机制。充分发挥县级养护中心、乡级管护站，村级养护队的三级农村公路养护机构职能，实行县有路政员、乡有监管员、村有护路员联动共治，爱路护路乡规民约、村规民约制定率达100%，实现了全县农村公路管养全覆盖。

(3)全民参与的监督机制。发挥农民群众作用，充分利用各种媒体，加大公路法律法规和“四好农村路”宣传力度，引导、支持农民群众参与“四好农村路”建设，增强了农民群众爱路护路意识和参与的责任心、使命感，形成了全民参与、共同监督的良好格局。

(4)多元投入的资金机制。多年来县政府一直足额落实农村公路建设资金，大力支持“四好农村路”建设，建立了公共财政、涉农资金、贷款融资相结合的资金保障机制，夯实了“四好农村路”建设基础。

(5)科学全面的考核机制。坚持把“四好农村路”建设与脱贫攻坚、乡村振兴、生态环境、“三农”发展相结合，纳入全县绩效目标责任考核，细化指标，明确要求，全方位、全过程督查考核，根据考核结果进行奖惩，传导了工作压力，提高了工作积极性。

三、建管护运结合，四位一体推进

“四好农村路”建设中，宁陵县坚持建字当头、管理为先、养护为要、运营为本，着力打造精品工程、效益工程、惠民工程。

(1)严把“三关”抓建设。严把准入关。公路桥梁项目严格招投标管理，对施工、监理企业严格把关，通过招标优选企业。严把施工关。落实质量安全监管制度，实行工程质量一票否决制和质量责任终身追究制。严把现场关。采取专业监理旁站巡查、技术人员跟班作业、村民代表义务监督、人大政协视察监督等形式，确保农村公路高标准，高质量建设。

(2)突出“三严”抓管理。路政管理严。严查侵占、损坏农村公路的违法违章案件。双超治理严。加强部门联动，建立交通执法和公安交警联合治超机制，重拳出击、严厉查处超限车辆。路域治理严。坚持公路路域环境治理与生态环境保护、美丽乡村建设结合，全力打造“畅、安、舒、美”的公路通行环境。

(3)强化“三有”抓养护。有责任主体。认真落实“县道县养、乡道乡养、村道村养”三级责任主体,实现了农村公路养护事权、责任、任务“三明确”。有养护网络。成立4个农村公路中心养护站、13个乡镇农村公路管护站,构建“县有养护中心、乡有管护站、村有养护队”的三级养护网络,达到了农村公路养护全覆盖。有资金保障。农村公路养护资金及人员经费全部纳入了一般公共预算,保障了养护生产顺利开展。

(4)实施“三优”抓运营。优化农村客运。科学投放运力、增加预约班车,扩大了农村客运线网覆盖面及深度。优化市场秩序。围绕创建平安交通,加大运营车辆监管力度,确保客运市场安全平稳有序。优化物流服务。按照“多站合一、资源共享”模式,建立了以县城为中心、乡镇为依托,覆盖全部行政村的邮政物流配送网络。

(5)创新实践抓亮点。在公路养护实践中探索养护新办法,结合宁陵县部分区域为沙性土质,沙性土质顺坡路肩易产生水毁冲沟甚至路肩塌方现象。针对这种情况,县交通运输部门积极探索办法,创新了用反坡路肩替代普通顺坡路肩,并在雨后精准找出排水点,采用埋管式泄水槽集中排水,解决了汛期路肩水毁塌方现象,得到省市领导和专家的充分肯定,在全省平原地区得到推广。

一条条平安畅通的农村公路,为曾经偏僻沉寂的乡村注入了希望和活力,一条条蜿蜒在宁陵大地上的“四好农村路”,正撑起乡村群众的小康梦。如今,宁陵县正进入“四好农村路”建设对脱贫攻坚带动最有力、对群众增收促进最直接、对经济支撑作用最明显,和群众满意度最高、获得感最强的时期。我们坚信,“四好农村路”一定会成为农民群众的产业路、致富路、幸福路,在打赢脱贫攻坚、决胜全面小康的进程中发挥新的、更大的作用。

第四节　宁陵县产业发展

宁陵县产业集聚区位于县城规划区北部,是河南省政府首批认定产业集聚区之一。总规划面积16.05平方千米。区内辖8个行政村,34个自然村,1.46万人。已入驻企业132家,主导产业为农资化工、农产品加工和电子信息产业。近年来,按照“四集一转”总要求,围绕“招大引强、招精选优、招才引智”的工作思路，紧抓承接产业转移新机遇，以打造百亿级产业集群为主攻方向，通过加大基础设施投入，提高规划建设水平，完善基础配套和服务，培育特色产业集群等助推产业“聚变”，实现了产业集聚区快速发展，产业竞争力明显增强。先后被评为“全省最具产业竞争力产业集聚区”“全省AAAAA级最佳投资服务‘金星奖’产业集聚区”和“河南省最具竞争力产业集群‘金星奖’产业集聚区”；被省科技厅授予“河南省高新技术特色产业基地”。被科学技术部火炬中心授予“国家级科技企业孵化器”“国家火炬商丘宁陵新型复合肥特色产业基地”，2019年晋升为“二星级”产业集聚区，被评为河南2020年“金星奖”河南县域经济特色百亿集群。

一、主导产业建设

(1)全力提升复合肥产业链稳定性和竞争力。产业聚集区内已经形成了以史丹利化肥、嘉施利复合肥、拉多美化肥、中利丰复合肥、三宁复合肥等为重点企业的20家农资化工企业，2020年实现产值95.06亿元，占产业聚集区规模以上企业产值的39.4%。近年来，重点依托史丹利、嘉施利、拉多美等复合肥龙头企业，着力打造复合肥产业基础高级化、产业链现代化，巩固复合肥产业优势，强化复合肥产业领先地位，做到延链、补链，完善服务体系。实现了复合肥生产由传统的简易掺混向滚筒和高塔造粒转变，产品由传统复合肥向微肥、功能肥、高端复合肥提升，在微肥、水溶肥、功能肥、液态肥、高端复合肥等新型肥料领域占据领先地位。目前，农资化工产业已经形成了复合肥年设计产能达千万吨的农资化工产业集群。已经成为全国第二、中原最大优质复合肥特色产业基地。2018年被科学技术部火炬中心授予“国家火炬商丘宁陵新型复合肥特色产业基地”。

(2)培育建设电子信息产业园。为全力壮大电子信息产业发展，宁陵调整招商引资方向，全面提升服务水平，已经落地了华硕电子，传福压滤机项目等项目。规划建设的智慧产业园，已经入驻了金坤科技项目、商丘华坤电子科技项目和华丽明电子项目。近期启动了金坤科技二期项目已经于7月10日开工奠基。产业集聚区被科学技术部火炬中心授予“国家级科技企业孵化器”，为中小科技企业发展保驾护航。

(3)农副产品发展强劲有力。已经落地的农副产品加工企业有福润食品、中象乳业暨王老吉饮品生产基地、世鸿饮品、金维果维、牧原饲料等10家农副产品企业。2020年实现产值50.07亿元，占产业聚集区规模以上企业产值的20.7%。目前，牧原400万头生猪屠宰项目已投入使用。牧原成为全国规模最大现代化屠宰企业，宁陵将建设成集饲料生产、养殖、屠宰为一体的完整农副产品产业链。

二、基础设施建设

近年来，产业集聚区大力实施基础设施建设。完善区内道路扩建、延伸、升级等工程，产业集聚区内形成了“九横十纵”主干道路网状格局，实现了县城道路与产业集聚区道路无缝对接和横向相连的道路网，承载力持续增强。全力提升配套能力。区内已经建成了产业集聚区医院、新区中小学、体育场馆、人民公园、迎宾公园、永乐公园、锦绣花园安置社区、锦绣新苑安置社区、永旺湾景安置社区、污水处理厂、肥料检验检测中心等。基础设施实现“七通一平”等。建设了省级复合肥检验检测中心和省级食品检验检测中心；鼓励支持企业建设有5家省级、8家市级工程技术研究中心；设立了由政府主导、金融部门参与的产业发展基金、企业融资担保中心等各类融资平台。

三、搞好产业服务

(1)完善服务推进机制。作为复合肥产业链链长，落实“一联三帮”精准服务，牵头服务史丹利化肥，并加强对复合肥产业链工作的服务、协调、调度、督导、推进等，形成工作合力。坚持“马上办抓落实”9+1推进工作机制，对复合肥产业链发展中遇到的难题及时提交工作专班进行研究决策，确保各项工作落到实处。以国家级复合肥特色产业基地为平台，成立了新型复合肥特色产业基地服务中心，配备专人全面服务复合肥产业发展。

(2)坚持规划引领。修订完善《城乡总体发展规划》和《产业集聚区总体发展规划(2018—2025)》，突出复合肥产业发展定位，明晰复合肥基础配套,特别是对物流、仓储合理规划,留足发展空间。

(3)积极推动“三大改造”。企业向智能制造、绿色制造、服务型制造转变,完善产品类型,提升工艺水平。2020 年,完成三家复合肥企业智能化绿色化改造。2023 年,对现有复合肥企业全部完成绿色化智能化改造。

(4)强化品牌培育。加强与媒体对接,推介新型肥料产品新工艺和科研成果,提升企业知名度美誉度。实施品牌战略,依托国家级复合肥特色产业基地这一平台,鼓励企业争创国家驰名商标,积极组织企业参加名优品牌创建活动。强化企业对新研发产品项目宣传力度,形成自己特色品牌,提升市场竞争力。

四、开展招商引资

截至2020 年,产业集聚区管委会严格按照县委、县政府的工作要求,在做好集聚区建设的同时,把招商引资工作作为工作的重中之重,全力做好招商引资工作,圆满完成了招商引资任务,做出了新的成绩。成功招商的河南兆鸿 LCD 光电产业园项目、葛天商贸港项目东鼎桥梁项目、中大人地服饰项目、天成家居项目、白象乳业及王老吉生产基地项目、河南优特核医疗设备生产项目、河南宁宇电子科技年产 60 万台语音翻译器项目生产基地基本完工;成功招商的华坤科技项目,运营良好。目前,正在洽谈对接的有深圳鑫亿特电子、深圳琪美电子、深圳中天仁电子、宁波车联网数字经济产业园等项目。

五、未来规划

(1)融入商丘都市高质量提质发展策略。把宁陵县电子信息和农产品加工业全面融入商丘千亿级产业集群重点培育,着力打造产业链条。充分利用观堂机场与空港区、连霍高速、商登高速、G343 等基础设施布局物流园,积极融入商丘大都市区。积极建立企业分级制度。把落地企业分类培育,形成优先发展、鼓励提升、倒逼转型等三类企业分类管理,推进产业高质量发展。

(2)实施产业集群强化策略。提升宁陵化工高端复合肥优势产业,以史丹利、嘉施利、拉多美腐殖酸钾高效高端复合肥等企业为基础,力争3~5年的努力,在微肥、水溶肥、功能肥、液态肥、高端复合肥等新型肥料领域占据领先地位。到2025年产值突破300亿元,打造具有宁陵产业特色优势、在国内外有影响力的复合肥特色产业基地,推动复合肥产业迈上更高水平、更高层次、更高质量发展。

(3)推进农产品加工产业集群迅速壮大。以福润食品、中象饮品、世鸿饮品等等为基础,全面推进当地农副产品精深加工产业发展。以牧原生猪屠宰为依托,全面打造农牧肉食品加工产业迅速壮大发展,建成集饲养、饲料、屠宰、冷藏和肉食品精深加工一体化百亿级产业集群。

(4)推进电子及设备制造业集群蓬勃发展。以江苏金坤科技、宁宇电子语音翻译器、商丘华坤等项目为基础,重点发展电子信息研发、语音翻译器等新基建项目,加大对手机配件、计算机配件以及规划建设的智慧产业园区投入,建立配套的物流配送、电子商务平台等设施建设,全力推进电子及设备制造业集群蓬勃发展。

(5)实施产城融合产业分区策略。建立生产与生活相对明确的分区策略,同时保障生产安全和环境卫生。规划迎宾大道以西工业逐步退出,作为产业集聚区创新、研发、高端服务区域;规划人民路以南、闽江路以西作为产城融合的重要空间载体。建立明确的产业分区,保障主导产业发展和培育空间。合理布局中小微企业产业园,在高速口和城市东南配套建设物流园区等园中园,助力宁陵县主导产业壮大发展。

第十一章
宁陵县革命纪念地及革命老区英雄谱

第一节　宁陵县革命纪念地

一、柳河烟店

柳河烟店位于今老柳河集十字街东50米处路北，原有烟店一间，后拆毁，今盖上民房。柳河烟店为宁陵县第一个共产党支部诞生地。抗日战争初期，商丘各县相继被日军占领，成为沦陷区。1938年5月29日，侵华日军第十六师团由商

丘向宁陵进犯，宁陵沦陷。广大人民陷于水深火热之中，惨遭日军的迫害和蹂躏。中国共产党冀鲁豫西南地委决定在商丘、开封之间，宁陵县的柳河建立敌工站，积极开展情报工作，了解和掌握陇海铁路沿线日本侵略军的动向。1939年，7月，中共鲁西南地委决定派共产党员李东成（山东省曹县王集人）到柳河建立敌工站。李东成到达柳河后，通过赵自禄介绍先到柳河煤厂当店员。当店员虽有利于隐蔽，但因栓的过死，无法展开工作。组织上考虑到这种情况，便拿出六七块银元，10月让其在柳河开了一家小型旱烟店。因为旱烟要从山东曹县进货有利于同上级经常保持联系，这就给他更好地开展工作提供了有利条件。李东成根据当时的形势和柳河周围的环境，从三个方面积极开展地下革命工作：一是团结进步人士，结成广泛的抗日统一战线；二是争取地方武装力量，进行抗日武装斗争；三是宣传党的政策，扩大党的影响。于1939年10月，在柳河建立了敌工站，李东成任站长，成员有杨世兴、冯广武等，隶属于鲁西南地委。后先

后建立民权孙六口联络点、宁陵县城联络点，并发展了一批共产党员。1940 年 12 月，在条件成熟的基础上，经中共冀鲁豫西南地委批准，在宁陵县柳河烟店建立了一个地下党支部，书记李东成、组织委员张清其、宣传委员胡立本。这就是宁陵县第一个中共党支部。从此敌工站、点在党支部的领导下积极地开展工作，提供日本侵略军的军事情报，掩护军、干人员过路，为八路军购买军用物资，营救革命同志，保护地下工作人员等，并动员一批爱国青年先后奔赴鲁西南军分区参军。

二、张庄烈士墓

张庄烈士墓位于宁陵县城西北 18 公里逻岗镇的张庄村西 200 米处。烈士墓共有 3 座，东西排列，均为圆桶顶，水泥砌筑，南北长 2 米，高 1 米。墓南耸立着大字金光闪闪的“烈士纪念碑”，该碑底座 8 立方米，四角圆柱。上面碑文高 3 米，往上收尖高 2 米，顶端有五角星，总高 7 米。南面大字是：“烈士纪念碑”；东面是：“为国牺牲，永垂不朽”；北面是；“死难烈士万岁”；西面是毛泽东主席字体：“发扬革命传统，争取更大光荣。”显得苍劲有力。抗日战争时期，1942 年左右，两名八路军战士骑马从西南方向过来，执行侦察任务，路过大沙河香椿柳林时，被逻岗高郭庄的恶霸地主伏击，在逻岗东门外遭到杀害而牺牲。另一个姓蔡的八路军战士是一个后勤通讯兵，1944 年左右跟随大部队经过逻岗，他因肩挑很重的无线电通讯设备，跟不上部队而落在了后面，被当地的土匪截击，杀害于新庄村后。几位八路军战士被杀害后，当地的村民就将其尸体收殓，埋葬砸在了逻岗村东面。新中国成立后，党和政府为纪念先烈教育后代，重新安葬了烈士，将坟墓迁移到张庄村西并建立了烈士纪念碑。每年清明节，都有很多机关干部、教师学生、部队官兵到烈士墓来敬献花圈，这里已经成为宁陵一处重要的爱国主义思想教育基地。

三、小孔集战斗百人坑

小孔集战斗百人坑位于宁陵县城西北 12 千米县原种场场部后。新中国成立前夕，中原野战军 9 纵和国民党新五军交战后牺牲同志的埋葬之处。小孔集战斗发生在豫东战役末期1948年7月6日晚至7日的凌晨，中原野战军从豫东战役撤退向鲁西南转移过程中，交战双方为华东野战军一个连和国民党军74师一个团。豫东战役，是解放战争时期，中国人民解放军华东野战军西线兵团和中原野战军一部在河南省开封及睢县、杞县地区，对国民党军进行的城市攻坚战与运动战相结合的战役。包括开封战役和睢杞战役两个阶段，亦称开封睢杞战役。豫东战役后期，华东野战军西线兵团和中原野战军各部队于7月6日晚全部撤出战斗，向睢县、杞县以南及鲁西南转移。粟裕已于7月6日晨令叶飞及其他纵队从帝丘撤出战斗（场）分散穿插向豫东、山东前进。从帝丘撤出的华东野战军一个连队约300人，途径阳驿、崔香吴、康庄，行至小孔集时已经天黑，于是安营住下。华东野战军的这个连队设防完毕后约两个小时，在23点左右，刚进入梦乡不久的小孔集群众被密集的枪声惊醒。驻扎在小孔集的华东野战军的这个连队，被从商丘方向赶过来的国民党整编第74师一个团发现并包围。战斗开始后，国民党74师从小孔集村寨墙的东边、北面发动了猛烈的进攻。因敌我力量悬殊、装备悬殊，华东野战军这个连边打边退，因寨墙外南面、西面沟内都有水，兵力不得不向村寨西南方向转移。当时村寨西南角有个炮楼，这个连打到最后基本集中在这里，同74师进行战斗。我方部队决定从村寨西南方向突围，结果正中74师这个团的计谋，凡是突围出去的，大半被埋伏在西南方向村寨外的重机枪扫射牺牲，先后阵亡100多人。经过几个小时激战，寡不敌众，连队伤亡过半，决定从小孔集西北角突围去苗庄，顺沙河到柳河西集结。国民党74师继续追击，到了三丈寺后不再追击，乘胜沿陇海铁路返回商丘。因战斗发生在夜间，除了村民孔令训的腿被炸伤之外，小孔集的其他群众没有伤亡。战斗结束后，部队都行进过去了，当地的村民自发组织起来，在从小孔集到康庄的路东侧的杨树林里挖了一个大坑，用马车将牺牲在寨内、寨外解放军将士的尸体，运到了大坑里掩埋。新中国成立后，有很多牺牲战士的家属过来打听、寻找亲人的尸体，以山东的居多。英雄已去，人比天大；忠魂常在，精神不息。这是一座无字的丰碑，这是一处永远值得铭记的百人坑。

四、淮海战役张弓烈士陵园

淮海战役张弓烈士陵园位于宁陵县城西南15公里张弓集西北部敬老院前侧，经商丘行署批准，于1978年4月建成，占地面积4 662平方米，投资11 500元。陵园坐南朝北，园内有接待室、管理室、松柏、花园，苍松挺拔，翠柏玉立，鲜花、修竹相映生辉。墓中安葬着参加过淮海战役的24名烈士。解放战争时期，张弓集设有解放军后方医院中转站，专门暂时接受救护从淮海战役前线送来的伤病员。这些伤病员，为了人民的解放，为了新中国的成立，他们轻伤不下火线，重伤不哭，作战勇敢。这些伤病员凡能治好的，经过临时包扎医治脱离危险后，再用担架转送到睢县河堤村西五里的刘里红村，那里有我军的后方医院。凡是医治无效牺牲的，都就地安葬在了张弓。除入园的烈士外，张弓集村南还有十数个烈士坟墓。张弓镇淮海战役革命烈士陵园，是本县对广大干部群众进行国防教育、爱国主义教育、革命优良传统教育和反腐倡廉教育的基地。每年清明节，成千上万的党员、干部、群众、学生前来祭扫、宣誓，缅怀革命先烈。

张环礼烈士陵园

张环礼烈士陵园位于宁陵县城西3千米西沙河开发区内，建于1994年春。陵园坐北朝南，南北长40米，东西宽30米，面积1 200平方米。烈士陵园大门东侧有共青团商丘地委授予的“商丘地区青少年教育基地”牌匾，门西侧是中共宁陵县委立的“张环礼烈士纪念地”牌匾。门里往北13米，迎面立有张环礼烈士雕像落成碑，背面是张环礼舍身救人的英勇事迹和生平介绍。该碑横长2.5米，厚0.2米，高1.2米，连底座总高2.2米。往北11米是张环礼大理石雕像，高2米，连底座高4.5米。底座前面，是时任河南省委书记李长春同志手书“张环礼同志”的五个鎏金大字。雕像四周各有两行柏树，郁郁葱葱，象征着烈士的精神万古长青。园外杨树林立，园内柏树葳蕤；园西为张环礼牺牲处——大沙河桥。每年清明时节，全县各单位、学校共产党员、共青团员都来此祭悼烈士，瞻仰敬花带宣誓，以实际行动慰藉英魂。

第二节　宁陵县革命老区英雄谱

【吕宜园】

吕宜园(1907—2001),原名吕培咸,字宜园,后以字行。1907年3月出生于宁陵县一书香门第,幼承家学,喜爱琴棋书画,在严父的耳提面命下临习诸家碑帖,少年时便写一手漂亮的毛笔字,常怀“行万里路,读万卷书”的理想与抱负。

1918年吕宜园考上了“北有清华,南有预校”之称的著名学府——河南留美预校英文科。1919年“五·四”运动像一声春雷,打破了宁陵的沉闷局面。1921年7月,中国共产党第一次全国代表大会的召开,标志着中国人民的革命斗争进入了历史的新纪元。1924年,河南留美预校停办并就地改建为中州大学。是年,在河南省立开封中州大学读书的吕宜园参加共产党领导的“青年协社”。

1925年1月,吕宜园参加中国共产主义青年团,1926年3月,经王大中、于秀民介绍参加了中国共产党。吕宜园利用假期返乡之际,传播进步思想,团结教育青年,将自己收藏的一些进步书刊供他们阅读,介绍王培武、杨心科、陈广宪等青年学生参加了“青年协社”。那一刻起,宁陵县开始有了党的活动。

1926年7月,在中国共产党的推动下,广东国民政府决定出师北伐,主要对象是吴佩孚、孙传芳和张作霖三个军阀,以推翻帝国主义和封建军阀的统治,把革命推向全国。北伐战争开始后,影响中州大地,开封中州大学暂时停课,1926年8月,吕宜园回到宁陵,在县第一高级小学以代课教师作掩护从事革命活动。1927年3月,商丘县三中学生闹学潮,引起反动当局的注意,认为里边有“河大附高”的共产党嫌疑分子煽动。因此,地下党支部研究决定,领导成员暂时须分散隐蔽。党支部书记徐华章从商丘三中来宁陵,经吕宜园介绍,在县第一高级小学任教,与他一起在师生中开展革命活动。5月,徐华章返回商丘。1928年7月,吕宜园在开封中州大学毕业考试刚结束,即被国民党当局以他“宣传与‘三民主义’不相容之主义”的罪名,在开封被捕入狱，作为政治犯被关押在开封第一监狱近两年之久。他在狱中受到敌人百般威逼和利诱与酷刑折磨，但他无所畏惧，以至于“满身伤疤，出狱后炎热的夏天亦不敢脱衣乘凉。”他在狱中仍坚持学习，因无书可读，“在狱中竟把《辞源》都背熟了”。因当局没查到确凿证据，于1930年夏释放吕宜园。出狱后，吕宜园与党组织失去联系，先后在宁陵、荥阳、禹县、新野、汝南等地教书，仍从事革命活动。1935年夏，在宁陵县简易师范教书的吕宜园将他珍藏多年的《通俗政治经济学》和《辩证唯物论和历史唯物论》两本书，送给县师学生薛景暄（沙新）与县一小教师刘益农二人阅读，并说：“望秘藏勿泄，免生意外，此乃立身之本矣，请详读之。”传播革命理论，进行马克思主义宣传，扩大了共产党的影响，播下了无产阶级革命的火种。1936年秋，薛景暄和刘益农在县一小的高年级的学生中组织了一个“读书会”，遭到国民党当局的查禁。国民党当局说“此皆吕宜园背后所指使”，三人的行动皆受到当局的严密监视，并被各自的家庭所软禁。

1938年5月29日，宁陵陷于日本侵略者统辖之下，吕宜园移居到农村乡下。沦陷期间，日伪政府想利用吕宜园及其家族的影响，屡次胁迫其出来做事，但他坚辞不就。1942年，他携眷属渡过中央军扒的新黄河流亡至汝南，在留学欧美预备学校及中州大学时的老同班李崇武任校长的河南省立百泉乡村师范教国文。当时教员生活极为困苦。1943年，适另一位老同班侯镜如，时任第九十二军军长，带着一部分新兵奉调去四川整训，路过汝南，邀吕宜园从军参加抗日，即投笔从戎随之西去，任司令部中校秘书。1945年抗战胜利，吕宜园怀着漫卷诗书喜欲狂的心情随军由武汉空运参加接收北平，时任侯镜如军长的秘书。

1948年北平和平解放后，吕宜园回到故乡宁陵县初级中学教英语，不久，被调往商丘一高教英语，深受学生欢迎。1958年吕宜园被错划“右派”，遣回原籍劳动自谋出路达20余年，历尽坎坷。1980年春，由于教育界师资力量青黄不接，宁陵县高中再三挽留，吕宜园决定留下任县高中顾问，2001年11月，吕宜园病逝郑州，享年95岁。

【孙卫和】

孙卫和（1903—1994），学名民忠，河南省荥阳县（现荥阳市）须水镇马庄人,1903年10月7日生。1921年夏,孙卫和考入荥阳县立第一高级小学,此后,受新文化运动影响,有了革命志向。自1925年秋,到开封就学于河南省立第一师范学校起,便注意陶冶革命情操,除了阅读《向导》《新青年》及鲁迅的作品和孙中山、梁启超的文章外,暑假里,经好友刘达之介绍,又到河南省农民协会当录事,还曾到豫东各县帮助组织农会。孙卫和在初涉革命活动的过程中,养成了锻炼身体的好习惯,尤其爱好长跑,曾获5 000米长跑冠军,人送外号"五千米"。1931年孙卫和师范毕业,经党组织介绍到西安陕西省政府秘书长南汉宸(共产党员)处,安排到秘书处当办事员。1934年春,省政府派他陪地质学者翁文灏、考古学者徐炳昶在陕西各地考察水利。1936年冬回到河南。1938年春又返回陕西,经共产党员王幼兰、宣侠父介绍到安吴青训班学习,并参加了民先队。

在抗大学习期间,他各方面起模范带头作用。1938年12月12日,加入了中国共产党,并任学习班第一班班长。不久,学校奉命东迁敌后。行军途中,他担任班长的第一班被评为模范班,他本人也被选为十九救亡室主任,后担任第三区队长。1939年夏抗大毕业后,被选送到十八集团军总部参谋训练班。1941年秋天,一一五师滨海大检阅后,他参加师部组织的华中慰问团,对华中兄弟部队新四军进行慰问,并检查一一五师南下部队的工作。1942年回到滨海。秋天,部队精简,挑选河南干部回家乡开展游击战争,他被派往水东睢杞太北区。此时,水东正发生亘古未有的大旱灾,敌伪顽趁机加倍勒索抢劫民财,百姓流离失所,十室九空,饿殍遍野。共产党领导的水东人民抗日斗争,步入最为艰难困苦的阶段。1942年12月,孙卫和就任水东联防办事处副主任,他在地委领导下,采用灰色政权的斗争策略,与同志们共同努力,先后为巩固、开辟杞通、睢太、宁柘商、扶太西等边区小块根据地,建立抗日民主政权,组织群众开荒,开展大生产运动,做了大量工作。

抗战胜利后,孙卫和调回部队,先后担任冀鲁豫十二分区、六分区(即原睢杞太地区)参谋主任,兼地和发城工部副部长和联络处主任,豫皖苏情报处处长,河南省军区情报处处长等职,重点作军事联络工作。他利用各种关系,掌握敌军情报,为对敌军事斗争提供决策的基础,为豫东、豫皖的解放,为解放大军南下都做了贡献。1949 年他先后调任河南省公安厅二处处长,省交通厅副厅长,兼任省治淮指挥部供应部长、财务部长。在交通工作上,他为扭转路政混乱局面,组织军工商联营总站,成立省运输委员会,解决边区省际间的矛盾,做了大量工作。此后,他又历任河南省人委副秘书长,省建委副主任,鹤壁市市长,省人委办公厅处长,省政协副秘书长,省政协参事室副主任。

1986 年离职休养。多年来,他坚持锻炼身体,医好多种战争年月留下的宿疾,赢得了全国健康老人的光荣称号。他还伏案撰写革命回忆录和文史资料达几十万字。这些都充分说明了这位革命老人的旺盛斗志和崇高的节操。1994 年 12 月于郑州逝世,享年 91 岁。

【沙新】

沙新(1919—1988),原名薛景暄,1919 年 1 月 9 日生于开封。1933 年他升入开封一中时,又因家庭生活拮据被关在校门之外。这年沙新一家在汴京无法维持生计,只好投奔到豫东宁陵外祖母家。外祖母家四口人,有姨母和两个表妹,寡母弱女,度日本已艰难,加之时值饥岁荒年,又添人三口,生计更加难过。为了谋生,经多方奔走,沙新的父母终于到宁陵县第一小学,分别当了校役和女教师佣人,生活勉强能过下去。1933 年秋,宁陵县创办乡村简易师范(四年制),收费较少,沙新想去报名。父母为孩子渴求知识的精神所感动,东挪西凑,终于使他如愿以偿。他深知父母供读之不易,学习十分刻苦,不仅各科成绩优异,课外还阅读了不少经史子集各类书籍。当时进步教师吕宜园(1926 年加入共产党,1930 年与组织失去联系),对沙新常表同情和关怀,所以沙就十分亲近他。吕经常与之讲述革命道理,后来秘密向他推荐了《通俗政治经济学》和《辩证唯物论和历史唯物论》两书,使他在思想上发生了根本变化。他立志追求光明与真理,每与同学抨击当局,言论激烈,观点鲜明,很有说服力,深得进步师生的称赞。

1936 年深秋,随班去开封作毕业参观实习,适遇时在开封省立一中读书的原宁陵的好友郑惠远(宁陵郑店人),当时郑已加入了中华民族解放先锋队。沙随郑参观了一中的“读书会”和“到农村去”的宣传活动,深为其爱国热情和激进精神所感动,返回宁陵后,即与进步教师刘益农等共同发起组织“读书会”,以宣传共产党联合抗日的主张,推动救亡运动的开展,宁陵简师创办以来的万马齐喑的气氛,终于被学生的爱国运动所打破。1937 年,沙新在宁陵简易师范毕业。后全国抗日战争爆发后,平津许多流亡学生和救亡团体,沿陇海线西去,路经宁陵。他们宣传抗日,演话剧,教唱《在松花江上》《义勇军进行曲》等歌曲,震撼了偏僻的宁陵,也使沙新受到了很大的教育和鼓舞。1938 年 1 月,沙新回到开封,报名参加了由共产党人领导的全国青年会军人服务部战地服务团。3 月,该团向南出发时,领导人辛志超和关哲生指示沙新西去。他先到西安七贤庄八路军办事处,再转陕西淘邑看花宫,入陕北公学分校普通班三十五队学习,后又升入该校高级研究班第六队。1939 年 5 月,陕北公学总校与分校合并,大部分学员奔赴前方,沙新任留守处教育干事,7 月调往延安,参加中共中央组织部为培养地县(团)级干部而设立的组训班学习。学习党的建设、党的基本政策、公开斗争和秘密斗争及时事等课程,毛泽东亲临讲授《中国革命与中国共产党》。他为受到伟大领袖的谆谆教诲,而感到无限温暖和幸福,在学习上百倍努力,在大生产中更加积极。

1939 年 12 月,中央组训班结业,他一心想去白区,做最艰苦的基层工作。他认为不能老躺在马克思主义书本上革命,成为“说话的巨人,行动的矮子”,并将原名薛景暄改为沙新,以示其图新的决心。可是中共中央新成立出版发行部,需要一批党员干部,沙新服从了组织分配,去校对科工作。在那里虽然技术工作多一些,但却是一个很好的学习环境,他成了中共某些读物的第一个读者。特别是毛泽东《新民主主义论》出版时,人们那种紧张热烈的气氛,使他认识到校对每一个字所特有的重要政治意义和重大作用。沙新在工作中受到了严格锻炼,养成了一丝不苟的精神。1941 年冬,中共中央出版发行部改组为出版局,沙新因病暂调资料室搞研究工作,在出版局负责人尹达的鼓励指导下,研究鲁迅,读完了鲁迅的全部著作。

1942 年 2 月,出版局改组为新华书店,沙新仍因病未能正常工作,于是便去鲁迅艺术学院学习,进修文系和戏剧系理论课程。5 月毛泽东《在延安文艺座谈会上的讲话》这篇马克思主义的经典著作发表了，它像一盏明灯，照亮了无产阶级文艺为工农兵服务的道路。沙新以此作为自己的指导思想，开始艺术工作的实践。整风运动中，他是鲁艺戏剧部领导小组成员。1943 年初，开始审查干部，他参加戏剧音乐部领导小组，负责部分重点专案工作。1944 年冬，沙新调任干部教育科副科长兼图书馆馆长，被评为模范工作者。当时鲁艺广大师生员工正在参加轰轰烈烈的秧歌运动，他编写了《群众秧歌集》等。1946 年 6 月，张家口解放，因当时他身体不好，在市文联休养期间，还任秘书管理党务工作，并积极筹划解放后张家口的文艺宣传。10 月傅作义偷袭张家口，沙新随华北联大转移到冀中束鹿，任联大文学戏剧系支书和联大土改工作队长，参加两期土改。1947 年调联大宣教团任政治协理员兼书记，去石家庄做城市工作。1948 年在联大文学院参加整党，任总支书记，11 月，调联大文工团任政治协理员，进军北平。后沙新曾在国务院文化部党委任职，1956 年后，担任《人民戏剧》、《理论论丛》编委，参加国务院 12 年科学规划，任戏剧组组长。有幸受到毛泽东的亲切接见。

20 世纪 60 年代初，沙新任《中国话剧史纲》主编。他以毛泽东《在延安文艺座谈会上的讲话》精神为指导，夜以继日、坚持不懈地搜集和整理了数以万计的资料，并于 1961 年 10 月，组织北京、上海戏剧界著名工作者马琦、梁灏等人着手编写，半年时间就完成了初稿，共五编，10 万余言。以史为基础，论为剥去灵魂，史论结合，资料丰富，内容翔实，文字简练，是中国话剧史上一部珍贵的历史文献，受到田汉、欧阳予倩、阳翰生等人的赞许。可惜的是，正待修改出版时，史无前例的“动乱”开始了，有关书稿的文字资料及图片等，被劫掠一空。后查无下落，终未成书，实为中国话剧艺术事业上的一大损失。1964 年，沙新参加中国戏剧家代表团赴苏联访问。“文化大革命”中，沙新受到极“左”路线的严重迫害，以“三反分子”“文艺黑帮分子”等莫须有罪名，被关押、批斗、下放劳动改造，身心受到极大摧残。沙新在农场劳动改造三年后，于 1973 年复任中央戏剧学院党领导小组成员。学院改编为五七艺术大学后，任党委筹建组长。因病休养期间，曾任文化部《艺术教育战线》杂志副主编。粉碎“四人帮”后，沙新的冤案得到彻底平反。不久调任文化部艺教研究室主任。1981 年庆祝中国共产党成立 60 周年前夕，他撰写了《苏区时期的戏剧运动与戏剧艺术教育》，发表在《艺术教育》1981 年第 3 期上。他用生动的话剧史料和典型事例，评述了第二次国内革命战争时期话剧运动发展的状况，并指出它在推动无产阶级革命事业上所发挥的巨大作用，这是他晚年为抢救戏剧运动历史遗产的代表作。1988 年 12 月 27 日，沙新因病于北京逝世，享年 69 岁。

【宋大德】

宋大德（1925—1988），生于 1925 年，祖居宁陵县南宋庄，经他祖父迁居到宁陵县城南街，父亲宋汉良是教育界的知名人士，他的舅父庞宏声是党的地下工作者，于 1947 年被国民党逮捕入狱，后杀害于商丘县东门外，新中国成立后被追认为烈士。“九一·八”事变，日本发动侵略战争，全国群情激愤，一致要求抗日，反对蒋介石的不抵抗主义，就在这时一个宣传抗日救亡的组织服

务团来到宁陵，开展抗战救亡工作，主张抗日救国，对学生进行爱国主义教育，组织学生从事救亡工作，宋大德就和同学们一道投入这个运动中去，宋大德在同学中发起组织“读书会”，高举“反对日本帝国主义”的旗帜走向街头游行示威，散发传单，查禁日货，进行募捐等等。在这个宣传抗日的运动中，使同学们受到了很大教育和启发，唤起了他们的爱国热情。随后他也多次受到了舅父的教育和开导，思想上逐步认识到只有共产党才能救中国。后来又得到了陇海工委柳河敌工站，宁陵县城联络点赵忠仁同志的帮助和介绍，于 1943 年 7 月，李东成同志来县发展了宋大德。从此在党的领导下开展党的地下工作，也是宋大德同志背叛他的家庭走向革命道路的开始。根据陇海工委的指示，县城联络点的主要任务之一就是要把一切愿意抗日的阶级、阶层和各界人士团结在我党的统一战线的旗帜下联合抗日。宋大德同志就利用他的家庭出身和他父亲在宁陵的名气，和纵横各种上层关系的有利条件，专作上层和反动政府部门的工作。通过他的努力，掌握了一些敌情，了解了敌人的动向，他还为解放区购买了不少短缺物资，如药品、纸张等。联络点开展工作缺乏经费，几

次都是大德同志从家里拿钱解决的。大德同志在地下那段时间为人民做了大量工作。

1945 年 8 月 15 日，日本无条件投降，国民党反动派公然把抗战的胜利果实攫为已有，撕毁“双十协定”，大举向我解放区进攻。根据党的安排，1946 年 5 月宋大德、王巨夫和赵忠义调到解放区工作，8 月参加宁柘商支队。1947 年春宁柘商县撤销，建立宁陵县政府和县大队，同时抽调精干人员 30 人，由宋大德同志负责建立宁陵敌后武工队。武工队深入敌后，开展斗争，经常潜入县城和西关扰乱敌人，闹得敌人终日不得安生，取得了显著成绩。同年秋初武工队撤销，组成六区，大德同志任区长，马金山同志任区队长，活动于县城以南，以东的程楼、沟厢、观堂、郭村、勒马、华堡、楚庄一带，割电线，派散兵，捉国民党的催粮兵，骚扰县城是他们的家常便饭，他和马金山同志打仗机智勇敢、灵活多变、时而分散、时而集中、神出鬼没，使小股敌人闻风丧胆，全县人民说起宋大德和马包（马金山）无人不知，无人不晓，在人民心目中是位英雄。他的六区和区队，有时配合县大队和支队活动于睢杞太和柘商地区。1947 年秋，宋大德同志率六区队参加了有名的华堡战斗，商丘六绥区勾结地方封建势力红枪会暴乱，使我地方武装和基础组织遭受很大损失。为平息暴乱，我县大队率三区郭芳林部和六区宋大德部，在分区骑兵的配合下，一举将乌合之众全部击溃，共击毙敌人百余人，俘五百余人，经审查后除将十名首要分子处决外，其余全部教育释放。继华堡战斗之后，宋大德同志率部配合县大队于农历八月十二日又参加了史集战斗，以及 1948 年中秋节打敌新五军骑兵的战斗，宋大德同志率领武工队和六区队打小股敌人和敌乡公所，更不在话下。在他任武工队长期间，商丘西南部著名土匪头子马孝勤，活动于商丘县郭村、勒马、沟厢和柘城边境一带，对他们的工作带来很大困难。宋大德同志和三区区长郭芳林同志，奉命深入虎穴直接和土匪头子马孝勤谈判，提出条件：一是勒马、郭村、沟厢一带是我们的活动范围，匪部不得在这一带活动。二是要互不侵犯等等。经过艰苦的反复工作，匪部终于接受了我们的条件，使这一带有一个较长时间的稳定，而且在解放时，马孝勤也率部投城，被委任勒马区区队长。马虽经我党多次教育，但土匪本性难改，继续作恶，最后被处决。1947 年 2 月 8 日，刘邓大军南下，解放了宁陵县城。一分区独立团在王建一、程培兆同志率领下进驻了宁陵县城，宋大德同志被任命为城防办公室主任。他组织群众扒毁一部分城墙，开展济贫活动，在知识分子中进行了大量工作，并将缴获的大量军用物资运往解放区，这是宁陵第一次解放。

1947 年 4 月 4 日豫皖苏独立旅，继收复太康、通许之后，连夜奔袭宁陵。4 月 4 日拂晓战斗打响，下午三时结束战斗，宁陵县城第二次解放。1947 年 7 月 5 日豫皖苏军区骑兵营从黄岗奔袭宁陵，在八里屯消灭敌游动后分三路打入县城，守敌逃跑，在县城外东北角全部被歼，宁陵县城第三次解放。1947 年 8 月 11 日，刘邓大军向陇海路出击，一举解放宁陵县城这是第四次。大德同志为宁陵的四次解放做出了应有的贡献。

1948 年 11 月我军发起淮海战役，刘邓大军从中原地区向东挺进时，豫东各县之敌望风逃窜，县长索天桥率县大队和大德同志领导的六区武装进驻县城，从此宁陵全县人民得到了解放。解放后大德同志先后担任城关区区长、二区区长、县委秘书等职。1957 年受左倾路线的迫害，被划为右派分子。1979 年平反复职，不幸于 1988 年元月因病医治无效逝世。

【宋行伍】

宋行伍（1912—1948），原名宋安仁，1912 年 12 月 2 日生于河南杞县阳固乡西铁岗村一个较富庶的家庭。弟兄三人，他居长。自幼读私塾，聪明好学，稍长思想开阔，热爱祖国，同情劳苦群众。宋行伍在中共党员王乐超的影响下，参加革命活动，1935 年被推选为“老冤会”会长，与当地反动头子席明武等展开针锋相对的斗争。席明武绰号“席铁猫”，是杞北鼎鼎有名的土豪恶霸，上勾官府，下压黎民，为非作歹，无恶不作。杞县人民苦于兵灾重税可谓已达极点，觉悟到非结团体不可以谋自救。宋行伍为揭露席明武等的罪行，他冒着性命危险，披星戴月，日夜不停，走遍数十个村庄，串联发动群众纷纷参加“老冤会”，在他的带领下到县里告状，和席明武打起了官司。为了解决打官司的花费，他卖掉了自己的庄田数十亩。

“人心齐，泰山移。”大家群策群力彻底揭露了席明武等结党营私、狼狈为奸的罪恶行径，使其再也不敢肆意欺压乡里。1938 年夏初，杞县沦陷。宋行伍为保家自卫，组织率领地方民众抗日武装与日伪土匪周旋，曾一度攻破柿园、黑木两个日军碉堡，获不少战利品。1941 年 10 月，中共水东地委派王法洲、侯杰等到杞县城以北开展工作，时已成为共产党员的宋行伍积极协助，建立了杞北大队（又称二大队），不久，又建立中共杞北县委和两面性级政权杞北中心分会，他任二分会主席兼常备队（民兵）队长，在杞北杞（县）兰（封）公路以西，带领群众和民兵，阻挠、打击日伪，发挥了抗日民主政权的威力。1942 年 9 月，二分会常备队和中心分会其他武装，配合水东独立团，击溃国民党河南十二专署专员薛剑光部，取得了反顽斗争的胜利。同年 10 月，他赴冀鲁豫根据地抗大陆中学习，翌年初重返杞北，打入伪军内部和中共地下党员李尚思共同作策反工作。6 月，该部中共地下党员、伪军营长汪绍禹率部百余人起义。起义部队与二大队合编成水东独立团杞北独立营。1944 年 2 月，宋行伍调任睢太办事处一分会主任。同年 8 月，宋行伍调任太康县武装工作队指导员。

日本投降后，他和工作队长赵北新，率领 70 余名队员投入自卫战争。1947 年 4 月，为了加快剿灭国民党太康县残余武装，太康县和淮太西县建立联合剿匪指挥部，宋行伍任副书记。其间，曾多次率部队追剿敌人。一次，行军至杞北，路过本村却没有进家，母亲在场里见到了他，抓住他的手，眼含热泪，舍不得儿子离去。他对母亲说：“自古以来，忠孝很难两全，新中国成立后，我会回来看你老人家的！”

1947 年底，中共宁柘商工委和办事处成立，宋行伍任工委委员兼办事处主任。翌年 3 月，中共宁陵县委、县政府复建，不久，县长张拂承调离，宋行伍接任县长。9 月 18 日下午，县政府移驻黄岗东北角郭楼。19 日早饭后，国民党暂编二十四师骑兵一团两个营，分作两路突然向已吾城和黄岗集袭来。宁陵县大队沉着迎击奔已吾城之敌，打伤敌骑数名，俘获一批敌人。宋行伍和副书记索天桥根据敌情决定撤退，命令保卫队押着俘虏先走，宋行伍带通讯员等人在后掩护。行至黄岗集东南李君祟与敌人接火，伤敌一人，宋行伍也负了伤。他对大家说：“我们只有八人，要分八路冲出去，不能坐以待毙！”大家为了他的安全,没有一个动的。他再次命令“立即分散冲出去,能冲出几个是几个”。这时敌骑已围得很近,宋行伍抓上河堤,隐蔽在一座坟旁向敌人开枪,分散突围的同志听到枪声又跑回来和他一起战斗。打了一阵子,共毙敌20余人。子弹快打完了,敌人越围越近,20多个敌骑兵把宋行伍六人团团围住,高喊“抓活的”,宋行伍打到只剩下最后一颗子弹时说:“人总有一死,不如留着这粒子弹再消灭一个敌人。”于是他佯装交枪,敌人在接枪时,他猛扣扳机,可惜是一粒瞎火,宋行伍被俘。宋行伍被俘后,因负伤已不能走路,由两个通讯员扶架着走。敌人嫌慢,让三里赵的老百姓给他找一头驴骑。他不但不骑,反而痛加谴责敌人说:“老百姓很忙,正在耕种,抢老百姓的牲口,良心何忍!”敌人把他带到商丘城里,经多次审讯,都没有从他嘴里得到任何情报。商丘解决前夕,他被敌解往商丘县南门刑场杀害,时年36岁。

【赵忠仁】

赵忠仁(1921—2005),1921年出生于开封市,原籍河北省任丘县(现任丘市)莫州镇,早年丧母,随父外出谋生。8岁到宁陵入县立第一小学读书,毕业后考入宁陵县立简易乡村师范学校。在进步教师徐孜修的启迪下,开始阅读进步书刊和马列主义理论。他少怀大志,目睹国家与民众的学生苦难,有心救国救民,寻求革命的道路。1938年5月29日,宁陵沦陷,被日本侵略军占领,赵忠仁被迫辍学。占领宁陵后,日军采用野蛮的法西斯手段,杀人放火,掳掠奸淫,广大群众陷于水深火热之中,痛苦地挣扎在死亡线上。1939年7月,中共鲁西南地委为打击日本侵略者的嚣张气焰,拯救敌占区人民,组织和团结各阶层进步力量一致抗日,决定在商丘、民权、宁陵三县边界的柳河建立敌工站,并委派共产党员李东成为柳河敌工站站长。当年,李东成在宁陵先后发展了赵忠仁、陈延芳(陈瑛)、范友信、宋大德、王允志(王巨夫)、郑树永等六人为联络人。

1939年11月,李东成通过同学关系到县城找到了赵忠仁。赵忠仁毅然投身革命,成为敌工站的成员,并组建了县城联络点,任负责人。从此至1945年,赵忠仁在柳河敌工站的领导下积极开展工作。

其主要任务探取商丘侵华日军14骑兵旅团驻宁陵川崎部队,后为探取山下太田部队的情报工作。为了更准确地掌握日伪军的动向,经冀鲁豫五委批准,于1940年3月让赵忠仁打入宁陵县日伪警察所,利用公开身份,搞好情报工作。1941年6月,赵忠仁获悉商丘侵华日军十四骑兵旅团驻宁陵川崎部队出发到鲁西南“扫荡”时,星夜赶赴柳河向联络站汇报。川崎部队走到铁路北沿不远处,被冀鲁豫军区部队截住伏击,击毙了川崎,并打死打伤日军三四十人。

1943年10月,宁陵人徐孜修(县师进步教师)受党组织委托,在河北省完县神底邮局曾向赵忠仁函索伪宁陵县行政区划联保地图。赵忠仁接函后,就把地图分割成小块当信封使用,经商丘、开封邮局发往完县徐孜修处。事后,徐孜修向宁陵县各联保邮寄过一些根据地的报纸、传单等,赵忠仁在县城张贴。同时将根据地的报刊和其他宣传品寄给进步青年陈瑛阅读。1944年,柳河敌工站地下交通员杨世兴经化装把陈瑛输送到鲁西南根据地工作。1945年8月抗日战争取得最后胜利。为了工作需要,根据陇海工委指示,赵忠仁通过宁陵县田赋管理处处长郭可庵的关系打入伪专署保安第一团刘子固的内部。李东成将驻商日军十四旅团森下旅团长送给他的一些子弹交给赵忠仁,利用条件作掩护,经保安一团一营一连胡陶卿排长派人协助装车,赵忠仁护送到朱集(今商丘市)北门外,把子弹巧送到鲁西南解放区,有力支援了解放区的抗日斗争。1945—1949年,赵忠仁在商丘敌工站和陇海工委工作。1946年7月,经李东成、张清其二人介绍入党。这期间,赵忠仁同志在了解敌情、传递情报、争取进步力量、分化瓦解敌人,加强冀鲁豫与豫皖苏两大革命根据地的联系方面做了大量而卓有成效的工作。1946年7月,小坝车站(今商丘谢集)解放时,赵忠仁乘黑夜和冀鲁豫五分区十四团王排长取得联系,商量办法。次日拂晓,大雾弥漫,几十步以外视人不见,时乃天赐良机,赵忠仁成功策反国民党保安一团一营一连士兵17人投诚,把他们及好钢枪16支、手枪一支带到冀鲁豫五分区十四团的驻地。士兵经教育后,愿意留下干热烈欢迎,愿意回家的发给足够路费遣返回家。1947年6月底,刘邓大军从章丘镇渡过黄河;7月跨越陇海路,千里跃进大别山。赵忠仁奉开封工委指示,迅速掌握商丘东、西部陇海铁路沿线的桥梁、涵洞和国民党兵办部署，并趁机在敌人的内部做好策反工作。联络站把任务交给赵忠仁，他接受任务后，由小坝车站乘火车到砀山，由砀山骑自行车返回兰考，搞清沿途桥梁、涵洞和兵力部署情况绘图上报，为大军过境提供了可靠情报。

新中国成立后的三十多年间，赵忠仁曾历任宁陵县工商联主任、宁陵县合作商店会计、经理，宁陵县第一、三、五、六届人大代表、人大常委、河南省工商联合会主委等职。1958 年被错划为右派，1978 年平反。他在不同的工作岗位上，都以一名老党员的标准严格要求自己，时时处处以人民的利益为重，工作上尽职尽责、实事求是、辛苦耕耘，取得显著政绩，享有较高的社会威望。1984 年至 1993 年，赵忠仁连任三届县政协副主席。他经常深入基层调查研究，关心群众疾苦，倾听群众呼声，广泛搜集社情民意，及时化解矛盾，模范履行政治协商、民主监督、参政议政职能，为宁陵县经济发展和社会稳定做出了突出贡献，赢得了广大职工干部和人民群众的尊重。

1993 年，赵忠仁因年龄原因离开政协领导岗位后，仍全力支持县委、县政府、县政协的工作，提出了许多中肯的意见和建议，不遗余力置身于我县改革和现代化建设中，为宁陵的经济发展和社会稳定继续发挥余热。2005 年 10 月 1 日，赵忠仁因突发心脏病逝世，走完了他传奇辉煌的一生，享年 85 岁。

【索天桥】

索天桥(1915—)，原名英甫，化名苏甫，1915 年生于睢县河堤岭乡邢庄村的一个中农家庭里。11 岁开始在本村读私塾。1932 年考入省立商丘中学，1935 年升入省立淮阳师范学校。1936 年校长李风章对学生进行法西斯统治，激起全体师生的气愤，闹了打校长的学潮。校长未被赶走，下半年对学生统治的更加残酷，并用拉拢和收买的办法收买了一些人，专向他汇报同学们的情况。索因家庭经济困难，又对校方不满，经常发牢骚，说怪话，担心校方以“品行不端”为借口勒令他退学，期末考试结束后他即要求休学。休学后由于同学的帮助，在河堤中心小学教书。1937 年暑假，因对校长易人不满而被解聘，使他开始尝到了失业的苦头。后又由亲戚的帮助，在王堂村教了几个月的书。1938 年春复学，到校后，了解到校长易人和一些教职员也换了，使他在思想上减少不小压力。同时感到学校风气与过去截然不同，课堂宿舍经常畅谈抗日，唱救亡歌曲，读进步书刊不被禁止。在这种环境中，索天桥的政治觉悟不断提高，5 月初，由王建一介绍他加入了中国共产党。1938 年 6 月，徐州失守学校西迁，组织决定留索天桥在淮阳打游击，参加共产党领导的学生军。7 月由淮阳转到西华县，找到西华部队又由西华到睢县南平岗集。后因在平岗遭到敌人袭击，部队转移到杞南、太北一带，他被任命为连指导员。不久，因病去西华县城住院，出院后未回部队，分配到西华四区工作。1939 年夏，他到省委党校学习三个月，学了不少党的知识，弄懂了不少问题，进一步坚定了革命的信心和决心。可是，学习结业后，西华的革命形势向坏的方面转化，西华部队转到敌后，西华政权顽化，县长、区长、乡长等都换成了国民党的官员。共产党领导的，在西华县工作的大批干部分期分批都转移到豫皖苏边区。1940 年春，豫皖苏边区党委，把索天桥分配到宿西县工作任区委书记。是年底，区党委调他回睢杞太地区，还没有动身，睢杞太独立团因国民党的进攻，撤退到豫皖苏边区，组织令他随独立团到淮上。1941 年春，到宿南工委任宣传部长。这时大规模的反顽斗争开始了，因形势对我们不利，豫皖苏边区党政军全部转移到津浦路东。是年 7 月，索天桥被分配到淮北苏皖边区泗宿县任马厂区区委书记兼区长。1942 年以马厂、刘圩两区为基础，成立泗（洒县）灵（灵壁）睢（睢宁）县。这一年是敌人对我根据地扫荡最残酷的一年，马厂区首当其冲。因为马厂区到县城要经过几十里路的敌人封锁线，为了便于领导，区党委决定把马厂、刘圩两区又划归泗宿县领导，索天桥又被调回泗宿县工作。

新泗灵睢县开始是个隐蔽区，敌人的区乡政权还存在，因他们的敌工工作做得好，伪区乡人员不打他们，也不向日本报告。他们在下边发动群众，组织联庄会，反匪防匪，索天桥任联庄总会长。待各方条件都成熟了，1943 年夏，把敌人的区乡政权全部消灭，隐蔽区变成了公开政权，联庄总会变成了区政府，他任区长兼区委书记。接着又建立了泗灵区、濉北区等几个区，泗灵唯县成了名副其实的泗灵睢县，他任县委组织部长。是年底他到区党委参加半年的整风，结束后敌人的据点已全部撤退,泗宿县、泗灵、睢县广大地区连成一片,泗灵睢县形势进入空前好的时期。

1944 年,为了收复原来失去的豫皖苏边区,彭雪枫师长率师跨过津浦路西,8 月索天桥被分配到夏邑县任县委组织部长。1946 年 7 月,国民党大举向解放区进攻,根据当时形势上级决定夏邑与雪商亳县合并,设立三个工委,他任商丘两个区的工委书记,不几天便全部撤到睢杞太地区。1946 年 12 月,因他是睢县人,留在一地委分配到睢县任县委副书记,1947 年 10 月,调宁陵县任县委副书记。1948 年 9 月,宋行伍县长被俘,索天桥兼任县长,1949 年任县委书记。在艰苦游击的生活中,他身先士卒,率领干部战士顽强地和敌人战斗在宁陵城乡,为宁陵人民的解放事业做出贡献。1951 年又调任睢县县委书记。

1953 年转业到湖北省黄石市,先后任黄石华新水泥厂党委书记、市工业部长。1959 年赴京任二机部第二设计研究院党委副书记兼政治部主任。“文化大革命”中受迫害,蹲“牛棚”、挨批斗、下放劳动长达 6 年之久,11 年未分配工作。1979 年 12 月,被分配到中国科学院大气物理研究所任党委书记,1984 年离职休养。

【贾兼善】

贾兼善(1918—1942),字达夫,号达甫,河南省宁陵县乔楼乡小贾楼村人。贾兼善的家庭颇为富庶,但他在其父母的教育下,很小就参加劳动,知道节俭,对那些饱食终日、好逸恶劳的纨绔子弟十分厌恶,羞与为伍。他还同情劳苦大众,助人为乐。邻村一个佃户的儿子,常找他玩,他不断留其吃饭,并要父母周济一些钱粮衣物。贾兼善的不欺贫、助人为乐的思想品质,在当地群众中传为佳话,亲友乡邻没有不喜欢他的。

1931 年秋,贾兼善以优异成绩考入商丘河南省立二中。“九一八”事变爆发,国难当头,中华民族危亡之秋,爱国志士奔走呼号,抗日救亡的浪潮激荡着年轻一代的心灵。贾兼善在同学中便发起组织“读书会”,研讨时局,发表各自的见解;又创办校刊《洪钟》,撰写文章宣传抗日救亡的主张,揭露日本帝国主义侵略中国的暴行。贾兼善的爱国行动对提高同学们的觉悟、促使人人关心国事起了很大作用。

他还积极动员和带领同学上街游行、散发传单、张贴标语，到各店铺查禁日货。他的爱国行动受到共产党员教师恽子筹、邓涤尘等人的支持。在与他们的交往中，贾兼善对马克思主义有了初步的接触，思想觉悟逐步提高。

1934 年秋，贾兼善考入河南第二省立师范，此后他更关心时局的发展，同时也和进步书刊结下了不解之缘，他如饥似渴地阅读诸如《共产党宣言》《新青年》《向导》等书刊，使他眼界为之一新。在淮师他还结识了一些进步同学，如赵卓如、王建一、索天桥等，他们经常在一起聚会交谈，抨击黑暗时政，探讨改革社会良策。他曾说过“中国这种一家富有百家忧的状况必须改变”。他们赞扬“十月革命”，崇拜列宁，向往共产主义，认为共同劳动、共同享受是最理想的社会，对国民党政府的不抵抗政策表示极大的不满。

1935 年春，淮师学生在开封参加了河南高中以上学生集中军训，贾兼善和其他同学不断地对国民党反动教官的欺骗宣传进行斗争。教官们整日死乞白赖地宣传“攘外必先安内”“日中睦邻友好”的谬论，还大讲中国要学希特勒、墨索里尼、中国非蒋委员长不治等邪说，为他们的卖国独裁制造舆论。每当这时，贾兼善他们就鼓动同学们以吐痰、咳嗽、顿足、搓地等方式表示反对。同时，他们还在同学中议论国民党反动政府的不抵抗政策和其出卖东三省，以及“何梅协定”“冀东自治”“华北五省自治”等投降卖国行为，与其训话形成鲜明对比，使同学们对国民党的反动本质有了更深刻的认识。1935 年底，北平爆发了“一二·九”爱国运动，在游行示威中贾兼善和王建一等都是很活跃的积极分子。

1937 年春，淮师二年级学生到鸡公山参观。在那里他接触到流亡到鸡公山的东北中学的师生。东北师生颠沛流离的苦难生活和强烈的抗战情绪，深痛激愤的《流亡三部曲》的歌声，常常地震撼着他的心；百姓溺于水火，国家危在旦夕！“国家兴亡、匹夫有责”，如何救国救民？贾兼善忧心如焚。不久，他和王建一一起参加了中国共产党的外围组织“民族解放先锋队”，从此便开始了在党的领导下有组织的活动。同时更加自觉认真学习马列主义，阅读了许多革命书刊，使他进一步认识到，只有以马列主义为指导，走俄国的道路，才能使中国从半殖民地半封建社会的悲惨命运中解放出来；只有在中国共产党的领导下才能走上真正的抗日救国之道。1937 年底，贾兼善经曾志介绍加入了中国共产党。入党后的贾兼善更以百倍的热情投入到革命工作中去。他在中共淮阳地方组织负责人刘作孚领导下，和几个积极分子奔走四方，秘密串联发动，组织了几百名以淮师学生为主体的学生军。徐州会战失败，开封沦陷，贾兼善带领学生军及时搜集国民党溃兵丢弃的枪支弹药，绕道鲁台前往西华。到西华后，他被留在中共豫东特委组织部任秘书。

1938 年 9 月，贾兼善受特委派遣，去沈丘组建中共沈丘县委。沈丘地处河南东南部和安徽交界，比较偏僻。徐州、蚌埠、开封等地失守后，当地豪绅官吏纷纷逃亡，地方上一度陷入混乱。贾兼善到沈丘后以槐店第五小学教师的公开身份为掩护，组建了中共沈丘县委，他任县委书记，赵卓如任组织部长，丁兆一任宣传部长。贾兼善以小学教员和青年学生为主要对象，集中在县城和比较大的乡镇开展工作，建立恢复和发展党的组织。同时，他以颍滨中学为重点，推动全县中小学教师加强对学生的政治思想教育，改变学生死读书读死书的状况，激发其抗日斗志，提高思想觉悟。他顶着反动势力的压力，更易原有的课程，在中学增加《中国近代史》、《通俗社会科学讲座》等；在小学讲中国人不打中国人，停止内战团结一致，共同抗日，打倒日本侵略者。他们大唱抗日救亡歌曲，组织文工团、话剧团，自编自演一些短小精悍、生动活泼的抗日独幕剧、街头剧等节目，深入群众宣传抗日救亡。在农村成立抗日救国会、抗日后援会、抗敌军人家属联合会等，还秘密建立“民族解放先锋队”“青年读书会”“青年联络会”等组织，把抗日救亡运动推向高潮。

1939 年新黄河之阻隔，由于日寇未到沈丘，国民党官吏和豪绅便相继返回。同时调来大军进驻豫东南和皖西北一带，继续其反动统治，限制共产党的活动，加强摩擦。中共沈丘县委根据形势的变化，制定了“面向工农、控制在上层发展”的组织路线，工作重点逐渐从城镇转向农村，转向劳动群众。同时，根据国民党政府人员及地方士绅等对抗战和对共产党的不同态度而分别采取团结、争取中立和孤立的政策，博得了各阶层人士和广大群众的同情和拥护。

贾兼善知识渊博,对问题分析能力强,有精辟独到的见解,加之流利的口才和说服力很强的讲演,很快赢得了青年们的尊敬和信赖,在他的周围团结了不少骨干分子。在郭村,他与共产党员郭庆华一起建立秘密联络站,为边区输送短缺物资,传递信息;他还秘密组织各阶层爱国人士成立抗日救国会,宣传党的抗日主张,建立发展党的组织,并动员父亲联系上层亲友进城对日伪新民会长张忠干等人进行策反工作。1940 年 5 月贾兼善奉豫皖苏区党委的支持到永城县任县委副书记。7 月为使豫皖苏、睢杞太两根据地连接起来,决定开辟宁陵、柘城、商丘三县结合部,派贾兼善深入该区任宁柘商中心县委书记。为了壮大抗日队伍,他秘密组织抗日游击队,出入于宁陵县张弓至商丘县毛堌堆敌人力量薄弱的地区,在这血雨腥风的土地上燃起了抗日救亡的烽火。

正当革命向前发展,开展新的抗日根据地时候意外的事情突然发生了。1942 年 4 月 23 日黎明时分,由于叛徒经其昌的出卖,日本宪兵队和伪警察分乘三辆汽车,由商丘向贾兼善所在的小路庄扑来,把小路庄学校的教师集中到一个屋里,严加审查,贾兼善机警地把 60 多名同志的名单吞入腹中,被敌发觉,当场被捕,同时被捕的还有郭庆华及其父亲郭余一、贾兼善的堂兄贾洁善、郭村学校校长刘信琛和教师王伟亭。贾兼善被捕后关押在朱集(今商丘市)车站道南日本宪兵兵队监狱。监狱成 L 型,十六七个牢房并排,前墙有碗口粗的木桩竖排着,木桩前是走廊,有看守流动监视。发了疯的日本侵略者为了从他口里得到共产党地下组织人员名单,对他进行了一连串的突击审讯,严刑逼供。把他装入麻袋往水泥地上摔,灌辣椒水,让狼狗咬,坐电椅,用烙铁烧,无所不用其极,但每次得到只是痛骂和控诉,而没有泄露一句党的秘密。

在牢狱中,贾兼善深知为党工作的时间不会太长了,因此利用一切机会,给难友们讲抗日救亡的道理、讲革命斗争的故事,朗诵文天祥的《正气歌》,有时作诗给大家听,使难友们倍受教育和鼓舞。1942 年秋,贾兼善押被解到济南日本宪兵总部,不久即被其秘密杀害,时年 24 岁。

【王建一】

王建一(1915—),原名王礼贤,1915 年 6 月 6 日出生在河南省宁陵县阳驿乡平洛村一个农民家庭。8 岁读私塾,13 岁上小学,1935 年秋由商丘河南省立二中插班考入淮阳师范学校。在中共地下组织和进步书刊的影响下,他追求真理. 积极参加进步活动。1937 年春,王建一在淮阳师范读书时参加了党的外围组织——民族解放先锋队,分管组织工作。同年秋被校方以“煽动赤化,诽谤国府”为由开除学籍。王建一离校后为生活所迫,去商丘县芒种桥、马牧集教书。后来,由于淮阳师范原反动校长被迫调出加之在进步同学贾兼善、索天桥的积极活动下,淮阳师范为其恢复了学籍。

淮师中共组织于 1938 年 4 月吸收王建一加入中国共产党。5 月 31 日,中共豫东特委委员刘作孚、淮阳地下党组织负责人张文彬在淮阳召开各中学进步师生会议,成立了由 70 余人组成的淮阳抗日学生军,王建一毅然报名入伍。6 月,他受组织派遣,到新四军先遣大队任一连政治指导员。1939 年 1 月调任新四军六支队驻安徽省亳县办事处政治指导员,同年 4 月任六支队政治部民运科干事,8 月任六支队三团三营七连政治指导员。1940 年 1 月,党组织为了巩固和发展睢杞太抗日游击根据地,沟通其与豫皖苏根据地中心区的联系,派他回家乡做地下工作。他回到宁陵后,以卖板片为掩护,建立通讯联系网络,广交朋友,开展抗日统一战线工作,石桥、逻岗和柳河等地的抗日活动日益活跃。

1941 年 7 月,王建一调任新四军独立团二营教导员。1942 年 8 月任杞县大队教导员。1943 年 1 月任中共杞县县委委员、杞县大队政委。1944 年 8 月任中共芝圃县委书记兼县长、大队政委。1945 年 9 月任中共冀鲁豫十二地委委员、地委组织部副部长。

1946 年 6 月,国民党发动了全面内战。在水东解放区取得第二次反“围剿”斗争胜利后,中共冀鲁豫六地委决定恢复被国民党军抢占去的宁陵、柘城、商丘三县边区,由睢县县大队一部和分区一个侦察小分队组成了共计 74 人的宁柘商支队,任命王建一为政委,孙其昌为支队长。8 月 1 日,支队由华中八分区雪商亳县的马头寺出发,向宁柘商地区推进，接连取得商丘县勒马集、宁陵张弓镇的战斗胜利，于宁陵县西魏村建立了中共宁陵县委和宁陵县民主政府，王建一任县委书记兼县长。同年9月，宁陵县委、县政府撤销。宁柘商县委、县民主政府建立，王建一改任宁柘商县委书记兼县长。有了县委、县民主政府，支队在黄岗、张弓一带更加便于发动群众，开展武装斗争，宁柘商一带的基层民主政权日益巩固完善。

这时，宁陵县国民党县长刘聚东纠集全县反动武装500多人，袭扰张弓北废黄河北岸七八个村庄，妄想以优势兵力将支队消灭或赶出宁柘商地区。王建一和孙其昌制定了“重点突破，背出奇兵，溃其全线’”的作战方案。取得了战斗的胜利，此次战斗共俘敌数10人，毙敌4人，支队无一伤亡。战斗结束后，转移到黄岗附近的张八卦村休整，对俘虏讲明政策，愿留者留，不愿留者发给款物，放其回家，此举扩大了支队的政治影响。

1946年11月13日，王建一、孙其昌率支队进驻柘城代口时，和到乡下催粮收柴的国民党国防部保安第三纵队独立团一营三连在双庙遭遇，他和孙其昌先发制人，令支队向迎面来的敌人发起猛攻，20分钟即结束战斗，毙伤敌人20多名，俘敌50多名，缴获轻机枪4挺，小炮1门，长短枪甚多，不幸的是支队长孙其昌在战斗中英勇牺牲。此后，支队在历次战斗中多次报捷，曾受到豫皖苏军区的表扬。王建一在军区召开的一次军事会议上介绍了开展小部队活动的经验，与会人员对宁柘商支队在敌强我弱的情况下，机动灵活，分散活动，出敌不意，攻敌不备，频频出击，以少胜多的做法，均予以肯定。

1947年1月豫皖苏边战役打响后，宁柘商支队奉命返回豫皖苏一分区（冀鲁豫六分区改称）。1月29日，宁柘商支队与起义的原国民党第三纵队独立团一营在睢县白楼合编为豫皖苏一分区独立团，王建一任政委，程培兆任团长。宁柘商县委和政府随之撤销。同年7月，王建一任豫皖苏一地委委员、豫皖苏一分区政治部副主任。1948年11月6日商丘解放，王建一以商丘市市长的名义发布安民告示。12月，任豫皖苏一分区政治部主任。新中国成立以后，王建一历任中央军委总干部部海军任免处副处长、处长，原总政治部海军任免处处长，海军政治部干部部部长，东海舰队福建基地政委、基地党委副书记等职，为海军的现代化建设作出贡献。1981 年 5 月，离职休养。

【谷玉杰】

谷玉杰（1928—1949），原名晋万顺，1928 年生于河南省鄢陵县马坊乡晋门村，父亲晋西铭、二叔晋西范、三叔晋西耿均为党的地下工作者。1945 年春，考入豫东抗日中学即参加了革命。1946 年 6 月，解放战争开始，睢杞太解放区在取得第二次反“围剿”胜利后，地委决定改掉被国民党军抢占去的宁柘商，组建宁柘商支队，谷玉杰任侦察参谋。8 月 1 日随支队从商丘以东的马头寺出发，向宁柘商地区挺进，首先打垮了张岚峰部驻当地的武装，在宁陵以南站稳了脚跟。

1947 年春，谷玉杰调任豫皖苏一分区独立一团侦察排长，随全团一起巩固、发展柘城、宁陵、睢县之解放区。当时，宁陵县华堡乡白庄村有一个叫李宣德的是原国民党韩复榘部退役旅长，不顾独立团政委王建一的劝告，执意与国民党六绥区勾结，当了豫东剿共总司令，招兵买马，拉起了一支地方反动武装，横行乡里，极尽搜刮民财之能事。广大农民怨声载道，恨之入骨。独立团决心予以消灭。同年 7 月 4 日，谷玉杰带领侦察排侦察李宣德住在徐大庄大地主徐风天的大院。该庄在宁拓公路东侧，距宁陵县城八华里，周围河道环绕，四条大路相通。徐风天的大院就在这个村庄中间，院深墙高，还筑有岗楼，防守森严。子夜时分，独立团一部兵分两路，一路堵住村北，一路由村西摸进庄内。其中谷玉杰带领着 10 几个侦察员，走到徐风天家大院的胡同口，敌人的两个哨兵发现了，一个侦察员一边回答，一边疾步向前，一刺刀捅倒一个哨兵，另一个哨兵拔腿就跑，一头闯进了大门，可是未等大门关好，后边的侦察员都已赶到了，逮住他，用毛巾塞住了嘴。接着冲进堂屋，屋里的敌人吓得胆战心惊，呆若木鸡。李宣德佯作起身，就势要掏手枪，被一战士借助手电灯光发现，当场将其击毙。其他房间的敌人听到枪响，立即爬起穿衣摸枪慌忙向外冲，但各屋门口早已被堵住，霎时手榴弹声、枪声响成一片，敌人死伤狼藉，侥幸逃窜的，在村北又受到堵击，敌人前后受到夹击，个个吓得魂魄出窍，只好乖乖举手投降。

同年 8 月，刘邓大军跨过陇海线跃进大别山，后面有几十个旅的敌兵追赶。为了弄清进入宁陵县境的敌情，谷玉杰率领一支精干的小分队，出没在宁陵县张弓镇外一片高粱地里。一天午后，小分队发现一股敌人，谷玉杰仔细地观察敌人的装备，并默数着人数，最后一个军官尾随队后，和前面的敌人拉了一段较长的距离。谷玉杰示意身旁的战士，他们一跃而起乘其不备活捉了这个军官。经过审问，此人乃是个中校工兵营长，并初步供出一些情报。为了证实家其真伪，谷玉杰决定化装成敌人士兵，只身闯入张弓。夜幕降临，他靠近了紧闭的寨门，哨兵在微弱的灯光下游动着，谷玉杰瞅准空隙，冒充换岗的进了寨门。他正机警地四处侦察，突然发觉敌人向他包围过来，在这千钧一发之际，他猛扑上去，用刺刀刺倒两个敌兵，由于用力过猛，刺刀未能拔出，其他敌兵乱作一团，鸣枪报警，谷玉杰敏捷地翻墙出寨了。在首长表扬他时，他诙谐地说："这回买卖有赚有赔，赚的是杀死两个敌人，却赔了一把心爱的刺刀。"

当年初冬，该团在攻打宁陵郭店保安团时，谷玉杰的任务是监视商丘之敌。他带领侦察排于夜里截断商宁电话线，发现从郭店方向跑来两个人，他们边跑边撕扔着一个什么本子，鬼鬼祟祟，异常可疑。谷玉杰随将二人抓获，派人将其押送团部，同时拾起碎纸片拼对，发现多是解放军军事情报，还有敌三十六师谍报证的字样，这就证明了二人的身份。可是二人被押送到团部后，谎称是我军释放的俘虏，并出示释放证和边币、粮票，团部正晓以大义，准备放走。谷玉杰赶到，将捡到的碎纸片交上，才真相大白。原来二人是敌谍报兵，来此刺探军情，发现这里戒备森严，正欲毁证逃窜，不料却当即被俘。在罪证面前，二人不得不低头认罪，又供出大量敌军情报。

稍后的一天，一支"敌军"分队出现在观堂以西的宁商公路上，走在前面的是一个佩着少校军衔的青年军官，这就是正在执行任务的侦察排长谷玉杰。突然东面不远处传来汽车的马达声，战士们不约而同地立即做好作战准备。当两辆汽车驶近时，一战士急忙挥手，汽车戛然停下，司机探出头来问："长官有什么事吗？"战士指指谷玉杰说："我们的营长要去宁陵城，搭一下你们的车。"坐在驾驶室里的一敌兵下得车来，打量了一下谷玉杰，挥挥手指着后车厢说："好吧，上车吧！""混蛋！"战士狠狠地给了他一耳光，"瞎眼了！让我们的长官坐后车厢吗?”敌兵一看这派头,自己乖乖地上了后车厢。谷玉杰一挥手,战士迅速地跳上两辆车,汽车开动后,你一言我一语的与敌兵攀谈起来。原来这是送军衣的军车,而负责押运的仅一个班。谷玉杰立即决定连人带车一起抓。汽车驶进我另一部的埋伏圈,司机惊慌地来个急刹车,车上的侦察战士的枪口一齐对准了车上的敌兵,而埋伏在公路两旁的战士迅速向这里包围过来,敌人没弄清怎么回事,就当了俘虏。两辆满载军衣的汽车,在荡起的满天飞尘里高速地驶向解放区。

侦察排胜利回到团部驻地的当天,适逢睢县周堂古会,谷玉杰又接受命令带全排乘胜出击,端了国民党周堂镇公所的老窝。除镇长一人漏网外,余敌全被消灭,俘获甚众。当地群众奔走相告,拍手称快,即兴编出顺口溜唱道:“砸了镇公所,拆了老虎窝,解了俺的心头恨,今后才得过。”1948 年初春的一天,独立团奉命到亳县商丘之间,负责掩护接送由上海运来的中州票印版。时至深夜,一小股敌人从商丘方向蠕动而来,团首长当即命令侦察排迎头突袭。谷玉杰率领全排战士一鼓作气,全歼敌人,出色地完成了任务。1949 年 3 月,已是侦察连长的谷玉杰编入中国人民解放军十八军五十四师一六〇团,随军渡江南下。8 月 3 日,在江西省永新县洋田以西的战斗中,不幸光荣牺牲。延安新华社随之连续播放了这位年仅 21 岁的“独胆英雄”的事迹。

【马金三】

马金三(1918—1991),绰号马包,宁陵县华堡镇东区(原楚庄乡马庄村)人,生于 1918 年 1 月,1991 年 3 月去世。1946 年参加革命工作,二十几岁投身革命的他,一生中经受过无数次大风大浪考验,是张弓镇乃至宁陵县颇有名气的革命传奇人物。他参加过新四军冀鲁豫军区水东独立团宁柘商支队并参加了淮海战役;他曾任宁陵县二区武装区队长,是我党敌后游击战的优秀指挥员;他曾使敌人闻风丧胆、望而生畏过,也使敌人恨之入骨、悬赏金捉拿过。这个当年曾一度叱咤风云的革命战士,在艰苦的解放战争中,曾带领我区武工队,活动在黄岗、张弓、华堡和县城周围;他机智勇敢,胆略过人,表现了革命者的大无畏精神;他横马立刀,威震敌群,驰骋在硝烟弥漫的战场上。关于他的故事有很多,今天讲述的是他在打游击战时发生的事。

(1)智斗匪霸。1947 年底,王飞霄任宁柘商工委会委员兼支队长,支队转战柘商宁睢的广大地区剿匪,与国民党土顽势力做艰苦卓绝的斗争,支队以游击战为主,配合主力部队,为刘邓大军顺利通过陇海线做出了积极贡献。在武工队同县南防剿主任兼张弓镇长丁心朝的游击斗争中,丁心朝不止一次地号叫着要撕他的“马包片子”,马金三也发誓要砸烂他的“钉头子”。然而武工队是人民的军队,有党的正确领导,有人民的强大支持,结果还是消灭了丁心朝的自卫总队。1948 年宁陵解放后,丁心朝畏罪潜逃,后在扶沟县落网,1952 年春在宁陵县被处决,结束了其罪恶的一生。宁陵县程楼黄庄村当时有一恶霸地主黄海楼,鱼肉百姓,无恶不作。穷人吃他一个烧饼,他就要求还麦子 100 斤。为了打击这个恶霸,马金三和宋大德同志深入虎穴,了解敌情。那天,他二人乔装打扮,一人挑了个担子,两头各放了一箩筐青菜,在黄庄村小巷叫卖。马金三又高又胖,说话声音很大,被敌人识破。地主黄海楼带人将二人四面围住。马金三从青菜筐里掏出两把手枪“砰砰”两枪打死两个土匪,二人分路突围。

(2)瓦屋刘遇险。1947 年的冬天,国民党反动派为了扼制我游击队的活动,进一步围剿和压缩我县南的游击根据地,民权县北一带的反动地方武装张胜太部队,将其魔爪伸到了宁陵县南的瓦屋刘集。敌人在瓦屋刘集周围筑了寨墙,明有大兵驻守,暗有便衣特务,东、北、西三门布有重兵,唯有南门设集逢会,表面上松松散散,实际上张开了大网,妄图把游击队一网打尽。敌人的这一布防,给区武工队的游击活动造成了影响,也割断了县城和县北的情报信息。为了打破这一不利局面,消灭这伙敌人,区武工队决定迅速探明瓦屋刘的敌情。武工队长马金三带着班长薛自升,分析了侦察中可能遇到的困难,安排了接应方案。腊八清晨,风虽不大,天却极冷,人行道上的积雪和泥沙混在一起,在人们脚下发出咯咯吱吱的声响。武工队长马金三、班长薛自升一行二人,化装成赶集老乡,身穿粗布大袄,腰插上膛手枪,从张弓一带的根据地出发了。瓦屋刘逢会时非常热闹,马金三两人到村里转了一圈,大约看了敌人的布防情况。正当马金三准备走进粮行时，却被敌人的四个便衣特务尾随盯上了。班长薛自升相距不远，把这一新的突然变化看得一清二楚。马金三刚刚走进粮行，立足未稳，四支手枪已经顶住了他的太阳穴。薛自升见事危急，暗中立即掏枪向敌人开火，谁料手枪瞎火。屋里的敌人正在枪对马金三，并没有注意到屋外的动向，薛自升暗自感到好险。只见四个敌人突然喝问马金三："什么人"？一向作战勇敢、胆大心细的马金三，此时此刻更加镇定地说："别来这一套，瞎了你们的眼！"敌人连忙斥问："你是干什么的？""老子是六绥区的！"（六绥区是商丘最大特务机关）马金三机智地应声答着，急想着临时的对策。敌人又问："你腰里带的啥？"马金三揣摩着越和敌人磨蹭，就会越危险，于是在敌人的话音刚落时，一边怒色说道："少废话！"一边顺手从大袄里摸出手枪，趁机一扣扳机，"砰"的一声枪响，打在了粮行的屋梁上。马金三一个箭步跨出粮行的后门，然后一个快速返身，顺手朝粮行后门就是几枪，用火力封锁了粮行后门，翻墙而去。这时，班长薛自升用枪封锁了粮行前门，及时接应了马金三的撤退。出了粮行，人群大乱，马金三、薛自升便借势消失在惊乱的人群之中。寨内的敌人听到枪声，立即出兵尾追，喊着叫着："抓共军！抓马包！"混在人群中的马金三、薛自升一边往外挤，一边高喊着："快跑啊，中央军抓壮丁啦！"人群越挤越乱，一齐往外挤。恰在这时，区长宋大德带兵前来接应，朝着瓦屋刘方向一阵猛射，追赶的敌人知道游击队来人接应，不敢穷追，马、薛二人安全回到了驻地。

（3）曹西庵装哑巴。济南战役前夕，国民党军吴化文的第84师在张弓一带，抓壮丁，抢掠百姓财物。有一天，国民党部队与游击队在张弓曹西庵村碰面。为避免大的伤亡，马金三将两个班的主力隐藏在百姓家中，自己则蓬头垢面手拿剃头刀装哑巴混过敌人的盘查。

（4）单身虎穴侦察。1948年冬天，淮海战役打响。之前，宁陵县城已经历了四次解放。由于战略需要，淮海战役打响之后，战役形势逐步向着我方胜利之势转变，如果蒋匪几十万人马在豫东地区被击垮，整个江北都将获得解放，宁陵县人民也将会被彻底解放。当时，张弓还在国民党顽匪盘踞下。为了配合我野战部队在解放宁陵县城后解放张弓，更为了向淮海前线运送支前物资，宁柘商支队决定派人到张弓侦察，摸清该集敌人的防守情况，以寻找支前的道路。马金三闻听此事，主动请缨。经过慎重研究，考虑到马金三人熟、路熟，就批准了他的请求。马金三身穿长衫、头顶礼帽，化装成商人模样，腰藏一把手枪来到敌占区。通过联络地下党负责人，他了解到该集敌兵的布防情况。他听说有些敌伪人员常去西街一家酒馆喝酒，正好老马与这家店的老板很熟，他决定与店老板攀谈攀谈，以彻底摸清敌人的活动情况。他走进酒店后，一位小伙计迎了上来，问他要什么酒、点什么菜。要在以往，爱喝酒的老马准会喝个尽兴，可他知道今日自己重任在身，就吩咐小伙计先倒一杯开水暖暖身子。小伙计转身去倒开水，马金三向脸盆走去，准备洗洗手和脸。当他去拿盆架上的毛巾时后脑勺被两支短枪顶上了，背后的人大喝一声："马包，别动，你好大胆，竟敢闯虎穴，今天你死到临头了！"马金三听到这声喊，心想坏了，今天我遇到敌伪人员了。马金三想掏枪已经来不及了，可他又不想这样束手就擒。他低头看到满脸盆凉水，急中生智，突然端起脸盆迅速向敌伪人员泼去。十冬腊月，一盆凉水泼在两个小子身上，弄得这两人浑身打战，哇哇乱叫。马金三顺势夺门而出。可他一探头，门外站着几个端着枪的敌兵，他又折回身子，向酒店后院奔去。到了后院，他想从小门出去可小门上了锁，为了摆脱险境，运足了力气面对八尺高的墙头，猛地跃了过去，马金三跳到墙外，掏出短枪，择小路离开了张弓集。马金三同志出生入死，身经百战，不知道打过多少大小战斗，不知道打死过多少敌人，也不知道摆脱过多少次危险，但他经受住了革命岁月的艰苦考验，在党的领导下，武工队取得了一个又一个的战斗胜利，他为宁陵的解放事业，做出了重大贡献。

十一届三中全会后，马金三被平反。了解老马的人，都知道他文化程度不高，说话嗓门大，但心眼很好，爱打抱不平、群众威信较高，于是就被任命宁陵县第三中学名誉校长，在任职十多年里为该校的校纪校风、治安管理做出了突出贡献。马金三同志，重感情，有血性，他长期居住在张弓镇烈士陵园内，自愿看护陵园，植花种草，为已故战友擦拭墓碑。每逢清明节等重大节日，他还给学生讲革命故事，亲自为烈士烧纸钱，以告慰长眠在张弓镇的30多位解放战争时期牺牲的先烈，直到他1991年去世。

第十二章
宁陵县时代先锋(部分先进人物)

一、生命赞歌——追忆舍己救人英雄王长林

六月的豫东大地一片繁忙,大家正在抢收抢种。也是在这样的麦收季节,一位共产党员为救人献出了年轻的生命,他就是原宁陵县楚庄人民公社付集大队(今属华堡镇)生产队长王长林。

王长林1951年出生,那是新中国刚刚成立的第三个年头,人们常常为了吃饭而发愁。穷人的孩子早当家,艰苦的生活锤炼了他坚强的意志,他在家听话,早早就帮父母干活,在学校学习勤奋刻苦。因为有知识又热心,他下学后,担任村生产队长。他有思路有想法,为了改变付集村的贫困面貌,就从外地购来梨树和苹果树苗,栽在坑塘和盐碱荒地上。1973年冬,他应征入伍,在郑州某部队当兵,在部队期间表现优秀,多次立功,并光荣地加入了中国共产党。三年后复员回乡,不久又继任生产队长,带领全村群众搞生产,夺丰收。

1983年5月28日早上,王长林帮村民付崇海收麦从地里刚回到家,正要吃饭时,突然,村里传来“快来救人啊! 快来救人啊!”的呼救声。听到喊声,王长林放下饭菜,拔腿就往出事地点跑去。原来是本村青年孟祥堂到闲置的沼气池内去拿饼肥,因沼气池封闭时间过长,饼肥发生霉变、沼气池内严重缺氧,使孟祥堂甲烷中毒而窒息在沼气池内。

王长林赶到后,只见很多人在院里束手无策,急得团团转。站在沼气池边,能清楚地看到孟祥堂已经侧身趴在饼肥上一动不动。见祥堂遇险,王长林二话没说,找到一条绳子,将绳子的一头交给身旁的几名群众,自己抓住另一头就要下池。闻讯赶来的家人叮嘱道:

“长林，千万小心，不行就赶快上来。”长林对家人和周围的群众说：“放心吧，就是再危险，我也要想法把他救出来！”没等人再说什么，他早已跳进一丈多深的沼气池内。只见他先一手托住祥堂的头喊了两声：“祥堂、祥堂！”接着看到他吃力地用另一只手去抱祥堂的身子，准备往上托。池口上，人们都捏着一把汗。揪心的朝池内观望着，突然听到王长林无力地喊了一声“不行！”手一松，身子一歪，也趴在祥堂的身边不动了。大家急忙往上拉，但拉出来的却是一条空绳。无论怎么叫，再也听不到下边的回音了。大家赶忙砸开池口，把长林、祥堂救了上来。但他俩都已经停止了呼吸。为抢救别人，王长林献出了自己年轻而宝贵的生命。

王长林舍命救人的事发生后，十里八村的干部群众不约而同地从四面八方赶来，一个个泣不成声，人们站立在烈日下久久地不肯离去，表达着对为救人而英勇献身青年无限的哀思。

王长林牺牲后，他当兵部队的首长、战友、县委、县政府领导、县组织、妇联、民政等部门和公社的领导等都来村看望他的家人，为他们送去了慰问金，并帮助家里解决实际困难。

为了表彰王长林的高尚品质，中共宁陵县委、县人民政府、县人武部发出通知，号召全县共产党员、共青团员、广大民兵、工人、农民，向舍己救人的好党员、好民兵王长林学习。1984 年，王长林被河南省人民政府追认为革命烈士。

王长林的弟弟王长河说：哥哥能做出这样的事不是偶然，他平时就是一个热心人。记得有一次，村饲养室不慎失火，浓烟滚滚。王长林第一个爬上屋顶，带领群众扑灭了大火，保住了集体的 9 间房屋和 10 余头牲畜。

还有一次，是一年的冬天，付集村里的几个小孩在村中的坑塘里滑冰，一个十多岁名叫东印的小孩，高兴地在冰上又蹦又跳，一不小心冰面开裂掉进了水里，其他孩子见状大喊，“快来救人啊！有人掉到冰窟窿里了！”正在家中剥玉米的王长林听到呼救声飞快地跑向坑边，顾不上脱衣服就跳入坑塘中救人，因抢救及时，穿着棉衣的小东印还没完全沉入水中，否则后果不堪设想。小东印的父母逢人就说：是长林给俺儿第二次生命，他是俺东印的救命恩人！

付集村的五保户付国永更是感激，王长林像儿子一样经常去帮忙，不论是打水、磨面，还是拉粪、收割，只要是出力气的活都是长林帮着干。付国永两口身体不好，他常说："不是长林，我们俩可能早就不在了！"

只见雨后的大地，一片青翠，生机盎然；一阵微风吹来，初夏的禾苗在风中沙沙作响，仿佛在奏唱着一首英雄生命的赞歌，召唤着我们沿着烈士的足迹一直向前……

二、舍己救人青年英雄——张环礼

张环礼，宁陵县阳驿乡西张坡楼村人，中共党员，退伍军人，生前曾任北海舰队航空兵某通讯站班长、调度员，西张坡楼村民兵连长，宁陵县抽纱厂炊事员、统计员、业务推销员等职。1993 年 3 月 26 日，因救落水司机和车主英勇牺牲，年仅 33 岁。

（一）助人为乐，甘于吃苦

张环礼在学生时代，就是一个品学兼优的好学生。他上小学时，就经常给村里的孤寡老人打水扫地，用爷爷给他过生日的 5 角钱买了 10 本作业本送给一年级的小同学，把一位突发疾病栽倒在地的老大爷搀扶进村卫生室。初中一年级时，他带病跳进本村水塘救出 6 岁的小女孩儿张花。高中二年级时，他发现个别同学随意往泔水桶里扔饭菜，就建议班主任召开珍惜粮食主题班会，号召同学们节约粮食。整个读书期间，张环礼勤奋学习，并始终以雷锋为榜样，走到哪里就把好事做到哪里。他曾被学校评为学雷锋积极分子、劳动模范。

（二）应征入伍，做优秀士兵

1980 年，张环礼入伍后被分配到炊事班烧火，他没有一点怨气，除完成本职工作外，还经常帮炊事班淘米洗菜，两年后他被提拔为班长；他担任青岛市大学路小学校外辅导员，被部队和地方评为精神文明标兵，1985 年他辅导的少先队荣获全国红旗大队；1983 年夏天，他带领全班战士在海边泳区游泳，一名 12 岁的女学生在学游泳时不慎冲出安全圈滑入海沟，他迅速游过去将小女孩托上救生船；一起退伍的战友还清楚地记得，当时营地每天的生活用水要到 200 多米远的山下去挑，他每天提前起床下山挑水；战友们下山进城理发不方便，他自备理发工具，利用业余时间为大伙义务理发；一位新兵的母亲来队探亲，大小便失禁，是张环礼把老人背到山下附近医院治病，并把自己准备买手表的几十元钱全部给老人买了营养品。张环礼在部队服役6年，曾10多次受到部队的表彰和嘉奖，还曾荣获北航基地“十佳标兵”称号。

（三）服务乡亲，发展经济

1986年，张环礼脱下军装还乡不久，村民们看他是块好材料，便一致推选他任民兵连长。当上民兵连长的张环礼并没有辜负村民的期望，他处处为大伙着想，事事为别人解忧排难。1987年村里打机井，他冒雨在工地上整整三天三夜，保护集体财产不受损失；1989年村委分工垫土修路，有几户村民土方不到位，他利用两个晚上用自己的手扶拖拉机拉土，保证了全村工期按时完成；交售公粮时，他用拖拉机一下就拉去了四户的爱国粮；宋秀荣老大娘腿有残疾，夫病儿痴，生计艰难，张环礼自打退伍开始，就包下了她家种田、浇地、打粮、拉煤等一应重活；村里群众种田效益低，他买来几十本农业科技书籍，指导乡邻科学种田；他为村委会提出的6项发展经济的设想全被采纳，创经济效益5万多元。

（四）干一行，爱一行

1990年初，张环礼到县抽纱厂成为一名炊事员，他想方设法调剂伙食，饭菜做得干净可口又经济实惠，工人们都说：“还是当过兵的炊事员体贴我们，想得周到”。一年后，他被调到拼板车间当统计员，他每天上班提前半小时，清理杂物，保养机器；下班晚走十几分钟，收拾废料，检查安全。工作不分分内分外，一年下来比其他工友多干400多个小时。1990年，厂里奖给他300元钱，可他家背着几千元的债务，却悄悄地把钱寄给了信阳灾区。他爱厂如家，处处以集体利益为重，那年8月，厂里从商丘毛纺织厂拉了一批羊毛，恰在这时，暴雨骤降，他抱来自己的被褥床单盖在羊毛上。这个厂的宋厂长一提起张环礼，就抑制不住心中的激动，眼含着热泪说：“张环礼虽说是临时工，可他比好些正式工都管用，他这样的人，才真正是企业的主人公”。

（五）党和人民不会忘记

任何一种英勇壮举，都绝非偶然，它是一种精神和情操长期陶冶的必然结果。正是一些平凡琐事日复一日地深厚积淀，酿就了张环礼精神境界的崇高升华。张环礼牺牲后，时任河南省委书记的李长春同志、省长马忠臣同志等领导分别为张环礼题词，并做出批示。1993年11月27日，中共河南省委、河南省人民政府下发了《关于在全省开展向张环礼同志学习的决定》。1994年2月1日，共青团中央隆重命名张环礼为“见义勇为青年英雄”；民政部门追认他为“革命烈士”，中共河南省委、河南省人民政府授予他“优秀共产党员”荣誉称号。国家、省、市媒体对张环礼的事迹进行了报道。为弘扬张环礼精神激励后人，宁陵县于当年在张环礼牺牲的西沙河畔建造了张环礼烈士陵园，陵园建成后，每年清明节都有党员干部、共青团员、青少年到陵园开展扫墓活动。

（六）继承发扬烈士精神

“父亲舍己救人的英勇事迹被报道后，引起社会的广泛关注，党和政府给予他很高的荣誉，作为子女我们会继承发扬他助人为乐、无私奉献、英勇献身的精神，做好本职工作，多做有利于人民、有利于社会的事情。”2021年6月4日，张环礼的长子张霓说起父亲时，眼睛有些湿润。张环礼的妻子梁翠芝回忆：“环礼牺牲时，孩子们都很小，我经常教育他们，要学习父亲做一个对社会有用的人。政府对我们一家很照顾，将儿女的农村户口转为城镇户口，为我安排了工作，帮父母翻盖了住房等，解决了我的后顾之忧。”再苦再难的日子都过去了，如今张环礼的儿女都已成家立业，梁翠芝也在享受天伦之乐。

三、公安英烈高国强

高国强，1969年1月生，宁陵县程楼乡史路口村人。1984年入伍，1994年加入中国共产党，一级警司警衔。曾任柳河派出所副所长、国保大队副大队长等职。先后荣获商丘市国保系统先进个人、市促进民族团结先进个人、市公安系统业务尖子、市国保系统业务比武

“优秀标兵”等荣誉称号,连年被评为先进工作者、优秀共产党员。

(一)危难显担当　坚守在一线

2004 年 10 月 28 日,宁陵县临近地区发生一起突发性回汉群众械斗事件,其中一方是宁陵县东街清真寺阿訇的亲戚。阿訇的亲戚来宁陵搬兵要求增援,阿訇组织近百名回族群众准备参与此事。高国强得知这一情况后,立即向公安局领导汇报。局党委连夜召开会议,由高国强负责做好回族群众的疏导和劝解工作。高国强站在维护社会大局稳定的高度,怀着强烈的事业心和责任感,两次成功将准备前去声援的群众劝散。事件持续 10 多天,高国强也连续奋战 13 个昼夜,为保一方稳定做出了突出贡献。终因劳累过度,导致心脏病复发,2004 年 11 月 10 日牺牲在工作岗位上,年仅 35 岁。

高国强用短暂的人生诠释了人民警察“立警为公、执法为民”的深刻内涵。用自己的实际行动在党委、政府和人民群众之间架起了一座信任与沟通的桥梁,树立了新时期公安民警的良好形象。

1984 年,高国强弃笔从戎。在抗洪抢险一线,为了抢救战友,他冒着生命危险第一个跳进汹涌的洪水里。抗洪抢险结束后,高国强凭借个人表现荣立个人三等功,为自己的军旅生涯添上了浓墨重彩的一笔。三年的军营生涯历练了高国强坚韧、刚毅的性格。1987 年从部队复员后,他被安置在县新华书店工作,1992 年,在公安机关一次招警中,他成了一名光荣的人民警察。

在国保工作一线,高国强牢固树立稳定压倒一切的思想,把全部精力倾注到工作中,守得住清贫,耐得住寂寞,凭着对党忠诚的坚定信念和对工作高度负责的精神,在平凡的岗位上做出了不平凡的成绩。从警十二年,他搜集整理影响社会政治稳定和民族团结的信息 500 多条,被公安部采用 10 多条,被省公安厅采纳 20 多条,被市公安局采用 50 多条。

(二)冲锋争在前　英勇保平安

1999 年春,高国强得知柳河镇北宋庄村与民权县孙六乡某村因为土地纠纷组织近百人准备赴郑州上访时,他立即向县公安局报告,并马上赶到该村,配合党委、政府面对面地做群众工作,讲解反映问题应遵循的程序和有关法律法规,在他的努力下,北宋庄的群众放弃了上访念头,土地纠纷一事也在双方政府的努力下得到了圆满解决。

2002 年 8 月,老复退军人冉令勋因为医疗费用和政策待遇问题准备联合其他县(市、区)老复退军人赴省、市上访。获此信息后,高国强连夜赶到石桥,耐心的与冉令勋彻夜长谈做疏导工作,终于使其放弃了上访的念头。同时积极协助党委、政府做好其他老复退军人的思想工作,确保了社会大局稳定。

高国强秉公执法,一身正气。从警 12 年来,他曾经办过无数的刑事和各类案件,一些人为了逃避法律的惩罚,给高国强送来物品和现金,但都遭到了他的严词拒绝。有人说高国强是“榆木脑袋不开窍”。高国强严肃地说:“执法为民是一个人民警察的天职,共产党员就是要耐得住清贫度日,两袖清风做人”。

国保部门负有促进民族团结、保护社会稳定的重大使命。自进入国保大队以后,高国强经常深入到各个清真寺、教堂,与阿訇交谈,虚心向牧师和信教群众学习。很快掌握了维护和促进民族团结进步的技巧,成为民族宗教工作的行家里手。在完成本职工作任务后,他几乎走遍了全县的各个清真寺、天主教堂,宣讲党的民族宗教政策,宣讲民族大团结、大融合的理论,把党的温暖送到宗教人士和回族群众的心坎上。化解民族纠纷 100 余起,为维护民族团结,社会大局稳定做出了积极的贡献。

2002 年 10 月 15 日,东关村三名回族青年在城郊乡王仪宾村买羊时,因言语不和发生争执,继而引起厮打。三名回族青年回村后,邀集了 300 多名不明真相的回族群众,准备围攻王仪宾村。高国强得知情况后,一边向上级领导报告,一边带领民警飞速赶往现场劝阻。面对近千名群众持械对峙,大规模流血事件一触即发的紧急情况,高国强不顾自身安危,将王仪宾村汉族群众劝出村。在县乡领导和公安民警的配合下,向不明真相的回族群众谈政策、讲道理,晓之以理,动之以情,终将事态控制。随后,他利用平时与东关清真寺社首、阿訇较熟的有利条件,首先做好社首、阿訇的工作,使他们帮助党委、政府做好回族群众的控制劝解工作。在各级党委、政府的努力下,事件很快得到了平息。

（三）尽职为人民　赤诚暖人间

做一个优秀的公安民警不易，当一个优秀的国保民警更难。高国强常说："党组织交给的工作必须干好，要像钉子一样钉在自己的岗位上"。他是这么说的，也是这么做的。从警12年，节假日和星期天高国强基本上都是在工作岗位上度过的，从未因私事请过假。队里老同志多，只要有案件或突发事件，他都主动请缨，哪里有危险，哪里就有他的身影。2003年10月，高国强在审讯一起案件时突然晕倒在办公桌上，队里的同事陪他到医院去检查身体，诊断的结果是高血压、脑缺氧。大家都劝他住院治疗，可他却说："现在工作忙，我年轻，吃几剂药就抗过去了"，就又按时上班了。每次家人、战友或者领导要他到医院检查，他总是说："我的身体还能挺得住，等工作不忙了再说吧"。

工作中，高国强总是冲锋在前，率先垂范。生活中，高国强甘于清贫，默默奉献，待人热情，乐于助人。他一年四季总是穿着警服，甚至连一身像样的便衣都没有，有时工作需着便衣，他便把训练服摘掉警衔标志当便衣穿。高国强生活俭朴，屋里摆设的还是他和爱人高丽10多年前结婚时的旧家具，家里连一台黑白电视机都没有。对于家中的困难，高国强从未向领导和战友们透过半句。虽然自己生活紧巴巴的，高国强却经常主动帮助身边的战友和社会上其他更需要帮助的人。邻村一个老人无依无靠，高国强主动承担了赡养他的义务。为挽救一名误入歧途的失学少女他不辞劳苦，先后20多次找到女孩的父母，帮女孩联系学校，又拿出路费送她去上学。他曾先后10多次无偿献血。凡是和高国强有过接触的人都说他待人热情、真诚，没有架子。工作中他没有愧对自己的良心和领导的嘱托，但对妻子儿女，生活中他欠了她们太多太多。

高国强牺牲后，省公安厅、市委市政府、宁陵县委县政府以不同方式对高国强的家属进行慰问，省公安厅国保总队、中共商丘市委政法委、商丘市公安局发来唁电，对高国强的牺牲表示沉痛哀悼。

高国强和妻子高丽育有一儿一女，两个孩子继承了父亲生前未了的心愿。女儿高亚慧警校毕业后入职天津市公安局工作，儿子高海淞在宁陵县公安局刑警大队工作。在接受笔者电话采访时,谈起自己的父亲,高海淞说:“父亲牺牲时自己尚小,还不懂事。现在自己也加入了公安队伍,对父亲也有了更多的理解。很荣幸,我有一个英雄的父亲”。女儿高亚慧说:“自己小的时候,父亲工作很忙,节假日都不能陪伴在自己身边,那时自己也从心里埋怨过父亲。现在自己也穿上了警服,对父亲当初的做法自己现在也感同身受,父亲是一个心有大爱的人,我为是他的女儿而骄傲。今后要以父亲为榜样,做一个对社会有用的人”。

“无形战线,无私奉献,无名英雄,无上光荣”,诠释了高国强短暂而辉煌的一生。2005 年 3 月,中华人民共和国公安部追授高国强“二级英模”荣誉称号。

愿天下太平,愿英雄长眠。

四、用生命谱写青春乐章——追忆宁陵县优秀人民教师石凌笑

2005 年元月二十八日清晨,天气阴霾,寒风凛冽。宁陵县殡仪馆哀乐低回,宁陵县数千名学生自发组织,身佩白花,手举花圈,排着长几千米的队伍为一位教师送行。他就是石凌笑,一名普普通通的中学教师,用自己的师德、博爱、智慧树起了一座丰碑。36 岁正是建功立业的黄金时期,他却猝然倒下了,倒在了他为之奋斗不息的教育事业上,倒在了他为之倾尽心血的讲台上。

(一)壮哉师魂化彩虹

2005 年 1 月 24 日,一个平常的日子,石凌笑像往常一样为学生上完两节课后,再次走进课堂为学生辅导。当给学生讲题时,他脸色有点蜡黄,身体不适,同学们都关切地劝他休息一会,他不肯,仍继续讲题。后来实在支撑不住,他就一手捂着胸部,继续讲解。此刻,额头上不时冒出豆粒大的虚汗,讲题的力气也没了,他就改为用笔写代替讲解……他再也支撑不住了,病倒在地上。在同学们的搀扶下,石老师勉强站起来,刚走出教室,他就忍不住发出痛苦的呻吟,与他心爱的学生永别了……

噩耗传出，宁陵二高全体师生无不惊愕、悲痛、惋惜……

（二）照亮别人的红烛

石凌笑是乔楼乡吴菜园村人，大学毕业后，先后在乔楼乡九村中学、张小庄小学、宁陵县二高任教，从事教学工作十余年。他始终勤勤恳恳、默默耕耘他钟爱的教育事业。他家距学校十余里路，每天都骑车往返于家与学校之间。每天早上，他总是第一个来到学校，每天晚上又是最后一个离开学校。遇到雨雪天他只好徒步到校为学生上课。平时很少顾上吃早饭，每天吃上一两顿已成为他生活中的规律。就是在临终当天的早上，他泡好的方便面都没顾上吃。

石凌笑在他的打油诗中写道：我是一头牛，汗水往下流，即使主人不鞭打，我也尽力拉犁走。由于老师人员缺少，学校安排他除教数学外，还要教政治、化学等课程。但他从不言苦怕累，从不计较得失名利。由于课务负担重，白天没有时间备课、改作业，他就利用晚上时间。有时几门课备下来，几个班的作业批改完，已接近凌晨两点，他还经常把备好的课在自家门板后反复板书、演练。有时还把妻子拉来当听众，直到自己满意后才进讲堂。别人看到他如此辛苦，都说他是“傻牛”。他总是坦然一笑道：我是一头牛，或许傻过头，即使傻过头，我还要做牛。

（三）学生装在他心中

石凌笑同志常说，做教师我们没权利挑选学生，只要他坐在我的教师里，我就要对他的学习负责。在他任教的九村中学里，有一个活泼开朗的男孩叫吕世杰，上初三时因家中经济困难，被迫辍学回家。石凌笑知道后，急在心上，主动从自己的工资中拿出一百余元钱帮其交上学费，让吕世杰重返校园。并将其接到自己家中，与自己的孩子一样供养。石凌笑的妻子在家务农，儿子患有对十余种东西过敏的病，需要大量的医疗费用，全家所有的开支都需要从他微薄的工资中支出。吕世杰的到来，又为他家增加了不少开支。他告诉妻子：孩子正是长身体、长知识的关键时期，你平时要多改善生活，可是石凌笑却省吃俭用，衣服破了就补，补好了再穿。吕世杰受他的教育和启发，学习很努力，成为一位品学兼优的好学生。

有着同样珍贵记忆的岂止吕世杰一人。2003 年的一天上午，石凌笑批改完作业以后，最后一个离开学校。回家途中，恰巧遇到了该校学生吴明明的脚被扎破，血流不止，正无助地哭着，由于伤口较大，情急之下，他把自行车扔到路边用手捂住血口背着吴明明就赶往一千米外的诊所。到了诊所，他的衣服已被汗水浸透，随后，他又背着把吴明明送回家，石凌笑回到自己的家中已是午后一点钟，他只是在家里简单的啃个凉馍，又匆忙返回学校了。

在石凌笑的眼里没有“差生”。所教九村中学学生李敏，聪明伶俐，活泼可爱，但平时贪玩、厌学，学习成绩直线下降。石凌笑看在眼里，急在心上，就把李敏叫到身边谈心，先后六次到其家中做思想工作，还在星期天、节假日抽出时间辅导李敏，在石老师的帮助下，李敏经过努力，期中考试成绩由班里的倒数几名，一下子提到了第一名。

（四）老师首先要有一桶水

要想让学生有一碗水，首先自己要有一桶水。石凌笑深知：作为一名教师，没有过硬的知识，就教不出一流的学生。为此，他任教多年来从未间断过学习。无论是节假日、还是课间休息、甚至连吃饭时间他也不放过一分一秒。他的自行车前筐里总是装满各种学习资料，以便随时学习查阅。同时，他还在上课之余抽出时间，站在教室外听课，学习其他老师先进的教学方法。

数学是一门枯燥乏味的学科，要想让学生学好，必先使其感兴趣。为此，石凌笑想了很多办法，把抽象的公式、定理生活化、人情化，并摸索出了数学中的“快乐式”教学法。同学们都反映，石老师讲的课生动、有趣、听得懂、记得牢。从而极大地激发了学生的学习兴趣。多年来，他教的学生参加多种数学比赛，均取得了突出成绩。

（五）让他人因我的存在而幸福

石凌笑以自己的人生实践，实现了他的人生格言：让他人因我的存在而幸福。2000 年，商开高速公路开始建设，当时湖北民工恰好承建石凌笑门前的路段。他得知 6 名民工正为住宿犯难时，便做妻子的工作，把他们安排在自己家中住。春节将至，道路修好，6 名民工被包工头骗了，辛苦半年的工资分文没得，石凌笑毫不犹豫地将家中仅有的几百元钱给他们作为回家的路费。

石凌笑家中有十余亩地，遇到忙季，白天上课没有时间，他就晚上抽空干农活，与他家耕地毗邻的是石先涛家的地，因夫妻俩常年在外打工，无暇顾及。石凌笑总是先帮他们家干完活，再干自家的活。石凌笑家中并不宽裕，当时还用着很多农村家庭早就淘汰的黑白电视机，没有一件像样的家具。可当他得知同事无钱参加考试后，就为其拿出一百元钱交了报名费。邻居石先胜经常外出打工，留下年迈的老母亲无人照顾。石凌笑主动承担照顾老人的重任，经常帮助老人打水、扫地、干家务。每逢家里改善伙食，他都让孩子给老太太送过去。石老太太感动的逢人就说："凌笑真是个大好人，比我的亲儿子还孝顺。"

英雄以已逝，精神长存，石凌笑带着对教育事业的眷恋匆匆走了。他以短暂而不平凡的人生，给我们的世界留下灿烂的光华。他那颗圣洁的师心，孺子牛般的精神，将流芳百世，砥砺后人。

2005 年 3 月 16 日，商丘市教育局隆重召开石凌笑先进事迹报告会；并向全市教育系统开展向石凌笑学习的活动。

五、盐碱地走出的全国三八红旗手——戚文英

雄伟的黄河故道大堤如一条蟒龙横亘在孔集北部，多年的黄河冲积留下了一大片厚厚的沃土，也哺育了许许多多的优秀儿女，1983 年荣获"全国三八红旗手"的宁陵县孔集乡辛庄村村民戚文英就是其中的佼佼者。

2021 年 6 月 20 日，孔集乡辛庄村党支部书记李祥宾一起，给戚文英送去了"光荣在党 50 周年纪念章"。戚文英看到鲜红的纪念盒和纪念章很是激动，连忙从抽屉里拿出 1983 年荣获的"全国三八红旗手"证书，还有用黑绒布包着的纪念章，手捧着这些奖牌和证书，81 岁的戚文英老人打开了话匣子。

（一）热心的妇女社社长

1957 年，戚文英嫁到宁陵县辛庄村，结婚仅三个月，她就去了高级社，当妇女社社长，负责辛庄、王桥、刘古堆、宋胡同、孔庄、李庄、小

孔集、蒋堂8个大队的妇女工作。她积极带头捐款捐物，把从娘家带来的手镯、戒指都捐了出来。她去县里学习养殖技术，带领群众搞副业，养羊、养猪、养兔子，用香椿柳条子编草帽垫等，带领大家脱贫致富。大联队时，她带领全公社的妇女20多人去柳河西龙门工地，挖水库，垫大坝。回来后，组织妇女喊着歌子用筐抬土垫大堤缺口，确保了大堤两侧居民的安全，受到当地群众和县领导的一致好评。1958年，她成为一名光荣的共产党员。

（二）带领妇女挖穷根

“辛庄辛庄，人心惶惶，大堤南北，白色茫茫。”当时，大堤南北，全部是白茫茫一片盐碱地，像刚下的雪。

1963年，全公社平均亩产12斤小麦，全乡有9 000人身体浮肿，5 000人外出逃荒，辛庄、宋胡同也不例外。戚文英带领堤北8个大队的妇女开始深翻耕地，一翻三尺，再翻五尺，又向上级有关单位申请了拖拉机，用拖拉机深翻耕地，种植梨树、田青等。至今孔东、小孔集等村仍有大规模的梨园，在当地，巾帼队长戚文英带领妇女治碱成为佳话。

（三）故道相逢不相识

2021年3月25日，恰逢宁陵县第十八届梨花节开幕，今年92岁高龄的马俊华曾在1963年担任孔集公社书记，他此次故地重游最大的愿望就是能和当年最能干的巾帼队长戚文英见一见，马俊华在辛庄村大街向戚文英打听“戚文英”，二人目视良久，继而开怀大笑，上演了时隔58年的乡村干部街头会见。

如今，戚文英已到耄耋之年，丈夫是退伍军人，党龄也超过60年，孩子都分家另住，但戚文英从未向组织伸过手。“这是一名党员应有的初心。”戚文英说。

六、宁陵县第一位特级教师——刘伯杰

“亦庄亦谐妙趣生，听君讲课沐春风，四海学子思恩师，泪洒西河点点情。”谈到宁陵县高级中学的辉煌，人们总绕不过给县高中做出过巨大贡献的各位校长，尤其那个在县高中发展史上有着里程碑式

的人物——刘伯杰。

（一）听党号召援东北

刘伯杰，原名刘儒英，生于1935年，宁陵县华堡乡牛刘村人。1981年加入中国共产党。他自幼聪颖好学，初小毕业后，免试入高小，高小毕业后，免试入初中，读完初中二年级便考入了省立开封高中，后因经济拮据，转入开封师范。1954年，以各门功课全优的成绩毕业，旋即响应党的支援东北建设的号召，奔赴佳木斯市，在市二中任教语文八年。他走一路学一路，在东北期间，他通过在职学习，1957年毕业于佳木斯市中学教师进修学院，1961年又以函授生的资格毕业于吉林师大中文系。

（二）庄谐并重妙趣生

1962年，他返回家乡宁陵，在县一中工作，1980年至1987年，他先后担任县高中教导主任、副校长、校长、县人大常委、县政协常委、县总工会常委，1989年获河南省教育系统劳动模范称号，1991年被评为我县首批专业技术拔尖人才。“研而求深，如水穿石，学而求广，金珠钻玉。朴实无华，刚而执理，一句一词，追源探底。”便是当时师生对他的赞语。

刘伯杰学识渊博，经验丰富。他以学生为本，注重能力的培养。他鼓励学生自主学习、自主探究、自谋发展。他的课堂教学达到了高品位，高境界。他教学用语十分精彩，庄谐并重，妙趣横生。他课堂内既有闪光的语言，又有深刻的思考，同时不乏巧妙的点拨，给人丰富的教益和感人的力量，有生动的质疑和智慧的创造。学生异口同声地说“听刘老师讲课，如听仙乐，如饮甘露，如沐春风，如赏美景，引人入胜，令人动容”。他所教的班，总能考出优异成绩。1988年被评为河南省首批、宁陵县第一位特级教师。

自1987年任宁陵高中校长，这是在激流中高歌猛进的十年。在这十年里，管理高层次，工作高效率，师资高水平，育人高素质。在这十年里，高考年年创纪录，七名学生先后考入北大、清华、科大，为宁陵填补了空白。

“我是他的学生，当时感觉他比较严肃，不苟言笑，对工作敬业爱岗，提前侯课，着装讲究，对师生严管厚爱，他记忆力特好，对多年前的学生都能喊出名字。”县高级中学副校长张伟贤回忆。

“他1962年从佳木斯回宁陵后，我们一直在一起教学。他为人低调，埋头业务，教科书字里行间批的都是字，课备的很细，教学常采用‘点评法’，从不说多余的话，感染力很强。”说起刘伯杰，84岁的退休老教师杨晓军滔滔不绝。

（三）笔耕不辍散余晖

1980年以来，他先后在《河南教育》《河南钻研》《河南工人》《河南招生简讯》《教学通讯》《语文知识丛刊》《读写之友》等刊书上发表文章十多篇。1996年光荣退休，但他退而不休，被学校返聘为顾问，并被县教委聘为教督学。他发挥余热，先后为全县中小学校长作的《我是如何当校长的》、《校长如何调动教师的积极性》等报告，传播教育教学经验，声情并茂，结合实际，深受欢迎，收到了良好的效果。

2017年4月2日清晨六时与世长辞，享年八十三岁。

逝者已矣，英风长存。如今，刘伯杰老师门生弟子遍布四海，有些也像他一样成为特级教师和高级技师，有的已成为祖国建设的栋梁之材。

七、德艺双馨的老中医——姚昌礼

“素冠白衫历春秋，高灯低卷苦研究；若能顽疾屡挽疴，何惜青丝易白头。”在宁陵县医学界，上年纪的人都知道这是豫东有名老中医姚昌礼先生的自勉诗，他以诗励志，一生致力于中医学事业，被誉为宁陵中医学界的“泰斗”。

（一）咬断小指为留“命”

“七七卢沟桥事变”的第二年，姚昌礼出生在宁陵县东关吊桥北的一个贫寒家庭，父亲姚殿魁多才多艺，会木工、会制醋，更擅长外科，日子过得结结巴巴。由于当时医疗条件落后，很多家庭的孩子得病无法医治而早早夭折。为了留住这个在兵荒马乱中出生的孩子，母亲相信迷信的说法，在姚昌礼刚出生时就把右手的小手指咬断一截，并起名叫“留”，希望以此来保住孩子的性命。

（二）“习医不成，誓不为人”

等姚昌礼上学时，家庭就更贫困啦，在亲戚邻居的帮助下，他先后在宁陵、睢县读完了小学、初中。逢年过节，父亲对他讲学习医学的重要性，“家有金银堆满楼，不如习医在心头，白天不怕人来借，夜晚不怕人来偷……”。受父亲的影响，他慢慢对中医产生了兴趣，课余时间他开始“瞄”上了汤头歌诀、医学三字经等中医“四小经典”，当时他七门课程有五门得“五分”。读到高中二年级，他因家庭实在贫困而辍学。看到原来的同学被推荐上了大学，他的心难过极了。他决心像父亲那样做一个响当当的中医。于是，他咬破手指奋力写下“习医不成，誓不为人”八个字，立志要在中医方面做出一番名堂。由于他写了一手好字，到城关卫生院上班后，医院领导常安排他出黑板报。不久，他的才华被当时的卫生科宫科长看中，推荐他拜师豫东名医韩传修，五年下来，他的中医水平大增，很快成了卫生院的顶梁柱，一天看病达一百多人。

受“文化大革命”的影响，一些医学专家下放农村。曾担任邓小平等中央领导人保健医生的董建华（全国人大常务委员、工程院院士，中央领导人保健局医生，首届中医博士生导师）也来到了宁陵县城关镇，并于姚昌礼结下了深厚的友谊。董建华回京后，诚挚邀请姚昌礼去北京学习深造。就这样，姚昌礼先后于六十年代末七十年代初，两次师从国家中医研究院董建华院士，通过近三年的学习，于董老侧诊之间，问疑解难，得蒙深造。他不仅学术得到真谛，而医德医风颇受影响。由于姚家只有他一个男丁，姚昌礼第一次违背师命，没有听老师留在北京的安排，毅然回到了爱他如命的父母身边，继续为贫困的人民群众服务。他品德高尚，对同道尊重，从不贬低他人，抬高自己，总是吸取他人之长补己之短，为人不虚美，不隐恶，诚信笃行；对病人和蔼可亲，诊病无问贫贵亲疏，一视同仁，对患者体贴入微，精心诊治。在全商丘地区开展全民选举“人民信得过的好医生”活动中，他以最高票数获得“人民信得过的好医生”光荣称号。他诊治疾病严肃认真，一丝不苟，对病人之预后诊断正确率较高，故在全县群众中广泛流传“姚昌礼摆头不能活”之民谣。他渐渐享誉豫、鲁、苏、皖等地,成为河南省66位名中医之一。1980年8月,他光荣地加入了中国共产党。

在担任中医院院长期间,他凭借精湛的医术、高尚的医德,使宁陵县中医院达到了前所未有的高度。全省20多个地市来参观学习,经济效益和社会效益猛增。一九九二年六月,他参加在中国沈阳市召开的"中医药学国际学术会议",其论文"自拟消渴饮治疗糖尿病100例疗效观察"获国际优秀论文二等奖,并在《中医临床与保健》杂志头版头条发表。一九九三年,他在北京参加了"全国百名著名医学专家特色门诊",被北京《世界传统医学大系》总编委聘为《世界传统医学疗法学》副主编。全省二十多个县(市)兄弟单位前来参观学习,他多次受到国家卫生部及省委省政府的表彰,其业绩被收入《中国改革功勋》一书。他也先后获得全国卫生先进工作者、河南省劳动模范、河南省优秀共产党员等荣誉称号,终身享受国务院特殊津贴。

1997年,他从县中医院退休后,为发挥余热,决心将有生之年再为人民作些贡献,率领一些业务人员,克服一切重重困难,于1998年3月创办了宁陵县天河医院,颇受本县及周边县市的欢迎及爱戴。目前,姚昌礼老先生已年逾八旬,平常最爱看北京电视台的《养生堂》节目,茶余饭后看一些《党史博览》《四渡赤水》等书籍,有时给老伴和其他老人读读《长征》。

八、中国低度白酒创始人——追记河南省酒业协会终身成就奖获得者郭宗武

中国低度白酒研发旧址的门前道路两旁绿荫成行,大门左侧的大树上仍有用绳子吊着当年郭宗武深夜观察白酒变化的那个篮子。步入中国低度白酒纪念馆筹建处,院内桃果飘香,树木苍翠,庄严肃穆的郭宗武雕像仿佛在向人诉说着中国低度白酒研发的艰难岁月……

(一)没有讲半个"不"字

40年前,改革开放的春风刚刚吹满神州大地,有两千多年历史的张弓酒,由于酒质优良,盛誉经久不衰。但是,张弓酒与我国许多名

酒一样，酒精含量都在50%左右，属于烈性酒，出口受到限制，因为世界上许多国家都有规定，凡超过五十五度的酒，不管名气多大，一律不准出口。为了扩大对外贸易，国家向酒业界提出降低酒度，打进国际市场的要求，并在一些名酒厂试验攻关。但几年过去了，还仅仅降到五十度。河南省科委、轻工业厅根据国家轻工业部的要求，把攻关任务交给了驰名中原的张弓酒厂。在领受这项任务时，刚被任命为张弓酒厂副厂长的郭宗武没有讲半个“不”字。他想的是，我们这么大个国家，酒的出口咋还赶不上一些小国，作为酒业界的一员，决不能在这个行业里无所作为。

（二）一蹲就是一夜

“‘人过三十不学艺’，你已经四十多岁了，又是半路出家的人，还担什么风险攻什么关。”一些老同事听说郭宗武牵头搞科研，纷纷劝道。

郭宗武说得好，“酿美酒，不会像黑窝窝头那样容易，但是天下无难事，只怕有心人，我就不信酒度降不下来！”于是，他一面四处求救，一面购买国内外酿酒资料，悉心钻研分析。

为了揭开酒内的混浊物与温度关系的奥秘，郭宗武在严寒的冬天里，将酒加水稀释成二十多种酒度的酒样，每天深夜把它搬出室外，用绳子吊在院内一棵大树上，蹲在一旁认真观察，及时地记录温度降低而带来酒内混浊物的变化情况，在外一蹲就是一夜，两只眼睛熬得通红……

（三）有志者事竟成

又经过两年多时间的数百次试验，记录了上千个数据，他终于摸索出了最适宜的冷冻温度和最佳酒度，首创了我国低度酒酿制新工艺。在1979年国家名白酒、优质白酒经验交流会上，“张弓低度酒”受到一致好评。会议总结报告中写道：三十八度张弓酒的酿制成功，填补了我国白酒生产中的一个空白，开创了我国白酒生产的发展方向……三十八度张弓酒很快打进国际市场，远销欧、亚、非、拉美四十多个国家和地区，成为我国出口量最多的白酒之一。

(四)百花齐放春满园

在郭宗武的主持下,张弓酒厂先后开发白酒(大曲酒)新产品 36 个,开发保健酒 14 个,荣获地(市)、省、部、国家科技成果共 25 项,引来国内许多同行纷纷来厂参观学习。有人担心这样会挤垮自己,主张留一手。但郭宗武说,“咱一个厂能为国家做多大贡献？大家都能生产这种酒,不是可以增加出口,为四化建设积累更多的资金吗?”他热情地接待来厂学习的单位。同时,他在酿酒杂志上先后发表了《三十八度大曲酒生产工艺简介》《张弓低度酒》等七篇具有独到见解的学术论文,把自己呕心沥血、刻苦钻研所掌握的酿酒新技术奉献给祖国的酿酒事业。很快,全国已有一百三十多个酒厂和研究单位采用郭宗武首创的低度酒生产新工艺,生产各种牌号的低度优质名酒,为国家换回了大量外汇。他先后被县、地(市)、省和国家分别授予先进工作者,优秀共产党员、劳动模范等光荣称号。他的事迹被人民日报、解放军报、经济日报、解放画报、河南日报、河南画报等刊发。1983 年,他还被光荣地评选为河南省第六届人民代表大会代表。

如今,人们在郭宗武工作和居住过的三间小屋建起了中国低度白酒纪念馆。值得欣慰的是,他的嫡传弟子孙西玉已成为河南省唯一的中国酿酒大师,是河南省酒类行业最年轻的享受国务院特殊津贴的专家,被河南牧业经济学院聘为酿酒专业特聘教授,他的很多学生也已在我国酒类行业崭露头角。

九、大爱儒商——邓天志

邓天志,宁陵县黄岗镇张桥村人,现任北京商丘企业商会会长、商丘工商联副主席、合盛投资控股有限公司董事长、河南张弓老酒酒业有限公司董事长、北京富饶房地产开发有限公司董事长;他少小家贫,心存宏愿,先入伍,后经商,积极参与社会公益事业,是一位心系故里,回报家乡,奉献社会的有魅力、有大爱的儒商。

(一)贫穷不坠青云志

1962 年,全国大旱,“三年严重困难时期”影响还在持续,贫穷与落后笼罩着整个中国。就在这一年,邓天志出生于宁陵县黄岗乡张桥村。父母都是面朝黄土背朝天且目不识丁的农民，家中兄妹四人，邓天志排行老四。

那时的农村，主食只有红薯，人们过着“红薯汤、红薯馍，离了红薯不能活”的日子。“用红薯面蒸的馍，扔在地上都摔不烂，硬得很！”邓天志回忆，当时他的最大愿望就是“啥时候能天天吃白面，再加上俩鸡蛋，该多好”。穷则思变。贫苦的生活让邓天志的父母立下决心：他们不识字，一定要让孩子们读书。邓天志也立志改变命运。上学后，邓天志一边读书，一边帮父母干农活。在黄岗乡中学读书的岁月，让邓天志记忆犹新。当时学校伙房里有几个“大笼屉”，几百名学生从家里带来的食物，其中大部分是红薯面馍，全部放在里面加热。“笼屉要几个人才能抬动，大得很，馍热好了大家拿起就吃，没办法，不吃挨饿啊！”邓天志说，那时候想喝热水，只有蒸过馍的蒸锅水，喝起来有一种说不出来味道。否则，只能喝从土井打出来的生水。后来，邓天志的大哥成了一名干部，吃上了“商品粮”（政府正式人员）。邓天志也希望像大哥一样，有一天也能吃上“商品粮”。1980 年，渴望改变自己命运的邓天志，决定离开家乡，应征入伍，他要在部队大熔炉里淬炼自己。

（二）做事先做人

邓天志在北京警卫一师当兵时，才第一次吃上白面、大米。贫苦的生活和历经的磨难，让他对幸福生活的渴求愈加强烈，也对来之不易的幸福生活愈加珍惜。邓天志先后服役于北京警卫一师、中央警卫局等部门。十年的军旅生涯，磨炼锻造了他诚实守信、吃苦耐劳、勇敢坚毅、坚韧不拔的性格。1990 年，邓天志转业至轻工业部工作，终于捧上了“铁饭碗”。很快，凭着诚实做人、踏实能干的作风，他成为轻工业部直属的中国少数民族开发总公司副总经理。从此，他开始了商海搏击的生涯。邓天志说，我人生最大的收益，就是老首长的教诲：先做人，后做事；与人为善、宽以待人、诚实守信、正直坦荡、合作共赢。在进一步改革开放理念的推动下，为给社会做更大的贡献，1998 年，积累了丰富经验和人脉的邓天志，正式下海，成立了北京富饶房地产开发有限公司。凭借“踏实、拼搏、责任”的企业精神和“诚信、共赢、开创”的经营理念，富饶房地产蒸蒸日上。在北京朝阳区、丰台区、海淀区、商丘市等区市完成了多个小区的楼盘开发建设。2010年，作为在北京发展的商丘商人与家乡的纽带，北京商丘企业商会成立。凭借着独特的人格魅力，邓天志被推举为会长。

（三）一片丹心报桑梓

达则兼济天下。从一个“想吃商品粮”的农家小子，成长为叱咤商海的企业家，邓天志认为是家乡和父母养育了他，是社会成就了他。作为一名企业家，应该懂得感恩，践行公益，积极回报家乡和社会。邓天志成功之后，就想为家乡多做些事。邓天志是这样想的，更是这样做的。2003年，邓天志回到家乡，发现村里的学校是20世纪60年代建造的，房顶露着天，冬天漏风，夏天漏雨。这所小学是邓天志的母校，他看在眼里，疼在心里。“我估计就是二三级的地震，都能震塌教室。”邓天志说。邓天志决定，全面打造一所新学校，资金由他来出。很快，这所投资60万元，占地约15亩，建设规模约2 000平方米，含16个标准化教室，可容纳学生600人的新学校——宁陵县黄岗乡天志小学拔地而起，至今仍在使用。

北京商丘企业商会成立当天，商会就在邓天志的提议下斥资10万元，用于资助考入北京的商丘籍优秀学子。这项工作一直在持续，考入北京的贫困学子，很多都得到过资助。截至目前已投入爱心助学资金50多万元，救助贫困学子160多人。还结对慰问梁园区、宁陵县的3家敬老院，每年逢年过节，为敬老院送去米、面、油和现金。在接受笔者采访时，邓天志屡次提到，北京的项目完成之后，他想回到家乡做点事，把精力放在家乡。计划投资20亿元的商丘华商文化国际城项目，就是邓天志对家乡的回馈。邓天志想利用商丘丰厚的文化底蕴，打造一座古典与现代相结合的城堡，向世界展现华商文化。

“东西南北中，好酒在张弓”这句响彻大江南北的广告语，让张弓美酒享誉中国。但是十多年前，由于一些历史原因，张弓酒厂改制，张弓酒厂南厂衰败。为了让下岗的父老乡亲有碗饭吃，邓天志决定全盘接收张弓酒老南厂。2012年7月6日，河南张弓老酒酒业有限公司成立，他任董事长。邓天志说，投资启动张弓酒厂，只是为了重新擦亮老品牌，让更多的家乡人有活干，有饭吃。

酒品如人品，做酒先做人。邓天志说，积德行善是中华民族的传统美德，要把办企业作为造福家乡的善事来做，把真正的纯粮造酒体现在皇封系列产品中，让更多的消费者喝到实实在在的粮食酒。九年多来，邓天志为酒厂先后投资3亿多元，安置下岗工人500多名。

近年来，在企业自身发展的同时，始终不忘社会责任，张弓老酒酒业自2012年以来，开展了大量的捐资助学活动，受到了社会各界的广泛关注和赞誉；每年春节、中秋节，到敬老院为老人们送去米、面、油等过节物资；2019年，联合商丘市博爱联合会向河南省慈善总会提出申请，共同设立了河南省慈善总会·博爱张弓老酒慈善基金，一起投入社会慈善公益事业。2020年初，在抗击新冠肺炎疫情中，张弓老酒酒业捐款20万元。在腾讯“99公益日”活动中，又捐赠现金5万元。在2021年8月的抗击新冠肺炎疫情捐赠中，邓天志个人捐款10万元；张弓老酒酒业捐赠现金1万元，物资32万元。

在一次家乡建设座谈会上，邓天志说：“企业家要有爱心和社会责任感，我要尽我最大努力，为家乡多宣传、多推介、多做事”。邓天志的拳拳之心、赤子之情，感染了很多人，越来越多的人加入践行公益、回馈家乡的行列。

十、一生只为酿一瓶好酒——记中国酿酒大师孙西玉

在酒乡宁陵，家有红白事，大家爱用张弓系列酒。提起38度张弓酒，人们自然而然就会说起郭宗武，提起28度，不少人会说那是中国酿酒大师孙西玉的杰作。作为资深酿酒大师的孙西玉，酒已融入他生命的全部，他把毕生的心血都倾注在中国白酒的发展事业上，用汗和泪续写了张弓酒的一次次辉煌。

（一）看来酒还真管用

孙西玉，男，汉族，1965年2月生于宁陵县黄岗镇李君崇村一个中医世家。当时，“李君崇骨科”与“张八卦外科”齐名。他五六岁时，常看曾祖父熬膏药，给人看病时有时用张弓酒作药引子，有时泡药酒，治疗风湿病也用到酒，他慢慢地认识到酒不仅能喝，还能治病，看

来酒还真管用。加之,上初中时又住在张弓酒厂两年多,目睹了张弓酒的调出、运输,于是就对酒产生了浓厚的兴趣。

(二)专心专注铸辉煌

1983年,他从河南省云阳中医中药学校毕业,师承中国低度白酒发明人郭宗武先生,学习白酒酿造技术,特别是张弓酒传统酿造技术;1985到北京轻工业学院生物化工(酿酒)专业学习,随酿酒大师秦含章、万良才等学习酿酒技术;回到张弓酒厂从事张弓酒酿酒、制曲、品评、勾调、科研工作,先后任技术员、班长、实验车间主任、科研所长、技术中心主任、副总工、总工、副厂长、常务副总经理、总经理。从业30多年来,他下车间,伴酷暑,与工友同操铁锨,拌曲和泥,进行"强化大曲""人工窖泥"实验。曲房里温度高达60摄氏度,他和工友们以苦为乐,戏称这是免费的"桑拿"。通过微生物的筛选培养,生产出发酵能力强、产香能力强的高温强化大曲,提高了出酒率和优质率。在科研项目的研究和产品开发上,他非常注重边研究,边应用,边推广,边总结,理论和实践相结合,产品与市场相结合。经过他和科研团队的努力,在原来郭宗武先生创造的38度低度酒的基础上,进一步研究将酒精度降低到28度;在第五届全国白酒评比中,28度、38度、53度张弓酒三个产品获国家优质酒称号,成为全国获奖最多的厂家。90年代中期在浙江、福建等地年销售额达一亿多元。1992年在全国率先实行了酒瓶的一次性防伪技术,其中两项技术专利为全国首创,对酒的保护起到很大的推动作用,现在国内大多数白酒都采用了包装防伪技术,而张弓酒则走在了全国同行业的前面。

他创造了河南省内酒类行业的多项第一或崇高荣誉,1997年他成为河南省酒类行业最年轻享受国务院特殊津贴的专家,2011年,他被授予至今河南唯一的中国酿酒大师,相继荣获河南省百名科技英杰、河南省劳动模范,被河南牧业经济学院聘为酿酒专业特聘教授,成为河南省酒业学院名誉院长。近年来,他先后主持完成了国家级、省部级科研成果"提高河南省名优白酒质量关键技术研究""曲酒厂清洁生产及综合利用"等37项,其中1项填补国内空白,3项居国内先进水平。

(三)情洒教坛钟情酒

2017 年,在豫酒振兴专家会上,他提议在河南牧业经济学院酿酒工程本科专业基础上,成立河南省酒业学院。2018 年 12 月 28 日,挂牌成立了河南省酒业学院,孙西玉任名誉院长。近年来,他认真培养、悉心指导,带领学生到张弓老酒酒业学习酿酒工艺、制曲、品评、分析检测、原酒分级等。他的学生分别在 2019 年全国大学生白酒品评大赛中取得第二名、第三名,学生郭广阔在全国评酒大赛中,获得了第三名的优异成绩。孙西玉为张弓酒乃至河南白酒行业培养了一大批技术人才,为豫酒振兴做出了突出贡献。谈到对酒的感情,孙西玉淡淡一笑,“继续教书育人,传承创新,一生只为酿一瓶好酒”。

十一、亚运会散打冠军:宁陵农家飞出的散打“金凤凰”

“农家院里飞出了金凤凰!”这些天,宁陵姑娘李玥瑶在第 18 届亚运会上荣获女子散打 52 千克以下级冠军、为中国队夺得一枚金牌的喜讯不胫而走,成了家乡人热议的话题。

(一)自幼学武到武校

李玥瑶的老家宁陵县柳河镇张破车村位于柳河镇东北部,是一个偏僻的传统村落。村里乡亲们谁也没想到,曾经村里打架从不认输的小姑娘李玥瑶,竟然能代表中国国家队出征,并且拿了亚运会冠军。

2018 年 8 月 26 日,回想李玥瑶儿时的情况,其姑姑李春丽记忆犹新。她介绍,玥瑶虽然是个女孩子,但从小爱和男孩子打成一片,平时穿衣打扮有些男孩子气,而且就喜欢拿着棍子舞来舞去。这次玥瑶能参加亚运会拿冠军,他们家人感觉“很自豪、也很正常”。但李玥瑶是大家公认的好孩子,她懂事、讲礼貌,是个非常孝顺的姑娘。

李玥瑶一心只想习武,刚开始家人认为女孩子练武术不好,不理解不支持。2008 年,还是其舅舅做通了她爸妈的思想工作,13 岁的李玥瑶才被送到了登封塔沟武校习武。

在塔沟武校,李玥瑶展现了她天生习武的天分。在教练的悉心教导下,她刻苦学习、努力训练,武术散打技术在武校得到了全校师生的认可。在此期间，李玥瑶参加了塔沟武校的几场比赛和校运会，都取得了不错的成绩，从普通班调到了校队，又从校队调到专业队，被塔沟武校总教练刘海科看中，亲自重点训练培养，也为其后来进入河南省散打队打下了坚实基础。

"我感觉孩子能拿冠军，与她自身不怕苦、不怕累、誓拿第一的精神分不开。"李玥瑶的舅舅张向忠记得最深刻的一件事，就是她在训练时胳膊骨折后还坚持做一些常规训练。看到她用一只手坚持认真训练的情景，家人非常心疼，但也都更加支持她。

（二）成绩突出进省队

由于成绩突出，李玥瑶 2009 年被选入河南省散打队。此后得到了更加专业化的训练，其散打技术和技巧日臻完善，成为我省重点培养的散打选手。

在省散打队，李玥瑶训练更加自觉、刻苦，时常自我加压，力争取得好成绩。

"我是刘海科总教练一手培养出来的选手，能取得今天的成绩，与教练的悉心训练密不可分。"在接受记者电话采访时，李玥瑶表达了对总教练的感激之情。李玥瑶说，塔沟武校总教练刘海科同时也是河南省散打队的总教练，对选手要求非常严格，但生活上对她们就像家人一样关心。

（三）勇夺冠军圆梦想

2013 年，经过省队的推荐，李玥瑶被选拔进入国家武术散打队。

2016 年 9 月 5 日，在第九届亚洲武术锦标赛上，李玥瑶代表国家队获得女子散打 52 千克级冠军。2017 年 12 月，在第一届亚洲杯武术散打比赛上，她获得女子散打 52 千克级冠军。之后，她又在第五届亚洲室内与武道运动会上取得女子低踢 52 千克级冠军。在去年的全运会上，她与队友们一起获得了女子团体冠军。至此，李玥瑶先后在全运会、亚运会、职业赛事中荣获 10 次奖项，并多次取得第一名的好成绩。

2018 年 8 月 6 日，李玥瑶入选第 18 届亚运会中国体育代表团名单。本届国家武术散打队共有 6 名队员，其中仅 2 名女选手。能代表国家出征雅加达，这是一份荣耀，更是一次历练与磨砺，在李玥瑶看来，自己重任在肩，必须夺得金牌、为国争光。

2018 年 8 月 26 日上午，时任县长马同和专程来到柳河镇张破车村，看望刚刚结束的亚运会女子武术散打冠军李玥瑶的家人。

宁陵县县长马同和 8 月 26 日专程到家里看望慰问了她的家人，并代表县委、县政府向其家人表示祝贺、送上纪念相册和慰问品时，李玥瑶表示感谢。她将于近日回家乡与大家共同分享夺冠之喜。

“我的年龄还很小，希望在我的职业生涯中能够实现大满贯，为国家争取更多的荣誉。”梦想永不止步，23 岁的李玥瑶表示，期望能更多地参加职业赛事，为国争光、为家乡争光。

十二、奥运会银牌得主宁陵姑娘李倩全运会强势夺冠

2021 年 8 月 8 日下午，在东京奥运会女子拳击 75 千克级决赛中，中国选手李倩对战英国选手劳伦·普莱斯，摘得银牌。9 月 19 日，“十四运”拳击项目女子 75 千克级决赛打响，李倩夺得金牌。

（一）宁陵姑娘成功转型

李倩，出生于宁陵县石桥镇吴良吉村，17 岁时随父母搬到内蒙古鄂尔多斯生活。身高臂长的她曾是一名篮球后卫，2007 年改练拳击后，李倩取得了较好成绩。李倩是国内少有的女子中量级选手，2012 年，也就是在她转型 5 年后，自身天赋加上勤奋，李倩就囊括了拳击女子 75 千克级的国内所有冠军。2014 年，李倩获得仁川亚运会拳击女子 75 千克级银牌；2015 年，李倩首获亚锦赛冠军，顺利拿到了里约奥运会参赛资格，并收获了一枚铜牌。2020 年 3 月的东京奥运会亚大区拳击资格赛，李倩的所有比赛都是以 5 比 0 的绝对优势获胜。

“这回我就是奔着金牌去的。”比赛前，李倩曾自信地说，“这可能是我拳击人生中最后一役，我要向奥运冠军冲刺。”在前三轮角逐赛中，她以绝对优势获胜。在半决赛中，她更是完胜前世锦赛 81 千克级冠军玛戈梅达莉耶娃。

（二）东京奥运会惜败决赛收获银牌

拳击女子 75 千克级决赛是东京奥运会收官之战，也是中国代表

团最后一个冲金点。在决赛中,李倩面对的是27岁的英国选手劳伦·普莱斯,2019年世锦赛冠军,目前排名世界第一。最终,李倩惜败劳伦·普莱斯,收获一枚银牌。

8月8日,在宁陵县石桥镇吴良吉村一处农家小院里,李倩的爷爷、奶奶、叔叔、姑姑等亲朋好友早早聚在一起,兴奋地收看东京奥运会女子拳击75千克级比赛电视直播。李倩的爷爷李法力一边热情招呼乡邻们,一边自豪地说:“我孙女是最棒的!一定会打出气势,为国争光!”比赛结束时,看到李倩摘得银牌,虽然感到有点惋惜,但李法力老人开朗地说:“她上届奥运会取得铜牌,这届获得银牌,还是可喜可贺!”

“这场比赛还是有一点点太想去拿了,没有发挥得特别好。”李倩表示,知道对手是游走、控制型打法,想压着她打,可惜没能控制住。在里约奥运会已经拿过一枚铜牌的李倩表示。

(三)全运会上勇夺冠军

9月19日,“十四运”拳击项目女子75千克级决赛打响,在东京奥运会摘得银牌的李倩夺得金牌。

决赛中,李倩迎战黑龙江队选手汪丽娜。虽然东京奥运会结束后,李倩经历了21天的隔离,但依旧延续了在国际大赛中的良好状态,展现了奥运会银牌得主的实力。中国拳击队备战东京奥运会期间,汪丽娜曾担任李倩的陪练。长期对练的两人在决赛中较为谨慎,鲜见激烈对攻场面。“两人比较熟悉,谁去盲目进攻,都会被抓漏洞。”李倩说。经过东京奥运会洗礼的李倩攻守兼备,凭借丰富的经验稳扎稳打,李倩自始至终掌控着比赛节奏,几乎每一记出拳都能命中得分,最终以5∶0的比分轻松夺得冠军。

夺得全运会冠军后,李倩表现得非常开心。“虽然隔离结束后的训练不太系统,但毕竟经历奥运会的紧张备战,通过一些队内比赛,我也找到了一定的竞技状态。”面对比赛中来自全国各地的优秀运动员,李倩依旧保持着比较轻松的心态,“全运会拳击项目水平还是很高的,虽然不能给自己太多压力,但也要给予对手充分的重视。”17岁开始练习拳击的李倩,一直以来保持着脚踏实地不怕吃苦的训练作风，屡次在国际大赛中展现中国女子拳击的强大实力，说起下一阶段的目标，李倩表示："希望能在巴黎奥运会收获金牌！"

十三、匠心传艺　妙笔生花——刘腾龙毛笔

刘腾龙笔庄是制笔世家、中原毛笔生产基地、河南老字号、商丘"十大文化产品"、"优秀旅游商品"生产企业，刘腾龙毛笔列入河南省"非物质文化遗产"保护项目。刘腾龙毛笔以其精湛制笔工艺赢得消费者的认同，享誉海内外。

刘氏毛笔已传六十八代，刘腾龙笔庄传承第七代。自汉朝二千多年来刘氏毛笔经历了多少战争风云、朝代更替，但始终流传有序，工艺质量更是炉火纯青。刘腾龙毛笔从选毛到成品全凭手工，始终"长做深栽"，做出的毛笔不光笔的周身有力，而且笔杆内也有笔力。一支合格的毛笔需要八十二道制笔工序，纯紫尖毛笔需要一百二十八道工序，全凭着手工操作和经验积累。

刘兰亭跟着伯父刘家祥学习制笔，平时他勤学苦练，掌握了刘氏毛笔制作的技能。20 世纪 80 年代，刘兰亭的毛笔不仅商丘地区七县一市有销售，邻近的山东、河南、江苏，远到辽宁也有其毛笔经营。

刘兰亭有一子两女，他们下学后跟着父亲学习制笔，日复一日，年复一年，三年后三人均可操作毛笔制作的技艺，为她们将来传承毛笔事业打下良好的基础。后来，刘兰亭动员儿媳和女婿们也加入了毛笔制作行业。

为了传承刘氏毛笔的尖端技艺，培育十二岁的少年（童功）学制笔，刘兰亭忍痛让次孙刘恩来放弃了学业。现在长孙刘恩杞大学毕业后，毅然走进刘氏毛笔事业。

刘兰亭在宁陵县工商局注册登记"刘腾龙笔庄"，并在国家工商总局商标局申请注册"刘腾龙"商标。在宁陵县委县政府的大力支持下，2009 年 3 月 25 日（农历二月二十九日）沉睡四十七年的"刘腾龙笔庄"，在宁陵这片热土上挂牌恢复。4 月 30 日，时任中共宁陵县委书记贾宏宇，带领四家领导到刘腾龙笔庄调研。他给笔庄指明了方向、对未来成长与发展提出了合理的建议。其一，强化精品意识，改进包装，提升品位；其二，增加文化内涵，把《呻吟语》等古典名著与刘

腾龙毛笔文化结合，生产套笔；其三，积极申报河南老字号，河南非物质文化遗产，提高知名度。

2009 年“中原文化宝岛行”期间，时任中共商丘市委书记王保存随中原文化代表团赴宝岛台湾。12 月 17 日，台湾亲民党主席宋楚瑜在台北圆山大饭店会见市委书记王保存一行。王保存将宁陵县刘腾龙笔庄“笔墨”套笔以河南礼品赠送亲民党主席宋楚瑜，为海峡两岸沟通和文化交流中起到了桥梁和促进作用。

（一）刘腾龙毛笔走进中南海，国务院办公厅来函称赞

2010 年 7 月 29 日，刘腾龙笔庄生产的精装“天地”毛笔走进中南海，呈送中央领导使用，时任国务院副总理李克强用刘腾龙“纯紫尖”毛笔批阅文件。此笔受到了中央领导的肯定，国务院来函称赞。

刘腾龙毛笔制作技艺列入“河南省非物质文化遗产”项目，2011 年 12 月，河南省人民政府公布，河南省文化厅颁发：宁陵县刘腾龙毛笔制作技艺列入“河南省非物质文化遗产”项目保护。

2012 年 3 月 19 日，中共商丘市委常委、宣传部部长贾瑞琴在市委宣传部办主任侯公涛陪同下来到商丘刘腾龙笔庄。3 月 21 日上午，商丘刘腾龙笔庄在长江路隆重举行开业仪式。

宁陵刘腾龙笔庄代表商丘参加第八届国际（深圳）文博会。展会上，国内外客商围拢在笔庄展台端详品鉴，蘸墨试峰，大受褒奖，湖南、浙江等地客商纷纷与公司签订合作协议。河南省委常委、宣传部长赵素萍在市委宣传部部长贾瑞琴陪同下，亲临刘腾龙笔庄展位观摩，赵素萍并勉励公司总经理刘应璋：“要开阔视野，加强学习，将‘刘腾龙’这一老字号品牌发扬光大”。

2012 年 9 月，河南省文化厅命名宁陵县刘腾龙笔庄有限公司为“河南省非物质文化遗产”展示馆。

2013 年中原旅游商品博览会在洛阳栾川举行。来自七个省份二十四个地市的 611 家企业参展。刘腾龙笔庄参展的“三商”套笔荣获“银奖”，奖金 5 000 元人民币。

2014 年 8 月 19 日，中共宁陵县委书记李振兴陪同下，商丘市人大常委会副主任杨继民率领人大调研组，市政府副市长岳爱云等来

笔庄调研。

（二）央视记者在笔庄采访庄主刘兰亭

中央电视七套《乡土》栏目，2015 年 7 月 29 日 12 点 30 分播出“在那梨花盛开的地方”。对“刘腾龙笔庄”这一文化产业作了详细报道。

2016 年，第六届全国“非遗”连展在云南省昆明官渡镇举行，本次联展共有 15 个省、市、自治区的 86 个非遗项目参加，省非遗传承人刘兰亭在展示中荣获毛笔制作“银奖”。

（三）刘腾龙笔庄被认定“河南老字号”企业

2016 年 6 月，宁陵县刘腾龙笔庄有限公司被河南省商务厅认定为“河南老字号”企业。

2016 年，中共商丘市委副书记苏长青、市委副秘书长孙景权等一行，到刘腾龙笔庄调研文化产业发展。宁陵县委书记李振兴等陪同调研。苏长青走进刘腾龙笔庄展示厅，被笔庄各式各样的毛笔和历史文化深深吸引。他饶有兴致地拿起笔盒内装有《呻吟语》“天地”套笔欣赏起来，他对刘腾龙毛笔与商丘本土文化结合起来，做成套笔的做法大加赞扬。

2018 年 9 月 24 日，河南宁陵县刘腾龙笔庄的“沙随缘”套笔以中国文化产品赠送德国威尔堡市市长和副市长。刘腾龙毛笔跨出国门，走进德国彰显出神奇的风采和独有的文化魅力，为中德两国友谊发挥作用。

2018 年 10 月 19 日，笔庄为韩国著名书法家金炳基教授特制“商之颂”毛笔；“中华情”套笔赠送韩国杂志协会理事崔名谨先生、全北大教授李京勋女士。

俄罗斯铁路运输安全研修班在中国（郑州）铁道警察学院学习中文，2018 年 12 月 14 日，公司董事长刘应璋将中国宁陵县刘腾龙毛笔赠送给俄罗斯学员，增加中俄两国的友谊。

第十六届中国中华老字号精品博览会，于 2019 年 9 月 12 日在浙江杭州国际博览中心举行。刘腾龙毛笔荣获“最受消费者喜爱的老字号品牌奖”。

毛笔不仅是历史的进步,更是一种文化的传承。刘腾龙毛笔像是一个传播者,通过使用者的手书写着历史、传承着文化。

十四、“三农”政策理论家——李天资

李天资同志1936年出生于河南省商丘市宁陵县城郊乡火神庙村的一个贫农家庭。他小时候念过私塾,后因家庭困难未能继续。他非常珍惜新中国给予的就学机会,更加如饥似渴的读书学习,成绩优异,文采出众。

1951年10月,他15岁上初中期间就引起团县委的重视,点名调他参加工作。随后因各方面表现突出,商丘地委农村工作部、地委办公室先后调他去工作。1956年5月,李天资同志光荣加入中国共产党。1963年,在他跟地委副书记史宏泉搞“四清”试点工作期间,时任河南省委书记处候补书记兼商丘地委第一书记的纪登奎(后任国务院副总理)看他老实能干,为人坦诚,选调李天资为他的秘书。自此以后,李天资随纪登奎由商丘地委到河南省委,由河南省委到中共中央办公厅,直到在国务院办公厅值班室担任第四组副组长。

据李天资回忆,20世纪70年代初,纪登奎被“文革”造反组织揪斗关押,他被迫离开纪登奎,参加“保皇秘书”学习班。半年多之后,在中央召开的一次解决河南问题的汇报会上,周恩来总理问纪登奎:“你的李秘书来了没有?”李天资因此正式参加了汇报会。从此,他又重新回到纪登奎身边。

20世纪70年代,在“文革”中,邓小平同志重新出来工作后,中央部署全面整顿。李先念、纪登奎等领导主持中央举办的整顿“学习班”日常工作,吸收处于混乱局面的省领导干部、关系国计民生的中央大企业领导班子骨干(包括各派群众组织头头)参加,一个省一个省,一个企业一个企业解决问题。李天资参加了联络组工作,根据中央指示精神,他运用在河南工作时搞试点批判派性、搞大联合的做法,在解决国防科委的一个核工厂和山东省的两派问题工作中,同学习班负责人一起,对学员、对领导干部和各派性头头讲党性、讲团结、讲大局、批判派性,各自作自我批评,取得较好的效果,得到了领导的肯定。后来,他又被派到杭州丝联厂同袁木和中组部的王英等同志

一起搞批派性、促联合试点。中央领导对联络组工作很重视，在中央办学习班期间，邓小平同志在人民大会堂亲自听取联络组袁木、王维澄、李天资等人的汇报。时任党中央副主席的李先念，在一次国务院召开的全国棉花工作会议讲话中说："李天资是个好同志，他敢于讲批派性、讲党性。"纪登奎在中央受批评后，在有人提出不同意把李天资从国务院值班室调出时，李先念又批示："李天资是个好同志，他没有问题，他的工作要好好安排。"后来，李天资作为中央书记处农研室调查办公室负责人，主持了全国性的农村社会经济大型调查，调查报告在《人民日报》上做了报道，为中央研究制定农村改革政策提供了参考依据。

20 世纪 80 年代初，指导农村改革开放的中央五个 1 号文件出台前，中央都要召开全国农村工作会议，几次会议期间李天资都以大会秘书处简报组副组长的身份负责文字工作。这个时期是中国农村迅猛发展的黄金时期。他还参与了党的十三届八中全会《决定》、《党中央、国务院 1991 年农业和农村工作的通知》和一些中央领导人讲话的起草工作。作为农民的儿子，他对农民农村问题十分关注，十分有感情，他在《人民日报》、《经济日报》、《农民日报》等中央报刊上发表了数十篇文章，编撰出版了《党的基层组织建设》等书。

20 世纪 90 年代，在中央政研室从事农村政策研究的同时，李天资还参与了两项很有意义的工作。一是在以江泽民同志为核心的党中央直接部署和领导下，在农村开展的社会主义、集体主义和爱国主义教育活动中，他参加了由中组部、中宣部和中央政研室三个主管部门组成的联络组（即"社教"办公室），担任联络组组长，负责日常事务工作，了解全国情况，总结经验，提出问题，以专题报告和由他主编的内部刊物向主管部门领导和中央汇报，为指导全国"社教"工作服务，受到了领导的好评。二是作为中央党建领导小组直接领导的全国基层组织建设联络办公室（设在中组部）常务副主任（兼），参与负责全国基层组织建设办公室日常工作，为指导和推动基层特别是农村基层党的组织建设、经济建设和思想建设做出了贡献。

2000 年 8 月，李天资从中央政策研究室局长岗位上退休。他深深地感念党和人民的培养，不愿意在家享清闲。2003 年 9 月，他在中国西部研究与发展促进会担任常驻副会长期间,在中国西促会直接领导及社会各界的大力支持和帮助下,经过国家新闻出版总署批准,他作为发起人之一,与报界朋友合作,成功创办了为中央西部大开发战略部署实施宣传服务的唯一一张全国性大报——《西部时报》。凭着对党和人民的无限忠诚,不负家乡父老的养育和期望,一个67岁的老人众望所归,重新焕发了青春,毅然挑起西部时报社社长兼法人代表的重担,为西部大开发继续谱写新的篇章。李天资虽长期在外工作,但始终情牵桑梓,心系家乡父老,力所能及为老家做了许多事。如上世纪六十年代协助宁陵县政府争取筹建化肥厂,退休以后为家乡火神庙村筹资30万元兴建村办小学校等。

十五、宁陵县走出的第一位共和国将军——张世杰

1935年5月4日,张世杰将军出生于河南省商丘市宁陵县黄岗乡大张庄村,一个历史久远,曾经贫困落后的村庄。张将军曾于1949—1952年就读于宁陵县中学,1952—1954年在华北财经学校学习,1954—1956年在北京商业局和北京市第二地方工业局工作。1956年由北京应征入伍参军分配到中国人民解放军空军部队,历任战士、助理员、副科长、科长、副处长、处长、空后物资部部长等职。1990年7月任中国人民解放军空军后勤部副部长,1992年7月中央军委授予中国人民解放军空军少将军衔,1994年8月依照《中国人民解放军现役军官服役条例》光荣退休。

人生成长的经历,深烙着时代的印记。张将军经历过旧社会的苦难和新中国特色社会主义翻天覆地的建设过程,毛泽东思想影响着他的思想和成长,影响着他的一生。他曾说过:“没有中国共产党就没有新中国,就没有社会主义的今天,就没有我的今天。是党的光辉照耀温暖了我,是党培育了我,我与祖国同呼吸共命运。”几十年来,他所遵循的是“为党为国,为民要忠,为人要诚”。他说:“生我养我的是爹娘,培养教育我成长的是党。几十年来,我没有做过惊天动地的大事,比不了英雄、劳模和科技工作者,但我始终如一,以普通一兵的心态,扎实做事,勤奋工作,老实为人,时刻不忘党的宗旨。自己的党员身份和义务。我感到无愧于党、国家和人民,无愧于父母的养

育。几十年来，走过了艰辛的工作之路，同时也经受住了风雨考验，从一个普通农民出身的穷孩子成长为领导干部。政治上坚守初心坚定不移，听党话，跟党走，严于律已，遵纪守法，为政清廉；工作上坚决执行上级指示，坚持原则、认真负责、雷厉风行、勤勉尽责、勇于担当。"

（一）应征入伍、矢志不渝

张世杰少年时期亲历了国民党地方保安团和建制部队的色厉内荏，祸国殃民。家乡地处宁、睢、柘三县交界，当时是国民党反动统治的薄弱区，也是我党开展革命活动的活跃区。少年张世杰聆听过解放军"三大纪律八项注意"的嘹亮歌声，亲睹过解放军"不拿群众一针一线""秋毫无犯"为民助民的实际行动。著名的"淮海战役"期间，家乡是解放军的后方，解放军强大的感召力，使家乡人民不顾个人安危，出人出力，捐钱送粮，抢救伤员，支援前线。军民的"鱼水情"诠释了"兵民是胜利之本"的战争理论。这些幼时的景象给他留下深刻的印记，极大地点燃了他为国效力，为民服务的激情。

在宁陵县中学和华北财经学校读书期间，张将军觉得虽然条件艰苦但是幸福的。生活上得到国家的助学，国恩难忘；学习上得到师长的关心，师恩铭胸。在这期间，他积极向组织靠拢，主动接受革命思想教育，并光荣地加入了中国共产主义青年团。思想上的成熟与进步进一步坚定了他投笔从戎报效祖国的决心，深刻认识到只有强大的国防支撑才会有人民的安居乐业和国家经济的繁荣发展。1955年，我国颁布第一部《中华人民共和国兵役法》，决定实行义务兵役制。已在北京第二地方工业局工作的他毫不犹豫，义不容辞地决心放弃北京机关干部优越的工作和生活条件每月 44 元的工资待遇（部队的津贴当时是每月 6 元），满腔热情献身国防。1956 年 2 月 28 日经北京市兵役局批准他成为一名光荣的解放军战士，这也成为他人生最重大的一次抉择和转折。

入伍后，一个月的新兵训练结束，组织上鉴于他的各项表现和个人情况，安排他到某国防工程担任统计员。他所承担的是中尉军官岗位工作，而享受的仍是普通义务兵的待遇，他不和组织讲任何条件,因为他知道入伍是服兵役,尽义务的。以“积极、认真、负责的态度干好工作”,克服各项困难,迅速投入工作中,这期间,他主动自觉接受国法、党纪、军法、军纪的教育,逐步树立了自己的革命世界观、人生观、价值观,进一步提升了政治素养和思想境界。在党组织的影响教育下和同志们的帮助下,服役四年中年年被评为“五好战士”,多次得到嘉奖,荣立三等功。于 1959 年 10 月光荣地加入了中国共产党。也就是从这天起,他认为他的一切都属于共产党。他将入党誓词写在笔记本的首页上,牢牢地记在脑子里,时刻以誓言为准则。并结合工作实际常对照、常检查,方向明确,坚守初心,为实现共产主义理想而努力践行。

(二)献身国防、鞠躬尽瘁

1960 年,张将军四年的服役期满,鉴于他的综合表现和工作成绩,组织上预让他继续留在部队工作。当时他在部队的待遇远低于地方,同时他的家庭也十分困难,如果复员到地方工作,可以好好孝敬父母,报答父母养育之恩。但是从小到大尤其是从军服役 4 年期间的政治思想教育,使他深深懂得部队的需要就是国家的需要,就是党的需要。面对留下还是复员的选择,他决心服从大局、服从部队需要,放弃复员机会,继续留在部队工作。就像他自己所说的,“不能只考虑个人利益,患得患失,图舒适、图安逸、图享受,下定决心、树立信心,不仅服从组织上安排,还要从思想上、行动上服从。自古忠孝两难全,坚守初心,矢志不移,决心终生献身国防。”

1960 年 7 月,上级下达命令批准他为副排级军官。1961 年 10 月组织选派他到基层连队锻炼,他和战士一样放哨站岗,刻苦训练,承担各项急难险重工作任务,与战士同吃、同住、同训练、同劳动、同娱乐,练意志、练作风、练技术。部队基层连队的磨炼,使他学到了更多知识,增长了才干,从一个普通士兵成长为一名合格的军队基层干部。

1979 年,随着国防建设的需要,张将军所在部队组建了物资处,他由计划财务科科长被上级任命为物资处处长。这期间,适逢国家大变革大发展时期,也是他在工作岗位上接受磨炼和考验的时期,更是政治水平、思想觉悟大提高，为党为部队国防事业做出更大贡献的成熟时期。在任职期间他主持协调国家建材局等部门建成了全国建材系统最大的水泥中转站，投入运营后，在国防建设和国家经济发展中发挥了显著作用。

此后，他在空军后勤部物资部部长和空军后勤部副部长工作岗位上，勇于开拓、敢于创新，做到物资保障有力，确保正常的物资供应，为部队的正规化建设和战斗力的提升做出了显著贡献。

在地方和部队工作的40余年来，张将军深知后勤工作都是管“钱”和“物”的，“钱”和“物”是部队赖以生存、发展和完成使命任务的重要物质基础。不管是在计划经济还是在改革开放后的市场经济时期，也不管自己职务的高低，他担负着空军部队的基本建设所需要的国家统配物资。他始终秉承廉洁奉公、坚持原则、不搞权钱交易、不搞权物交易的工作原则，圆满地完成了党、国家和军队交给的各项工作任务，向党和人民交上了一份满意的答卷。

（三）眷顾桑梓，不遗余力

树高千丈，落叶归根。故土故乡是每个工作奋斗在外的人魂牵梦绕的地方。在北京工作期间，家乡大大小小的事情都牵挂着张将军的心。商丘地区驻京办事处在筹建期间遇到了重重困难，他积极协调有关方面为办事处的建立做了大量工作。

1995年退休后回家乡，他看到改革开放以来家乡人民的生活水平发生了巨变，有了很大改善。但家乡原有资源基础差，公共设施简陋，尤其是他得知还有个别学生因交不起学费而辍学时，他的内心局促不安，毅然拿出5000元资金救济贫困学生和奖励品学兼优的学生，展现了他对家乡人民的眷恋和对下一代成长的关爱。在京60多年，他虽已退休多年，但仍心系家乡事、家乡人，积极为家乡建设出谋划策，尽力帮助克服困难，解决实际问题，对家乡的事务投入了大量精力和热情。家乡的逐年发展和变化都牵挂着他的心，心系家乡是这位退休老将军的一生情怀。家乡的水养育了他，家乡的人帮助了他，为官一任讲奉献，为人一生讲情义，诠释了老将军的家国情怀。

十六、热爱家乡品德高尚的将军——李秀兴

1951年9月,李秀兴出生于宁陵县逻岗镇和楼村。小学三年级在逻岗完小,1965年考入四中,1968年底毕业,在逻岗学校度过了难忘的7年多时光。在校期间,曾担任少先队大队长、班长,四中革委会副主任,同时担任宁陵县红代会(红卫兵代表大会)常委和逻岗公社红代会主任。1969年3月,参军入伍到新疆,11月调北疆军区(原伊犁军区)机关,任警卫员、文书、出纳,1971年7月加入中国共产党。1974年8月入解放军后勤工程学院学习,1977年3月毕业,留校当教员。1978年2月调原总后勤部基建营房部工作,历任秘书、助理员、办公室副主任(1993年4月到福建某部代职,任副师长)、主任。2000年8月任空军雷达学院副院长,2004年6月授予空军少将军衔。2008年3月到空军后勤部工作。2009年12月退休,现定居生活在北京。

(一)认认真真学习是人生法宝

李秀兴不论是在家乡上学,还是在军校,总是在听老师讲的同时,随即在书本上做好笔记,讲到哪,记到哪。他在新学期发新书时,找来厚纸张,包书皮,以保护课本(那时不像现在,塑料皮一套即可),但从不吝惜在课本上勾勒、标记和记文字。这样,可减少所记文字数量,复习之时,触景生情,便于回忆与记忆。李秀兴在军校教建筑制图课,教案里,充满了五颜六色的各种标记,黑的、红的、蓝的,直线、三角、米字、括号,讲的、写的、问的,还有作图等,自己想定,以求讲课时得心应手,取得好效果。这是他的学习、工作方法。

回想他们那个年代,真是学习艰苦,生活艰难。记忆最深的是考中学,1965年,全县仅有四所中学,在校生不到1 300名,当年仅招400人。四中只招一个班,50人,几个人才能录取一个,竞争非常激烈。考试前夕,礼拜天都不回家,家里给送吃的。天刚蒙蒙亮,就起床看书。晚上,点着煤油灯做作业,直到深夜。晚上安静,学习效果好。学习,最关键的是充分利用时间,这是成功的秘诀。爱因斯坦说过:人的差异产生于业余时间。我们上学的那个年代,学习用的作业

本、草稿纸，铅笔写了钢笔写，写到不能写才罢。铅笔用到没铅为止，墨水是3分钱一包的墨粉自己用水冲制的。生活艰难，小学3年级就住校，每周两次步行回家背吃的，红薯面馍和红薯，菜是家里腌制的豆瓣酱或萝卜条，有时就是带点盐巴，热水泡馍放点盐，好的滴上几滴香油，馍、汤、菜都有了。那时，身上有5毛钱，感到很有钱。

1974年，在军校补习基础课，中学时代数都没学完，而学解析几何、微积分；物理没学过，就学力学，其难度可想而知。再就是领受教学任务，还兼“教研室秘书”，学习专业、学英语、备课。这两个阶段，压力非常大，学习的艰苦与刻苦，至今难忘。一天到晚，满脑子的课程。走路、做梦都是学习、做题、讲课。觉睡不好，饭吃不香。李秀兴暗下决心，告诫自己，各门课程要学好，秘书工作得干好，教学任务必须完成好。为搞好备课，暑假放假他都没回去。上课前夕，收到家里“父病重，速回”的加急电报，在家只住了几天，马上返校上课。备课期间，晚上、礼拜天，经常一个人在空闲的教室里，反复练文字、练线条、练图形，掐着时间，放开嗓子，一节课一节课的试讲。之后，与教另一个班的教员（都是第一次上课），相互试讲。对方是个女教员，北京人，普通话讲得好，李秀兴虚心向她学习。李秀兴在教研组、教研室试讲，一次通过，听讲的领导、教员一致给予好评，认为：形象很好，气质不错，表达能力较强，声音洪亮，板书严谨，字写得漂亮，时间掌握较准，具备了军校教员的基本素质。听后，自感欣慰，觉得辛苦值得。经过努力，圆满完成了64学时教学任务。

在武汉军校任职时，学院规定，院常委每周听一次课，李秀兴坚持听课，还喜欢与教员面对面的沟通交流。在一次教研室主任、部分教授参加的议训会上，李秀兴结合听课的观察与体会，谈了教员上课应注意的几个问题：第一，强化基本功。一是树好形象：要衣着整洁，发型宜人，皮鞋擦亮，站立有样；二是表达能力强：要吐字清晰，声音洪亮，抑扬顿挫，有声有色，手势得当；三是板书准确：要数量适宜，位置得当，书写流畅，字体漂亮；四是熟记教学内容：要少看教案，多媒体运用得当。第二，加强教学管理。不允许学员听课时打瞌睡、看书籍等。第三，报告要规范。会后，不止一个教员对李秀兴说，李副院长，你怎么讲的那么形象和到位。李秀兴说：“我当过教员”。大家表示认同。

(二)本本分分做人是人格品德

谈做人、做事,使我想起,2007 年,李秀兴在空军雷达学院机关团以上干部会上讲的一段话,主要讲如何处理做官、做人、做事的关系。李秀兴讲道,做官是有期限的,由于年龄等原因,职务晋升不上去,就得转业或退休,再大的官,也有休息的时候,所以,当官是一时的。但不论大小官,都要讲官德,有当官的好品质、好作风。做官要唯实,不要唯上。

李秀兴从小的理想,就是当老师、当医生和当兵。过去,咱们家乡,老师、医生称为先生,多嘛好的称谓,一个是教书育人,一个是救死扶伤,心灵、身躯、精神,光荣、伟大的职业,受人尊敬。为什么想当兵,一是受家中二哥当兵的影响,他当兵 5 年,军属光荣的牌子挂在大门口,每到春节,大队领导和一些民兵,举着红旗,敲锣打鼓,来家送对联、猪肉、白菜等,家里光荣,男人走出家门,能见世面。二是小学时,我们穿着少先队服,佩戴红领巾,到逻岗街上欢迎近百人的解放军,队伍整齐,歌声嘹亮,纪律严明,特别是他们的五角星帽徽、红领章,光彩夺目,戎装整齐漂亮,军人神气威武,的确令人羡慕向往。1969 年,李秀兴报名参军,如愿以偿。很有幸,当了 41 年兵,还成为共和国将军,超出李秀兴的理想。进军校学习,没想到留校,当了一年多教员,虽然时间不长,但有此经历,倍感欣慰,因为这是我少年时的理想。后来又有幸到院校工作 7 年多。41 年军旅生涯,使李秀兴更加感受到,有理想必须有信仰。不论干什么工作,都应立足本职,放眼世界,胸怀祖国,坚定信仰。六十多年的人生之路,使我感悟并身体力行,亲情、乡情、友情,情情入心,用心、热心、诚心,方显情义。

李秀兴 6 岁丧母,那时不懂事,也不知母爱。他与父亲相处 28 年,前 10 年不懂事,后 10 年在部队,真正明事理相处不足 10 年时光。虽然他老人去世近 40 年了,但李秀兴对父亲的音容笑貌记忆犹新,怀念、感恩之情,难以言表。父亲虽是一个农民,目不识丁,但他的谆谆教诲,刻骨铭心。父亲教李秀兴最多、影响最深的,是怎么做人,怎样做事。他的高贵品质,对子女的教育和影响,给了李秀兴一生享不尽的精神食粮，是李秀兴终生学习的榜样。在《回忆》里李秀兴写道：作为中华儿女，我有伟大的祖国；作为一名党员，我有伟大的共产党；作为一名军人，我有伟大的人民军队；作为一个儿子，我有伟大的父亲。李秀兴经常翻阅《回忆录》，每当看到父亲、母亲这段，每当回想起父亲踢冰冒雪，给往学校送吃的情景，都会黯然落泪。这就是李秀兴对父母的深厚情谊。现在退休了，李秀兴几乎每年清明时节，都要回来给长辈和长兄上坟，以表达李秀兴的哀思之情，心灵得到慰藉。李秀兴兄弟三个，相处非常友好，从没拌过嘴、红过脸。母亲去世早，李秀兴从小跟着哥嫂生活，他们对李秀兴上学、生活倍加关照，是李秀兴的恩人。大哥患病，到北京、武汉诊治、住院，李秀兴他们保障服务，用最好的药。俗言道，长兄为父，老嫂比母。大哥去世时和三周年，李秀兴和爱人赶回家吊唁。对大嫂，每年都给一定的生活费用，以表达报恩之情。

离开家乡的几十年，回来次数有限，时间也短，与许多老师失去联系，但老师们教书育人、为人师表的言行，他们的音容笑貌，至今记忆犹新，仿佛就在眼前。李秀兴始终感激他们。与部分同学尚有联系，回到家乡，择机而聚，回忆当年趣事，忆老师话同学，充满欢乐与情谊。多次说到，1966 年 11 月，李秀兴他们 20 多位老师、同学“长征串联”，从家乡徒步去武汉，进入湖北境地，山路崎岖，李秀兴因病寸步难行，几位老师和同学，背着李秀兴走了 30 多里，到达目的地。漫漫长征路，悠悠同学情，终生难忘。

几十年来，与军校的老师、同学，联系较多，出差、旅游所到之地，总会挤出时间看望他们，尽量聚聚。北京接待很多，尽心尽力为他们服务保障。同学通信录，我联络整理，回母校聚会，李秀兴牵头组织联系，统筹协调安排。李秀兴乐于做这些有情有义的事，有一种快乐和幸福感。平凡的工作岗位，通信员、警卫员，文书、秘书、办公室领导，学员、教员、副院长，相似的工作岗位，都是为首长、机关和广大干部、战士、职工服务。平凡的业绩。李秀兴常想，作为军人，没有经过长期艰苦的军事训练，更没有赴汤蹈火的壮烈之举。李秀兴常说，既没有军事干部的魄力与果敢，又没有政工干部的智慧与艺术，也没有科技干部的知识与成果，只有后勤干部的敬业与实干（因为李秀兴一直从事后勤工作)。工作用心,待人诚心,一身河南人的朴实和忠厚,率直与仗义。时常同情弱者,偶见打抱不平。

(三)踏踏实实做事是人生实践

几十年来,不管在哪个单位与岗位,不论什么职务,李秀兴始终怀着感恩的心,堂堂正正做人,踏踏实实做事,清清白白为官。

1969年,新兵训练结束不久,连首长让李秀兴去当通信员,很快入团。当年底,被选调到伊犁军区警卫班,为军区首长当警卫员。离开警卫班,到军区司令部管理处当文书。1972年提为干部,在管理处当出纳。俩年多的财务工作,没错过一笔账,一分钱。1974年入军校学习建筑专业,当班长。毕业留校当教员。1978年底,调到总后基建营房部工作22年,当了12年秘书,创单位秘书之最。当办公室副主任、主任7年多。上面说的这些岗位和工作,都是为首长和机关服务,必须有良好作风。

李秀兴勤奋学习警卫知识,加强体能锻炼,刻苦训练射击、骑马等,一旦有情况,必须快速反应,不怕牺牲。文书、秘书,办公室主任的工作,大量的文件、电报处理,参谋智囊,日常工作活动安排,会议组织协调,迎来送往,服务保障,日复一日,年复一年,事务繁杂。工作虽平凡,但责任重大,稍有疏忽,影响很大。李秀兴坚持严、准、快、细、实的作风行事,从没发生过任何失误,受到首长称赞,圆满完成了工作任务。真是细节决定成败。曾两次荣立三等功,多次获得嘉奖和被评为优秀共产党员。做人做事,身教重于言教,身体力行,率先垂范。李秀兴任副院长期间,个人的发言、学习体会、撰写有关材料等,都是自己动手,从不让秘书和机关的同志代劳。走上领导岗位,配有专车。李秀兴从不专车专用,只要部下找来,首先保障他们用车。

坦率地讲,41年军旅生涯,李秀兴之所以从祖国边疆,到山城重庆上大学、留校,又调到首都北京,在总部工作,在空军后勤部工作,李秀兴总在想,把人做好,把事办好。当然,最重要的是,入伍当年,就有幸为军职首长服务,到北京后,长期在二十多位军职首长身边工作,为他们服务,他们有枪林弹雨走过来的老红军、老八路和全国解放战争时期的老战士，有军校、地方名牌院校的大学生，他们身上有我李秀兴永远学不完的品质与精神，让我受益。他们给予我的教育培养和关怀帮助，真是感激不尽，让我永志不忘。说实在的，如果不是留校，也调不到北京工作，更谈不上当将军。李秀兴原在的部队，现整编为新疆军区某边防团，至今只出李秀兴一个将军。2002 年李秀兴回到老部队，受到盛情款待。

李秀兴离开家乡近 50 年，到北京工作，已 39 年，李秀兴曾担任北京商丘商会顾问、商丘籍北京将军联络人、宁陵县北京联谊会会长等（现在军委有规定，不能再担任这些职务）。1993 年 3 月，李秀兴第一次参加宁陵县在京召开的“振兴宁陵联谊会”，发言中李秀兴讲了四句话：广泛宣传，更新观念，因地制宜，注重效益。同时表示，为家乡建设发展献计献策，尽心出力。2010 年春节前夕，商丘市在京召开“经济发展新春恳谈会”，李秀兴代表商丘籍在京人员讲话，呼吁和恳请在京的老乡们，为商丘的建设发展，有人出人，有力出力，有钱出钱，提供信息，广泛宣传，也是贡献。李秀兴感谢豫东水土的养育之恩，是家乡父老乡亲的教育和潜移默化的影响，让李秀兴如何做人，如何做事，养成了重事业，讲感情，顾大局，守纪律，讲团结，吃苦耐劳，仗义执言，诚实守信，善待他人的品格，使我这个农村青年，成长为一名共和国将军。

十七、校友经济理论的创立者——吕世杰

吕世杰，经济学家，校友经济理论的创立者，出生于 1963 年 12 月，河南宁陵县赵村乡吕大庄人。1986 年考入中央财经大学经济管理系，毕业后留校工作。先后在国务院发展研究中心、国家统计局等部委工作，历任国务院发展研究中心《现代企业导》刊杂志社副总编、国家统计局中国国情研究会常务副秘书长，教育部中国人生科学学会秘书长、副会长。现任中国企业发展研究中心主任，兼任中国国情研究会执行会长、中央财经大学政信研究院副理事长、中央财经大学文化与金融研究中心理事长、上海建桥大学客座教授、中国政信产业联盟理事长、中国传统文化促进会伏羲文化专委会主任、东方书院名誉院长等。2014 年创办中金普惠股份有限公司，并出任董事局主席。

是多家媒体的专栏嘉宾，中央电视台、香港凤凰卫视等特约评论员。

（一）农民之子的奋斗情怀

出生于20世纪60年代初的他，兄弟姊妹6个，在家里排行老四，经历了新中国成立后最困难时期的最后期，他和大多数同龄人一样，在经常性的一饱一饥状态下，度过了他的幼年和少年，因家里兄妹多，生活极其困难，只靠母亲一个人挣工分，即便远在他乡工作的父亲能够偿还生产队欠下的口粮钱，仍不足以过上吃好饭的日子。到上了高中阶段仍没有多少改变，无论冬天和夏天都是提前带能吃一周的干粮（用红薯面掺玉米面做好的窝窝头等熟食）上学，即便干粮长毛发霉，也不敢贪吃，均是按照定量分配到每一顿，生怕挨不到周末，看到其他同学有大头咸菜吃，就羡慕得不得了。要知道，为了供他上学，那些干粮是他母亲及全家人不舍得吃的最好的东西，几乎穷尽所能做出来的，一旦拿走后，家里人基本上没什么主食可以吃了，只有红薯，他母亲最发愁他周末回去拿吃的。因此，他明白无误地开始计划自己的未来人生：改变这种贫困，一定要考上大学才能实现，一定要到全国人民都向往的地方去——北京，才算完美，哪怕粉身碎骨。

经过六年艰苦的高中学习，他终于考上了中央财经大学，实现了人生第一大理想。四年的大学生活，让他开阔了眼界，打下了最宝贵的人生基础。在大学中，在完成学业之余，他通过勤工俭学、社会实践，大学未毕业，就出版了一本畅销书，不仅解决了生活费用，还能接济家里困难、偿还掉父亲的债务和其他在校读书的亲戚的生活，使得他的大学生活非常丰满。

毕业留校后，他先后开办过多家公司，著名的“圣象”地板商标，就出自他之手。后调入国务院系统工作，39岁那年就享受到司局级待遇。可以说，他在同龄人眼中是一个很有毅力、闯劲的成功人，而他自己并不认为自己是成功者。用已经58岁的他自己的话说：“不努力，只能走在别人的后边，如其这样，不如趟一条适合自己前进的路来，当你回头看自己的轨迹的时候，你会发现它的曲折线条要比别人美妙得多，没有成功之说，我是一只负重的蜗牛，永远在路上”。

(二)游子的家乡情怀

吕世杰作为一个知名学者,从来不拒来自家乡伸出的求助之手。

(1)支持教育建设

2003年,吕世杰回到母校宁陵高中,向母校捐赠20万元,设立教育奖励基金,表达了他对教育事业支持的赤子之心,不少学子获得过奖金,那个时期,也是宁陵高中升学率最高的时期之一。

(2)支持文化建设

2011年起,吕世杰作为吕坤的第17世嫡孙,被推举为宁陵吕坤思想研究会会长。吕坤,宁陵人,作为我国明代著名的唯物主义思想家、政治家、军事家、世界法医的奠基人,在世界上享有盛誉,在当时与王阳明齐名且无不胜之,著有《呻吟语》《吕坤全集》等,历史记载,他去世后,皇帝为他敕修了占地800余亩的墓区,位于宁陵县阳驿乡吕坟村。为了弘扬宁陵的灿烂文化,在吕世杰的号召下,先后募集100余万元,将商丘文物保护单位——吕坤墓进行了重修,为宁陵县的文旅建设起到了引导作用。屹立在西沙河西岸的吕坤墓,与上百亩的柏林已成为豫东地区最大的名人园林,它将成为宁陵历史文化的重要组成部分和青少年的教育基地。

(3)发展和完善在京同乡联谊会

20世纪90年代初,在京工作的宁陵籍人员相对很少,全部加起来为30余人。为了凝聚宁陵籍在京人员力量,搭建北京与宁陵的桥梁,在原有的基础上,吕世杰亲自正式筹备组建联谊会,并推举母子元为第一任会长。张世杰和李秀兴将军分别为第二、第三届会长,目前吕世杰为第四任会长。联谊会正式成立之后,真正发挥了不忘初心的作用,每年均组织一到两次如春节团拜会和宁陵发展研讨会等活动,不仅加强了在京工作人员的联系,还为家乡出谋划策,支持家乡建设。不少在京老乡为家乡做出了突出贡献,以邓天志先生为代表的企业家,大笔投资张弓酒业就是一个鲜明的例子,历届宁陵县各级领导均到京参与并指导活动,已经形成良好的循环发展模式。目前,宁陵籍在京工作人员已经突破300人,已经成为宁陵发展的有效血液。据吕世杰介绍,他本人直接或间接解决农民工在京工作达百余人次，其他在京工作人员也同样发挥了积极的作用，为宁陵县脱贫贡献了微薄之力。另外，在联谊会的基础上，宁陵县组织部还成立了宁陵籍在京人员流动党支部，使得在京人员不但有了归属感，也有了学习家园，流动党支部经常性组织各种公益活动，成为河南人在京一道亮丽的风景线，各种媒体均进行过报道，为宁陵增了光添了彩。

(4)为农民工讨说法

2000年初，来京打工的老家人打电话给吕世杰，要求见一下，吕世杰同意了，不曾想一来就是一二十号人。在招待期间，他们说明了来意：在某工地打工，老板不给钱，找不到人，没钱回不去了。他随即安排好他们住下，并给足了回去的盘缠，第二天把他们送走了。没想到他们并未走，仍返回了工地，差点和包工头打起来，这才又打电话给吕世杰，吕世杰很快赶到工地，找到包工头，要求立即支付工钱，否则反映给有关部门处理。在他强大的威慑下，包工头乖乖地付了工钱，解决的争端，也避免了事态恶化。类似这样的事情，他亲自处理了十多起，大部分都顺利解决了。无论认识或不认识的他的人只要找到他，无论是旅游还是看病，他都会力所能及地给予帮助。他自己的家长期空着一层，夫人为此意见颇多，但仍拗不过他，用他自己的话调侃说是老家的办事处。

(三)学者的学术情怀

作为一个学者，吕世杰是低调的，但从来没有放弃自己的思想。

1. 提出“中原经济(圈)区”的概念

1997年，受漯河市政府的邀请，吕世杰陪同前国务院政策研究室主任袁木先生，到漯河、许昌一带考察，与当地时任领导陈全国、毛万春等同志共同探讨河南中部地区发展问题。

2. 提出“校友经济”理论

吕世杰在留校工作阶段，就看到了校友的力量，他总结了世界各地的大学建设情况，得出了校友可以产生经济的现象，进而，经过不断研究、调查，总结出了系统性的理论体系。发表后，很快引起广泛的关注，产生了巨大的社会影响力。比如武汉市政府，利用校友经济进行招商，一年内成功引资一万多亿，校友经济理论成为城市建设、文化建设、学校建设非常有生命力的价值理论。每次记者在采访他的时候，他都认为，校友经济不仅在现在具有超常的生命力，在未来，校友经济一定会成为全民经济的重要组成部分。

(四)学子的师生情怀

谈起在中学的时光，吕世杰显然异常兴奋。他记忆最深刻的老师，莫过于吕宜园、吕海泉、刘伯杰等。吕宜园是宁陵县第一位共产党员，齐白石的弟子，集书法和绘画于一体，具有很大的影响力。在宁陵高中任教时，吕世杰在校学习期间曾与他同住一室照顾他生活两年，吕世杰书法写得不错，就得益于吕宜园先生的熏陶与指点。后期他也与地理老师吕海泉住在一起一年之久，情同父子，感情颇深。作为当时的校长刘伯杰老师，吕世杰对他的评价是"朴素而严肃，勤勉并严谨"，吕世杰的作文写得好，很得刘老师的青睐。在刘伯杰任校长期间，宁陵高中的教学质量是最好的时期之一，宁陵县第一个考入北大的就是在那个时期。2016 年，吕世杰冒雨回宁陵参加刘伯杰的葬礼时，年过八十的杨效军老师领着他到公募拜谒了吕宜园之墓，紧挨着吕宜园墓东侧，就是刘伯杰的墓穴。吕世杰无不遗憾地说：1997 年刘老师到京看病，因工作原因只陪了刘老师两天，虽然在他那里住了十余天，总感觉没有陪好，心里头堵堵的。2011 年，杨效军老师和雍茂官老师来京，正逢教师节，吕世杰来不及买鲜花，顺手将办公室的摆花捧给老师，以示的敬意，两位老师高兴地哈哈大笑：这是在京接收到的第一束敬师之花，谢谢！谢谢！随后进行了拍照留念，每逢吕世杰回到母校，两位老师都会提到那件事，很是快乐。

十八、宁陵走出的外交家——史成新

史成新，1941 年出生于河南省宁陵县赵村乡黄庄村。1965 年毕业于郑州大学中文系，同年 8 月分配到外交部直属外交人员服务局工作，历任科长、处长等职。其间两次被外交部借调到中国驻朝鲜大使馆（任领事部主任、一等秘书）及中国常驻联合国代表团（任秘书组长、一等秘书）工作八年。出国前曾到外交学院进修外交业务 3 个月，到国家科委上海外语培训基地学习英语 6 个月。

2001年8月退休后一直从事书画活动，先后担任外交部老年书画研究会常务副秘书长、中国五老书画院荣誉院士、北京时代金城书画院艺术顾问、中国名人名家研究会顾问、马中国际书画联盟签约书法家及名誉主席、中国书画世界行联合会副主席等职。应邀先后参加2013年在井冈山举办的毛泽东书法艺术研讨会、2014年中国书画世界行联合会在曼谷举行的第一届高峰论坛及2015—2019年在意大利佛罗伦萨、韩国、美国夏威夷及土耳其安塔利亚举办的第二至第五届高峰论坛及第一至第四届国际书画节。2014年7月我参加了由五老公益工程组委会在中国文联“艺术家之家”展览馆举办的“老艺术家老外交官书画联展”，有17幅书法作品参展。2018年春节应老将军博物馆王金育馆长之邀，在浙江临海举办个人书法展，共展出35幅书法作品。2018年8月，在中国政协文史馆举办的老外交官十人联展中，我有14幅书法作品入展。2019年下半年，为庆祝新中国70华诞，应邀拟在宁波举办个人书法展，预计展出60余幅书法作品，并出版个人书法作品集。

十九、军旅艺术家——吕华强

吕华强，男，字贵卿，号行远。斋号行远阁。河南宁陵县赵村公社桃古集人。1955年出生，1970年底考入中国人民解放军军乐团，并以各科全优、专业第一名成绩毕业。历任学员，队员，司礼干事，管理处长，解放军艺术学院音乐系军乐专业暨军乐团教学队队长。中共党员，大校军衔，研究生学历。长期司职国家和军队的礼宾工作，深受周恩来总理“外事无小事”教诲的影响，参与组织协调实施了美国总统乔治·布什，克林顿；英国女王伊丽莎白二世；德国总理科尔，苏联总统戈尔巴乔夫，俄罗斯总统叶利钦，赞比亚总统卡翁达，新加坡总理李光耀，日本首相，法国总理，奥地利总统，罗马尼亚总统，南斯拉夫总统，越南主席，泰国首相和王储，柬埔寨西哈努克亲王，朝鲜金日成主席等100余个国家的元首、政府首脑、陆海空三军军事首脑访华，以及1000余场次党代会、两会、亚运会、国庆四十周年和五十周年盛大阅兵群众游行等国家军队重大内外事仪式活动，多次受到周总理等三代党和国家领导人以及外国元首和政府首脑的接见。

亲耳聆听了三代领导人的教诲，目睹了中外领袖的风采，亲身感受着我国外交风云的巨大变化。美国时任驻华大使温斯顿·洛德和驻华武官还分别破例亲笔致信，对乔治·布什总统访华期间给予的出色协调组织工作表示感谢。现为中国北京书法家协会会员，将星翰墨书画院副院长，海内外书画艺术联谊会艺术策划，行远阁诗书工作室导师，上元艺邦国学馆艺术总监，中国长城书画家协会理事，中国音乐家协会会员，中国楹联学会会员，中华诗词学会会员。解放军《红叶诗社》会员，中国散文家学会会员，王学仲《黾学书院》学术委员。

长年研习书法，喜篆隶，善草书，研行楷。20 世纪 80 年代中期参加中国书协理事、北京书协副主席——张裕钊书体传人张书范先生书法班，其间临池不辍，溯魏晋，追秦汉，慕唐宋，敬时贤，多有心得。后进入中国书法文化研究院书法硕士研究生课程班学习并任班长，随欧阳中石等先生深造，颇多收益，对书法的文化艺术含义，又有更深层次的理解。在探求书法艺术的道路上，陆续得到王学仲、娄师白、李铎等国宝级书画艺术大师的指导和帮助。长年研究军乐演奏与教育，特别对书法与音乐之关联有较深体悟。使自己的书法作品融入了音乐的华美和激昂，流动着小夜曲的优美旋律，震撼着进行曲的铿锵节奏，回荡着亘古与时代的交响。长年司职国家与军队的礼宾工作，徜徉于人民大会堂、钓鱼台国宾馆、北京饭店、京西宾馆、军事博物馆等党和国家重大活动场所珍藏的书画作品里，欣赏学习、开阔眼界、汲取营养、丰富提高自己。使书法作品“师古不泥古”，神追往圣而灵魂更亲近于时贤。

几十年的军旅生活，铸就的军人气质，使其书法作品充满阳刚之气和正能量，大气磅礴，高屋建瓴，境界高远，胸怀博大。书法内容涉猎广泛，积极向上。书法作品入选“第三届北京国际书法双年展”；草书“观云”被毛泽东主席收藏纪念馆收藏；书法作品在全国政协礼堂、军事博物馆、太庙、首都师范大学美术馆展览，并在《中国书法导报》等专业报纸杂志刊登。任第二届全国《长城杯》书画作品展评委，中国新闻出版书法家协会书画展评委。2015 年分别举办“走进太行——翰墨情韵中石弟子五人书作联展”，“走进泰山——翰墨情韵中石弟子五人书作联展”。2016年五月应美国纽约福建华人华侨联合会邀请,分别在美国纽约和费城举办军旅书法家吕华强书法作品交流展示会,受到旅美华人华侨以及外国友人的热烈欢迎。2017年11月在福州长乐区VR小镇举办吕华强书法作品研讨会。2018年六月参加《翰墨长安——全国著名书法名家邀请展》,2018年7月参加庆祝八一建军节《翰墨长安——全国书画名家邀请展》,2019年7月北京民族文化宫参加《唱支山歌给党听——庆祝建党九十八周年书画大展》。还被中华国礼中心聘为“特邀名书画家”,向国外和境外要人介绍、推荐、展出和礼送。许多作品被政府机关、商界巨贾、文艺界人士收藏。

书法特点:

大篆古朴厚重、盈金石阳刚之气;

小篆秀美灵动、现超脱灵魂之心;

行草动静有度、体天圆地方之境;

隶书飘逸柔美、得典雅庄重之韵。

深得专家学者的肯定和艺术家、企业家的追捧喜爱。早年从事单簧管演奏专业,以各科全优成绩毕业。参加全军文艺会演获优秀奖,担任单簧管三重奏领奏,小乐队首席,并作为重点培养人员选入独奏进修班深造。从事音乐领导期间,组织公演和慰问部队演出约三百场次。从事组织领导军乐教育工作期间,创办并主编《军乐教学与研究》,为军队培养了一批优秀管乐人才。一批学员获得国际国内专业比赛金奖,为国家和军队争得荣誉。

擅长撰写艺术评论和创作古典诗词,在《时代潮》《创造》《红叶》《中国书画报》《音乐周报》《中国文化报》《收藏界》等报纸杂志发表文章。其近体诗词选集《对弈清风》2009年由作家出版社出版,其续集即将付梓。诗词《黄钟大吕吟》被中华诗词文库《军旅诗词卷》收录,参加2011年海内外汉俳创作大赛获优秀奖。2009年获“世界华人艺术家”称号,被收录《中国音乐家名录》,《中国楹联家名录》,十余首诗词2015年被《当代中华诗词集成—解放军卷》收录等。

二十、宁陵走出的生物学家——乔传令

乔传令，女，1953年出生于河南省宁陵县石桥乡石桥北街。1976年12月南开大学化学系有机化学专业毕业；1980—1982年北京大学生物系进修；1989年在联合国教科文组织(UNESCO)在捷克举办的"现代生物技术和微生物技术长期研究生班"获理学博士学位；1992—1993年荣获首届居里夫人一等奖学金在法国科学院科学与进化研究所做博士后，启动中-欧农业基因工程合作研究项目，1997年11月—1998年2月法国科学院科学与进化研究所；1999年1—4月英国卡的夫大学；2002年11—12月荣获JSPS合作研究项目在日本名古屋大学；2003年7—9月澳大利亚墨尔本大学合作研究项目；2004年3—6月，法国科学院科学与进化研究所；2006年10月—2007年4月美国斯坦福大学荣获首届爱因斯坦讲席教授交换学者，高级访问学者；2007年12月—2008年2月在美国罗德岛大学，高级访问学者。

中国科学院动物研究所研究员，兼中国科学院研究生院教授、博士研究生导师，抗性分子遗传学学组组长；1995—1999年药剂毒理室主持工作的副主任。北京农药学会常务理事，副秘书长，青年委员会主任；北京遗传学会理事；第四届北京市科协委员；中国昆虫学会毒理专业委员会副主任；中国毒理学会生态专业委员会副主任；《Insect-Science》编委，《Applied biochemistry and Biotechnology》编委。主持承担了国家"863"重大专项、国家自然科学基金、中国科学院创新工程、北京市自然科学基金、国际合作等项目等43项；培养硕士生20名、博士生23名、出站博士后3名。国家发明专利9项；省、部级科技成果奖8项；在国内外发表论文200多篇，获奖优秀论文8篇。1992年3月作为中国科学院中青年科学家代表荣获北京市五好家庭百颗星。

主要从事昆虫抗性分子遗传学的研究，杀虫药剂抗性基因的克隆、鉴定与应用。①研究不同地理种群害虫对主要杀虫药剂(氨基甲酸酯、有机磷、拟除虫菊酯)的抗性基因的分布，基因的特征，基因型的定性监测，时空分布以及其进化规律。克隆并测定了抗性家蝇乙酰胆碱酯酶(AChE)基因的全序列，发现3个点突变与杀虫药剂抗性

有关,此为设计具有选择性的新型杀虫剂提供理论指导。首次证明了北京库蚊杀虫药剂抗性基因型为酯酶 B1,基因扩增是引起库蚊对有机磷产生抗性的主要机理。证明了非特异性酯酶的过量产生是其结构基因扩增的结果。发现不同地理区域含有相同单基因型酯酶 B1 和 A2B2 基因扩增的库蚊分别有相同的起源,之后经迁移而传播到世界各地。首次研究成功了棉铃虫抗性基因频率快速监测方法,“为棉铃虫的应急防治提出了科学依据,在同类项目中达到国际先进水平”。②研究昆虫抗性基因的克隆、鉴定与应用,抗性基因的功能、表达与调控过程。③重点研究将从昆虫中得到的具有降解功能基因,构建超级工程菌,研究超级工程菌表达所得到解毒酶对农药残留的降解作用。④研究超级工程菌剂和解毒酶制剂的开发和应用,构建出具有高降解酶活性的质粒,转化得到具有高表达活性的、可以降解残留在水、水果、蔬菜和土壤中的杀虫药剂等有毒有害化合物的转基因工程菌。该转降解酶基因工程菌和以此而得到的降解酶可以降解有机氯羧酸酯类,拟除虫菊酯类和有机磷酸酯类等农药。“果蔬安”农药残留降解酶荣获第十九届中国杨凌农业高新技术博览会“后稷特别奖”。乔传令是国内外第 1 位将从昆虫中克隆得到的降解酶基因,研制出用于降解蔬菜、水果、土壤和污染水农药残留的多种降解酶制剂。国家“十四五”果蔬食品安全真正提上日程了,降解酶制剂又重新受到重视,大有用武之地了。

二十一、中医学博士生导师——陈明

陈明,男,河南宁陵县人,中共党员,北京中医药大学教授,主任医师,博士研究生导师。1978 年 10 月考入河南中医学院中医专业本科。1983 年 7 月毕业留校任教,从事中医医教研工作。1984 年 9 月在职考取河南中医学院中医基础理论专业(黄帝内经)攻读硕士学位。1987 年 7 月获河南中医学院中医基础理论专业硕士学位,同年 9 月晋升为讲师。1994 年 9 月考入北京中医药大学基础医学院,攻读博士学位,同年 11 月晋升为副教授。1997 年 7 月获北京中医药大学中医临床基础专业医学博士学位,留北京中医药大学基础医学院任教。2001 年 6 月晋升为教授,同年 11 月被聘为北京中医药大学中医临床基础专业硕士生导师,2004 年 11 月被聘为北京中医药大学中医临床基础专业博士研究生导师。

先后师从于我国著名中医药学家、内经研究大家石冠卿教授、伤寒论研究大家刘渡舟教授。自 1983 年始从事中医教育教学及研究工作,为国家级重点学科中医临床基础学科学术带头人。曾任北京中医药大学中医临床基础系副主任、主任、书记等职。社会兼职历任中华中医药学会仲景学说分会副主任委员、秘书长、主任委员,现为中华中医药学会仲景学说分会主任委员,兼任世界中医药学会联合会古代经典名方临床研究委员会名誉会长,中华中医药学会经方论坛国际协作联盟主席、中华中医药学会首席健康科普专家等职务。2017 年被评为北京市教学名师,2018 年被评为北京市师德先锋。在从事中医医、教、研工作的 30 余年里,陈明教授潜心研究张仲景学术思想,坚持理论联系实际,在教育教学、理论研究、临床实践及科普宣传等众多方面获得了诸多优异成绩:

【学术研究】陈明教授曾先后执教“黄帝内经”“金匮要略”“伤寒论”等中医专业经典课程,其丰富多彩的教学内容结合风趣幽默的授课形式,深入浅出的理论讲解结合精彩生动的实践案例,形成了特有的“陈氏教学”风格,深受各届不同班级学生一致好评。陈明教授结合中医学学科专业特点,提出了“三点三步”及“五位一体教学法”,同时较早开展了“伤寒论情景教学法的实践运用”研究,并被选为北京中医药大学首批精品课程《伤寒论》视频公开课主讲、《中医学专业导论》视频公开课主讲,其视频荣获中华医学会优秀教学成果一等奖。陈明教授致力于教学及学术研究,著有《中医四大经典临证指要》丛书、《伤寒论讲堂实录》等学术专著 15 部;发表学术论文 120 余篇;主持及参加省部级以上科研项目 5 项;获省部级以上奖励一等奖 1 项、三等奖 1 项。另获中华中医药学会“首席健康科普专家”奖、北京市教学名师奖、北京市师德先锋奖、北京中医药大学“首届教学名师”奖和“十大我最喜爱的老师”奖、多次获北京中医药大学“优秀教师”及“伤寒论课程优秀主讲教师”、教学大赛一等奖等多项奖励。至今培养博士研究生 20 名、硕士研究生 53 名。

【临床实践】陈明教授主张中医临床必须以中医理论为指导,充分体现中医整体观念、辨证论治的传统特色，理论联系实际。灵活运用经方治疗脾胃疾病、肠道疾病、肝胆疾病、心脏病、咳嗽、气喘、发热类疾病、糖尿病、痛风、高血脂、慢性疲劳、口腔溃疡、痤疮及各种皮肤痒疹、妇女月经不调、带下病、乳腺病、小儿厌食、消化不良、小儿发热等内科、妇科、儿科、皮科疾病及多种疑难杂症。年门诊量 8 000 余人次，治疗中圆机活法、细致入微，处方精当，临床疗效显著，国内外患者慕名前来求诊者众多，其精湛的医疗技术和高尚的医德医风，深获患者好评。

【科学普及】在进行中医经典理论研究及人才培养的同时，陈明教授始终坚持推广中医药科普宣传，增强中医药的社会影响地位，坚实中医药文化的群众基础。作为中华中医药学会首席健康科普专家，中央电视台“中华中医药”、“健康之路”、北京电视台“养生堂”等栏目主讲专家，陈明教授曾多次做客中央电视台“健康之路”、“中华中医药”，北京卫视“养生堂”，中国教育频道“非童小可”，江苏卫视“万家灯火”，辽宁电视台“健康一身轻”等栏目，为广大群众讲解介绍中医药治疗之优势及特色。其主讲的养生堂系列节目“经典里的中医智慧”30 期，一经播出，社会反响极大，影响深远，将中医古老的经方送至千家万户，服务普通百姓，对中医理论知识的普及起到了很大的推动作用。

二十二、建筑装饰专家——华敬友

华敬友，宁陵县华堡镇华岗村人，1960 年 7 月 9 日生，中共党员，新闻高级职称，现任住建部《中国建筑装饰装修》杂志总编辑。1979 年 9 月—1983 年 7 月，郑州大学哲学系读书，获哲学学士学位；1983 年 8 月—1985 年 12 月，毕业分配到中国建筑二局二公司（洛阳）工作，先后任公司组织部组织干事、基层团委书记、公司工会副主席、主席；1986 年 1 月—2004 年 8 月，调至中国建筑工程总公司，创办《中华建筑报》，任副总编；2004 年 9 月—2013 年 3 月，调至中国建筑装饰协会，任中国建筑装饰协会材料委员会秘书长；2013 年 4 月－至今，调至《中国建筑装饰装修》杂志社，任总编辑（法人代表）。华敬友是我国建设行业阅历丰富的老同志，他亲手创办了我国建设行业第一张公开发行的报纸——《中华建筑报》。工作18年间，采访、宣传了国内各省市城市建设和国家（省市）重点工程；宣传报道过多位国家领导人、省部级领导视察国内重点工程活动；采访、宣传了许多优秀企业、劳动模范。华敬友任职中国建筑装饰协会材料委员会秘书长期间，组织了国内多场大型展览展示活动。其中，与郑州市人民政府共同举办过中原地区大型建材博览会，为助力河南建设行业发展做了大量积极工作。他组织专家考察国内建材市场，打造了国内多个中国名优建材生产基地。华敬友同志多次带领中国企业参加国际博览会，组织国内优秀企业家到世界各地参观、考察、交流，并在国外投资建造"中国建材城"。华敬友现任《中国建筑装饰装修》杂志总编辑，这是一本住建部主管国内外公开发行的行业主流媒体。近年来，他为推动中国建筑装饰行业的发展勤奋工作，做出了突出贡献。这本杂志被评为"中国最美期刊"，在国内建设领域具有较大影响。

华敬友酷爱摄影（曾在工人日报摄影部工作过），担任中国建筑摄影研究会秘书长至今达20余年。深入石油、煤矿、农村等领域采访，踏遍了祖国山山水水和广大农村。当年，两伊战争期间，曾赴伊拉克采访。曾攀登过珠穆朗玛峰进行拍摄；他拍摄过国内近四十年来我国北京、上海、深圳等城市的特大国家重点工程项目和标志性建筑。去过沙漠、森林、油田、煤矿、农村和国外几十个国家交流活动采访创作摄影。

北京河南经济文化促进会，是经民政部门注册的社团组织。由京豫两地一批德高望重的河南籍老领导和各界成功人士参与。华敬友连续两届被推选为副会长。促进会的宗旨是利用北京丰富的政治经济文化资源，开展相关活动，推动中原经济区建设，为北京、河南两地的经济建设和文化发展做出贡献。华敬友同志利用自身优势和资源，创办了《中原儿女》杂志。近几年来，该杂志大量采访报道了京豫和全国各地经济、文化发展和社会各界知名人士。该杂志免费赠送中央各部委河南籍领导，每年赠送"两会"代表；并赠送至河南省及各地市领导和相关部门。同时，赠送至全国各省河南商会及国外河南华人组织。《中原儿女》杂志多期报道过商丘经济发展和城市（古城）建设，受到社会大众和领导的一致好评。

华敬友2018年春节前夕，曾组织在北京工作的宁陵籍大学生举办“不忘故土、不忘乡亲、京城大学生春节回乡慰问”活动，受到乡亲的欢迎，数十家媒体进行了报道。华敬友是一位走出商丘、走出河南做出优异成绩专家学者，更是一位心系故土、热爱家乡的中原游子。

二十三、食品安全专家——路勇

路勇，博士，教授级高级工程师，享受国务院特殊津贴专家，中国食品药品检定研究院副院长。多年来，路勇紧密围绕食品安全保障工作大局，以严谨的科学态度和强烈的社会责任感，开拓创新，攻坚克难，取得良好的效果。曾获“全国先进工作者”“北京市有突出贡献的科学、技术、管理人才”“科技奥运先进个人”“北京市先进工作者”等荣誉称号。1972年5月，路勇出生在河南省宁陵县城西街，在县实验小学、南街初中、西河高中读完小学、初中和高中后，1990年进入河南大学生物系读书。1994年大学毕业时，被免试推荐到中国科学院沈阳应用生态研究所攻读硕士研究生。1997年研究生毕业后到北京市工商局工作，先后在北京工商杂志、消费者权益保护处等部门工作。2004年，路勇根据上级安排牵头筹建北京市食品安全监控中心（以下简称监控中心），历任该中心副主任、主任等职务直至2016年。在此期间，路勇带领技术团队参与了首都食品安全技术保障、2008北京奥运、新中国成立60周年庆典、APEC等重大活动的食品安全保障工作，参与处置了苏丹红事件、啤酒甲醛起标、红心鸭蛋、食品中含有塑化剂、蘑菇检出荧光剂等200多起食品安全突发事件，取得了良好的效果。

（一）保障2008年北京奥运食品安全

监控中心成立之初，奥运食品安全的保障就成为监控中心的重中之重。当时，面对奥运会这样大型国际体育赛事的食品安全保障工作，中国没有太多的经验可以借鉴。2005年4月，路勇带领团队参与制定出了《2008年北京奥运食品安全行动纲要》及数十万字的《实施方案》，对确保奥运食品安全起到至关重要的作用。

从制定《纲要》开始，路勇和团队们就走上了一条前无案例可寻的摸索之路。经过深入研究，路勇提出食品中违禁药物残留是奥运食品安全的最大风险。从2005年初，路勇带领团队率先开展奥运食品中违禁药物控制机理研究，取得一系列丰硕的成就：确定的奥运食品违禁药物重点控制清单，得到北京奥组委、国家体育总局、农业部专家的认同；系统研发的多残留快速检测方法，被全国多家机构用于供奥食品的筛选；系统开展食源性兴奋剂在动物、人体内残留代谢规律研究，用于养殖基地药物控制；自主研发国际上首部配备大型分析仪器的食品安全移动实验室，满足了突发事件现场控制的目标，成功获得国家发明专利；组建奥运食品安全专家委员会，构建奥运食品安全监测体系，建立食品应急反应毒物数据库，制定奥运期间食品安全突发事件应急处置技术保障方案。

为了奥运食品安全的零事故，路勇和其团队做出了100%的努力。奥运会期间，路勇共接待了来自美联社、法新社等全球媒体20多次，共计800余人次的国内外记者的采访，向国际社会展现了我国在食品安全保障方面所做的努力及取得的成效。奥运食品安全保障的成果构建了重大赛事食品安全保障技术体系，在武搏会、田径世界锦标赛得到了进一步的应用并取得了良好的效果，路勇也参与了2022年北京冬奥会的申办中的食品安全技术支持工作，为2022年北京冬奥会的成功申办做出了相应贡献。

（二）守望首都餐桌安全

从2009年8月下旬到国庆期间，路勇带领团队几乎每天吃住在单位，加班加点研发食品安全快速检测装备。在国庆庆典彩排演练以及正式表演期间，路勇率领食品安全移动实验室及工作人员，多次赶赴天安门指定区域，随时应对突发食品安全事件，确保建国60周年庆祝活动无一例食品安全事故。

对于北京市食品安全保障工作，路勇和他的团队们很少有时间能停歇下来庆祝一下。食品市场浩瀚如海，庞大的监管数量，既要靠制度、自律、执法人员的巡查，也要靠强有力的技术支撑。2005年2月19日，监控中心第一时间监控到“英国食品标准署”网站公布了359种食品因被苏丹红污染而召回的信息。当时，大家普遍认为中国市场不存在含有苏丹红的食品。此事关系重大，路勇本着高度负责的态度连夜组织专家开展分析评估，同时组织对全市可能涉红食品开展抽样检测工作，结果在某品牌辣椒酱中检出“苏丹一号”。对于当时的监控中心来说，技术力量还不是十分成熟，面对压力和责任，路勇和同事一起连续奋战了两天，先后复检了四五次，最终确认了结果，为事态的及时控制提供了有力的技术数据支持，也随之拉开了全国查处苏丹红食品的序幕。

高效的风险监测与评估是发现、评估、控制食品风险的重要途径。在路勇和他的团队倡导下，北京市在2012年就建立起了包括监控中心、朝阳、海淀、丰台等6个分中心、东城、西城、通州等11个分局实验室和食品安全移动实验室、全系统快速检测车和一线执法人员的便携式快速检测设备在内的四级监控体系；构建了舆情信息动态监控、突发事件应急处置、风险监测评估预警、检测技术支撑保障、监管技术研皮转化、重大活动技术保障等6个技术平台为核心的首都食品安全技术支撑体系，形成了基本项目检测、多残留分析、未知物鉴定相互补充的食品安全风险监测评估能力。

每年监控中心都要协助相关部门制定全市食品安全监测计划，汇总全市各部门食品安全监测数据。在科学的分析中，监管的重点难点不言而喻。2011年4月，路勇在分中心、实验室上报的风险监测情况中发现，城乡接合部、农村地区食杂店、集贸市场等区域销售的调味面制品滥用食品添加剂问题突出。每袋多则三五元，少则几毛钱，很能吸引少年儿童。小事不小。路勇迅速组织分中心、实验室开展了调味面制品的专项风险监测，在北京市场发现大量不合格样本，北京市食品安全办公室迅速向产地发出通报，在全国引起了强烈反响。事后，外埠各产地政府及企业纷纷进行整顿和关停并转，不仅净化了首都食品市场，而且促进了产地的产业升级。

（三）科学应对突发事件

食品安全监管、检测面向老百姓的餐桌，要体现即时动态监管，要力争跑在食品安全问题暴发的前面。自2004年监控中心成立之初，路勇率领监控中心团队就建立了舆情信息动态监控技术平台，每天坚持监控3 000余家与食品安全相关的媒体和网站，对于重要信息，第一时间组织分析评估，节假日也不间断。2008年2月，《纽约时报》发布“美国奥运代表团官员在中国超市购买鸡肉，检出类固醇等兴奋剂类物质，并以此为由不入住运动员村”的消息再次引起哗然。奥运前夕，任何一点食品安全问题都会影响到国际声誉。“类固醇鸡肉”报道在农历大年初三被监控中心工作人员监测到后，路勇带领团队迅速组织对市场的禽肉产品开展全面监测评估，经过几昼夜的奋战，为随后召开的新闻发布会提供了翔实的技术评估报告和数据信息，有力驳斥了《纽约时报》的不实报道。发布会第二天，美国奥委会发表了内容为“对中国奥运食品安全充满信心，美国运动员会在奥运村内就餐”的声明。随后，英国等国家的奥委会也表示信任北京奥运的食品。

如果没有准确的、科学的结果反馈给消费者，恐慌就会扩大，引起社会的不安定。类似的事件发生后，路勇都是带领团队第一时间开展工作，为领导决策、市场控制提供快捷、准确的技术支持。路勇带领团队直接参与了苏丹红事件、啤酒甲醛超标、PVC保鲜膜致癌、大米镉超标、瘦肉精事件、染色馒头、北京烤鸭事件、台湾食品被塑化剂污染、蘑菇检出荧光物质、草莓残留乙草胺超标等200余起食品安全突发事件的评估，为事件的处置提供了快捷、准确、科学的技术支持。

2015年，路勇任北京市食品药品监督管理局食品药品安全总监，兼任北京市食品安全监控中心主任。2016年，路勇调任中国食品药品检定研究院副院长，继续承担食品安全、化妆品安全等相关工作。此外，路勇还先后担任食品安全国家标准审评委员会委员、全国打击违法添加非食用物质和滥用食品添加剂专项整治专家委员会委员、国家农产品质量风险评估专家委员会委员、农业转基因生物安全委员会委员等专家职务。受科技部聘请，牵头“十三五”国家重点研发计划“食品安全关键技术研发”重点专项实施方案和指南编制专家组相关工作。所领导的监控中心团队也先后获得“全国五一劳动奖状”“北京市五一劳动奖状”“全国巾帼文明岗”等荣誉称号。

二十四、农业科技专家——黄西林

黄西林,1965年出生在河南省宁陵县柳河镇赵尔庄村,1983年9月从宁陵县二中(柳河)考入河南农学院(现为河南农业大学)。1984年11月加入中国共产党,在校期间曾担任院学生党支部书记,并被评为优秀共产党员。1987年大学毕业后分配到宁陵县农业局逻岗农技站工作。1989年9月考入河南农业大学植物遗传育种方向硕士研究生。1992年硕士毕业留校任教,1996年1月至1999年10月到南阳市宛城区挂职科技副区长,1999年10月至2004年7月受河南农业大学委托,到北京奥瑞金种业股份有限公司任职,先后担任技术经理、研发总监、副总裁等职务。2004年8月至2015年11月一直在北京奥瑞金种业股份有限公司工作,2005年9月公司在美国纳斯达克成功上市,之后一直担任公司常务副总裁。2015年12月离职创业,先后创办了郑州丰捷种子技术有限公司、北京丰捷一佳农业科技有限公司等。

自1987年参加工作以来,他既经受过乡镇及县区级政府部门工作的历练,又有高校教学科研第一线的工作经验,更参与了一个注册资金300万元起步的小公司快速成长为国内种业十强、纳斯达克上市公司的全过程,并为之付出了近16年辛勤努力。在河南农业大学工作期间,他勤于职守、善于合作、乐于奉献。在完成繁重的教学任务同时,参与多项国家、省市科研项目,1993—2003年的十多年间,先后获得河南省科技进步一等奖两项,河北省科技进步二等奖一项,河南省教育厅科技成果一等奖两项,河南省教育委员会科技进步二等奖一项等。期间积极参与其他社会活动,曾任河南省遗传学会第四届理事会常务理事、副秘书长,第五届理事会名誉理事等职务。

2004年后他全职进入北京奥瑞金种业股份有限公司工作,勇于创新、敢挑重担,把大量精力投入农作物商业化育种模式创建、示范推广体系建立和种业现代企业制度建立等多项研究及应用工作。具有独立承担、组织重大科技课题的能力,专业理论扎实,在国内商业化育种、新品种示范推广和服务营销方面均有独到见解,在农业科研和推广战线上,为企业和社会做出了显著的经济贡献和社会贡献。

2005 年 1 月，他参与的“玉米杂交种豫玉 22 的选育与雄性不育利用及产业化”获得国家科技进步二等奖；2006 年 4 月，先后被海淀区政府和北京市总工会授予“海淀劳动奖章”和“首都五一劳动奖章”；2006 年 6 月，被海淀区委、区政府授予“2005 年度海淀创新人物”；2007 年 12 月，被海淀纪工委评为“2007 年度纪检工作优秀工作者”；2008 年 11 月他的“高产优质早熟多抗玉米杂交种国审濮单 3 号的选育及产业化开发研究”项目获得河南省科技进步三等奖；2009 年、2012 年两年，被中关村海淀园评为“爱职工的优秀经理”；2010 年被评为北京市劳动模范。

敢于打破常规是他的性格。2002 年高校科研人员和企业科研管理者的双重身份让他敏锐地意识到了国内玉米育种水平和效率与国外发达国家的明显差距。于是，他一方面积极了解学习美国先锋、孟山都等国际一流种子企业的研发体系和商业化育种模式，另一方面，频繁拜访中国农科院、中国农业大学等科研单位的知名专家学者，探讨对国内育种模式改革的意见。在充分汲取国外商业育种和国内人能育种精华的基础上，组织建立了奥瑞金公司独有的产业化育种新模式，使公司研发工作实现了规模化、程序化、工序化和规范化，2005 年由他主持建立的公司玉米新品种产业化育种平台架构基本完成，育种效率逐步显现。2007 年，他主持了公司与中国农业大学合作项目——《玉米单倍体育种在商业育种中的应用》，建立了公司单倍体育种技术平台，并在全国种子企业中率先实现规模化应用。进一步提升了公司的自主创新能力，经过几年的磨合完善，2012 以后该平台逐步呈现厚积薄发之势。目前已有 60 多个玉米新品种通过国审或省市审定，30 多个品种已获得自主知识产权，取得植物新品种权保护证书。这些优良新品种的推广应用，为公司发展和国家粮食安全做出了积极贡献。

2004 年，他主持组建了北京奥瑞金公司分子育种实验室，在国内种业界企业率先进军分子育种领域。并以此为基础与中国农科院、北京大学等广泛合作，取得了一系列科研成果，为公司做了充分的技术储备。2010 年，他主持了农业部转基因生物新品种培育科技重大专项课题——《植酸酶转基因玉米新品种中试》，建立了植酸酶转基因玉米配套生产技术体系、种子安全生产技术体系和质量监控体系，为植酸酶转基因玉米新品种的产业化奠定基础。目前公司拥有的自主知识产权的转基因抗虫及抗虫耐除草剂双价玉米已经完成国家安全性评价程序等待商业化政策许可，同时，作为公司的核心竞争力业已与先锋等国际大型种业企业签订了合作协议，一旦政策许可，将给公司和我国农业生产带来不菲的经济效益和社会效益。

由他主持合作引进公司的豫玉22、蠡玉6号、濮单3号、蠡玉16、蠡玉35等玉米新品种近20个，与公司自育品种形成了有效互补，多个品种成为全国各个生态区的主要栽培品种，为粮食增产农民增收发挥了积极的作用。在此基础上，他针对国内农技推广体系存在的问题，以企业为主体，组建和完善了以"R试验-带状试验-栽培技术试验-产品评价与定位-产品示范-技术培训与指导"为主体的新品种示范推广体系，使公司的新产品开发实现了快速、有序和高效，既降低了市场风险、又能充分挖掘品种潜能。与此同时，他借鉴国外种业发展经验，又深入探讨研究了种业服务营销模式，率先倡导服务营销的模式，目前服务营销模式已在中国种业界得到广泛认同，中国种子企业的核心竞争力进一步强化。乐于奉献，无私分享经验体会，时刻把培训团队、带队伍作为自己的核心工作之一。2005年以来，他还充分利用自己多年任教的经验和专业特长，亲自承担公司内训师，通过岗位轮换、职位晋升、理论培训、田间指导、项目分工、对外交流等方式，每年都为公司培养大批技术精英和业务骨干。因此，在奥瑞金公司内部，同事们很少称呼他"黄总"，而是亲切地尊称"黄老师"。

此外，他还主持起草或修改了公司的《行政制度》《财务制度》《人力资源管理制度》《ISO 9001 质量管理体系》《信息安全管理制度》《绩效考核管理制度》等多项规章制度，奠定了公司现代化管理的坚实基础。这些完善的管理制度和内控流程，保证了公司于2005年在美国顺利成功上市，同时，也为国内种子企业管理向规范化、现代化、国际化迈进，进行了有益的探索，提供了可行的范例。黄西林同志，为人正直善良，性格朴实谦和，身为公司高管却经常深入一线，以科学严谨、踏实肯干、敢于创新、能挑重担的精神，为公司的科技进步和稳定快速发展，攻克了一道道难关，取得了一项项成绩。他用自己的模范行为，无时无刻感召、凝聚和引导着全体员工，是公司名副其实的中流砥柱和榜样旗帜，得到了公司领导和广大员工，以及首都乃至国内种业界的肯定和认可，不愧为公司的科技带头人、农业科研和推广战线的科技带头人。

2015 年 11 月他离开了为之奋斗近 16 年的北京奥瑞金种业科技有限公司。51 岁的他开始了创业旅程，先后创立了郑州丰捷种子技术有限公司，北京丰捷一佳农业科技有限公司等。农业企业见效慢、周期长，加之创业期遭遇 2000 年以来最严峻的“种业寒冬”，目前公司的发展速度受到一定影响，但公司整体是在稳步向前发展，2020 年公司自育的 3 ~5 个玉米新品种通过国家审定，相信不久的将来公司会迎来一个快速发展期。作为一名农业科技工作者，一名 35 年党龄的老党员，不忘初心、服务三农是他一生的追求。

二十五、清洁能源专家——刘连玉

1982 年从宁陵第一高中毕业；1982—1986 年，武汉水电学院水能动力工程系，水电站动力自动化专业；1986—1989 年，武汉水电大学，研究生院技术经济专业。1989 年 7 月至 1996 年 5 月，任电力部水规总院工程师项目负责人，负责全国水电战略规划及重大水电项目规划设计审查、项目投资经济评价工作；1996 年 5 月至 1999 年 4 月，任电力部计划司水电处主任科员，负责全国的水电开发规划和投资管理工作；1999 年 4 月至 2002 年 12 月，任国家电力公司战略规划部规划处副处长，负责全国电力发展战略规划制订实施、电源项目规划布局和投资审查工作；2002 年 12 月至 2006 年 11 月，任国电集团计划发展部项目前期处处长，负责集团公司发展规划及电源项目前期工作；其间 2005 年 3 月至 2006 年 12 月兼任国电中山燃气项目公司总经理。2005 年 6 月至 2008 年 10 月兼任国电集团核电办副主任，负责国电集团核电前期项目的推动和投资管理工作；2006 年 11 月至 2008 年 10 月，任国电集团计划发展部副主任，负责集团公司发展规划及电源项目前期工作；2007 年 2 月至 2009 年 5 月，任国电集团公司河南分公司党组书记总经理，负责河南分公司的全面工作。2009 年 5 月至 2014 年 3 月，任国电集团公司核电办主任，负责集团公司核电项目开发及核电项目投资等有关前期工作。2014 年 3 月至 2015 年 9 月，任国电集团公司党组巡视办主任，负责集团公司有关巡视工作计划、工作安排、巡视问题处理等工作；2015 年 9 月至 2017 年年 12 月，任国电集团物资管理部主任，负责集团公司系统的工程、物资招标决策及管理工作；2017 年 12 月至今，任明阳智慧能源集团公司执行总裁，负责明阳智慧能源集团公司的风电、太阳能项目投资开发及综合能源经营运营服务管理工作。2018 年 1 月选举为河南省第十三届人民代表大会代表。1991 年在北京，“电源规划优化系统在三峡电站和邻近地区水电开发优化规划中的应用”研究项目获能源部科技进步三等奖，人员排名第三；同时获得水规总院科技进步一等奖；1994 年在北京，获水规总院科技进步一等奖；1999 年在北京，获《中国电业》创新论文三等奖；2000 年在北京，获《中国电业》创新论文三等奖；2007 年度在河南郑州，获河南省“省直机关优秀机关党建第一责任人”荣誉称号；2018 年，任河南省第十三届人民代表大会代表。在水电规划设计总院工作期间，除完成具体的水电规划和水电站项目前期研究和审查工作外，参与并完成了《长江及三峡邻近地区水电优化开发规划研究》，并获能源部科技进步三等奖；参与并组织完成了《西南华南区域电力发展规划研究》，并获水规总院科技进步一等奖；参与组织了《中国大中型水电站规划图集》的编制工作；组织和参与完成了《水电站预可行性研究编制规程》《水电站经济评价办法》《抽水蓄能电站经济评价办法》等规范规程的研究编制工作。

在电力部和国家电力公司工作期间，除完成具体电力项目的前期管理外，参与和组织了黄河上游水电开发公司、红水河龙滩水电站开发公司、沅水三板溪水电站开发公司等水电流域开发公司的组建和公司发起人协议及公司章程的起草和签订工作；参与起草了《电力工业发展规划编制纲要》；参与研究和起草了《公司规划内容深度要求》；组织和起草了《风力发电规划及前期工作内容深度要求》；组织研究编制并参与起草了《电力工业十五计划及 2015 年远景规划》；组织研究编制并参与起草了《国家电力公司十五计划纲要》；组织研究编制了《中部西电东送规划研究报告》；组织研究编制了《全国西电东送规划》和《全国风力发电规划》等专项规划。

在中国国电集团公司工作期间，除完成日常的项目前期管理工作外，组织完成了30多个项目的股东协议书和公司章程的起草、谈判和签订工作以及项目公司组建工作；组织编制了《中国国电集团公司电源建设项目前期工作管理办法》；组织编制了《中国国电集团公司十五电源建设项目发展规划纲要》；组织编制了《中国国电集团公司十五公司发展规划纲要》；组织编制了《中国国电集团公司“十一五”公司规划》；组织编制了《中国国电集团公司水电及新能源“十二五”发展规划》；参与组织编制了《中国国电集团公司“十二五”公司规划》；组织协调了国电集团公司大部分火电项目的前期和项目核准工作；组织协调了瀑布沟、深溪沟、大岗山、猴子岩、察汗乌苏等大型水电站的前期和核准工作；组织协调了大部分风电项目国家层面的前期和核准工作。

在国电集团河南公司工作期间，除完成河南公司组建以及相关规章制度的制定和公司日常工作外，组织完成了民权两台60万千瓦项目的核准、人员招聘、生产准备、投产运行工作；组织完成了国电荥阳两台60万千瓦项目的核准、人员招聘、开工建设工作；组织完成了国电驻马店两台30万千瓦热电项目资产重组、项目核准、开工建设等工作；组织完成了国电南阳西峡两台60万千瓦项目的前期准备和项目公司的组建工作；在2007年年被河南省授予省直机关“优秀机关党建第一责任人”荣誉称号。在担任集团公司核电办副主任、主任期间，除完成日常的核电办前期管理工作外，组织协调了与中国核电总公司战略合作协议的签订工作；组织协调了与中国核电总公司关于小型模块核电有限公司的章程协议的谈判和公司组建工作；组织协调了《中核国电漳州能源公司》章程协议的谈判和公司组建工作，组织推动了漳州核电项目的前期和核准工作；组织开展了江西、湖南、河南、安徽等核电项目的选址和预可研工作。

在担任国电集团公司巡视主任期间，除完成日常的管理工作外，组织建立了国电集团公司的巡视规章制度和组织体系，配合国家巡视组完成了对国电集团的巡视工作，并将国电集团公司内部巡视体系化、制度化，制定了巡视发现问题的处置机制、办法和标准。在担任国电集团公司物资部主任期间，组建了集团公司的物资管理部，组织建设集团物资采购组织体系，组织编制物资集中采购相关规章制度，组建国电网上物资采购商城，推动供应商管理体系建设，较好的解决大型国企招标采购中存在的效率与廉政的问题，使国电集团的采购与招标管理上了一个大台阶。

在担任明阳智慧能源执行总裁期间，在明阳集团工作期间，把积累的知识和管理经验用于明阳集团的转型升级，在克服明阳集团转型过程散乱现象起到了重大作用，转变了明阳集团投资风电项目管理一直不正规的问题，并解决了一系列的历史遗留问题，同时促使明阳集团每年开工 60 万 ~80 万的风电项目，组建能源服务业务单元，投资建设的风电项目以较好收益体现，2018 年实现了 2.4 亿元利润，为明阳 2018 年上市提供重大支撑。2019 年将实现 5 亿元利润，成为明阳智慧能源集团主要的利润来源。在理论学习和实践的创新方面，在全国各类刊物上已发表约 20 多篇研究论文，并曾经连续多年获得《中国电业》优秀论文奖。

二十五、青年创业代表——张书庆

张书庆，宁陵县逻岗镇人，现任北京阳子文化传媒有限公司董事长、宁陵县果源贡食品有限公司总经理。一位在京打拼，心系家乡的有志青年。

（一）出身寒门，刻苦学习

1987 年，张书庆出生于宁陵县逻岗镇张保寺村的一个贫困家庭。家中兄弟妹四人，张书庆是老大。奶奶、父亲身体不好，长年吃药看病。贫困的家境，养成了张书庆独立自强的性格。很小的时候，就在家放羊，跟着父母除草、种地，跟奶奶捡麦穗儿、拾花生。上五年级的时候，奶奶因病去世，上初一的时候，弟弟出生。这让本就贫困的家庭雪上加霜。张书庆高中最艰苦的时候，一天生活费只有一块钱，一天三顿饭，每顿饭就是三毛钱的两个馒头，再加从家里带来的豆瓣酱。看到长辈的辛苦，家境的贫寒，张书庆唯有努力学习，靠上学改边自己的命运。2006 年，张书庆以优异的成绩考入南阳师范学院广播电视新闻学专业。

（二）努力工作，艰苦创业

2010年，张书庆本科专业来到北京打拼，先后从事广告销售和影视商务工作。靠着自己的勤奋和真诚，张书庆赢得了众多客户的信赖。他先后操作了电视剧《太太万岁》，电影《爸爸去哪儿2》《陆垚知马俐》《绝世高手》《南极之恋》等项目的商务工作，合作了链家网、葵花药业、新东方烹饪、完美世界游戏、墨迹天气等知名品牌。2017年12月，张书庆辞去月薪2万元的工作，创立北京阳子文化传媒有限公司。公司以内容创作为核心，打造优质影视视听作品，塑造知名品牌、形象，传播优秀中华文化。公司主营业务为：影视投资制作、影视商务、品牌策划与管理、新媒体运营与管理。目前公司三部电视剧在筹备当中。

白手起家，创业维艰，但张书庆无怨无悔。他认为，只有自己创业，才能收获更多财富，才能帮助更多的人，为社会做出更大贡献。

（三）心系家乡，回报桑梓

在北京打拼很辛苦。张书庆又很年轻，能力有限，但却为家乡做着力所能及的贡献。2016年，石桥镇酥梨滞销，高中同学找到张书庆。张书庆开始帮助同学，在京推介宁陵金顶谢花酥梨，让金顶谢花酥梨在商丘、河南老乡圈，以及影视传媒圈有了一定的知名度。2017年6月，张书庆联合高中同学创立酥梨和梨膏品牌“果源贡”、创立宁陵县果源贡食品有限公司，继续为家乡酥梨、梨膏在北京的推广、销售奉献爱心。2018年7月18日，张书庆参加宁陵在京创业人员第一支部委员会认领北京市高碑店地区太平庄南社区绿地仪式。绿地建好后，宁陵人被朋友称赞为“雷锋”。张书庆发文《河南省宁陵县在京创业人员第一党支部为首都环境做贡献获赞“雷锋”》，引发广泛关注。张书庆生在宁陵农村，心系家乡建设，经常在京推介家乡特产、历史人文，措辞参加宁陵发展论坛，并连续两次参加大年初一宁陵县政府主办的“家乡建设恳谈会”，为家乡建设建言献策，销售宁陵特产。

在创业的同时，张书庆心系家乡，推介家乡，得到老乡们的一致认可和赞扬。张书庆说：“宁陵历史悠久，人文荟萃。宁陵君舍己为人，典韦忠诚勇敢，吕坤刚正清廉，老坚决植树造林……无数先贤都在激励着自己，努力奋斗、奉献社会。一个人的成就，不在于他有多少钱，而在于他帮助了多少人，为社会做出了多大贡献！”

二十七、国家科技部项目评审专家——王义东

王义东，男，汉族，1962 年出生，大学本科学历，民主建国会成员，现任与原任技术职务和社会职务如下：①技术职务，国家科技部项目评审专家、国家银河培训工程授课专家、中国发展与改革论坛专家、河南省科技创业导师、河南省高技术服务专家、北京现代管理大学特聘教授。②社会职务，中国企业发展研究中心常务副秘书长、中国高新技术项目研究中心主任、中国扶贫开发产业联盟专家委员会副主任、北京能源与环境学会副秘书长。

（一）出版专著

撰写出版《国家资助项目研发与申报实务》，近 100 万字，国家知识产权出版社出版；撰写出版《招商引资操作实务与项目文件编写指南》，近 100 万字，国家知识产权出版社出版；撰写出版《国家资助项目申报与融资研究》上下册，200 万字，中国大百科知识出版社出版。该书由国家 30 位部级领导和资深项目专家作为编著委员会，是全国唯一权威的项目创新开发与政策性融资的培训教材。

（二）理论研究成果

1. 项目创新论证概念定义

（1）技术创新点定义、理论诠释与论证规范。

（2）创新程度再定义，理论诠释与论证规范。

（3）创新难度再定义，理论诠释与论证规范。

（4）技术原理再定义，理论诠释与论证规范。

2. 创新方法与层次递进理论

（1）集成创新方法与三层递进理论。

（2）延展创新方法与三层递进理论。

（3）开拓创新方法与三层递进理论。

3. 项目创新发展（1–10）多维驱动引擎理论

（1）深度认知驱动：项目研发十大客观规律。

（2）运作实操驱动：项目运行九大基本原理。

（3）转向战略驱动：跨越发展八大转向战略。

（4）再造整合驱动：企业内部之七大产业链。

（5）结构要素驱动：项目产业六大结构要素。

（6）核心要素驱动：项目核心要素五元结构。

（7）导向融合驱动：项目科学发展之四部曲。

（8）效益倍增驱动：项目跨越发展三驾马车。

（9）创新营销驱动：学术文化两大营销模式。

（10）持续发展驱动：一种产业链工序化系统。

4. 创新认知与模型理论

（1）研究创立“项目大厦”理论与项目认知模型。

（2）独自创立科技型中小企业项目监控预警模型。

（3）独创科技创新产品“专家引导营销法”模型。

（4）研究确立科技项目可行性研究与深度论证的八种核心关键方法及模型。

5. 创立技术和战略两大创新方法库研究提出和技术创新与战略创新两大创新方法库，形成多层异构、开放共享公共服务平台框架，确立 20 个方法集 318 项创新方法具体内容。

（1）技术创新方法库。包括 10 个技术创新方法集，即技术原始创新、集成创新、延展创新、开拓创新 4 个创新原理与方法集，以及技术创新点内涵与外延、创新程度与创新难度诊断、技术含量、技术原理、技术路线、工艺流程 6 个创新认知与表述方法集。

（2）战略创新驱动方法库。包括深度认知、运营实操、转向战略、再造整合、结构要素、核心要素、导向融合、效益倍增、创新营销、百年发展 10 个战略创新驱动方法集。

（三）研究成果

1. 基于生物发酵技术的药物活性成分纯化提取。

2. 主持完成“金药工程”项目设计，项目列入国家工信部中国信息化推进联盟推广计划，项目技术达到国际先进水平。

3. 大健康名优产品保真直销与投资理财一体化电商平台系统。

4. 全球资讯中文化搜索定制与价值挖掘靶向推送系统（已获得发明专利）。

5. 国家省市自助计划与扶持政策搜索定制与靶向推送。

6. 企业潜在客户与竞争友商名录精准搜索；

（四）知识产权成果

1. 发明专利

一种网页搜索与展示的方法，已获得发明专利证书，专利号：2013100610991。

2. 实用新型专利

一种全天候多用途光伏储放热系统及方法，已获得实用新型专利证书，专利号：2016108675659。

3. 实用新型专利

一种多能互补与储热联供的能耗费用最小化系统。

4. 实用新型专利

一种楼房附加立体绿化空间构筑装置。

5. 软件著作权登记

基于云计算和语义搜索的资讯智能采集云服务平台系统，已获得证书，证书号：软著登字第0393866号。

6. 软件著作权登记

企业商务时效信息实时推送云服务平台系统，已获得证书，证书号：软著登字第0955222号。

7. 软件著作权登记

项目决策支持信息自主定向智能捕获系统，已获得证书，证书号：软著登字第BJ32854号。

（五）咨询服务成果

1. 培训科技型企业和机构5万多家。

2. 指导科技型企业申报国家省市科技财政资金10亿元以上。

3. 咨询服务科技型企业130多家，申报国家级科技财政扶持资金近3亿元。

二十八、中国好人——王军章

王军章，男，汉族，中共党员，1981 年出生在河南省宁陵县逻岗镇张花园村，现任宁陵县驻北京流动第一党支部书记、农民工服务站站长、商丘市驻京津冀人才服务中心副主任。作为一名党员，他恪尽职守，始终在思想上与党中央保持高度一致，坚持“在困难面前，我是党员我先上”的原则，用实际行动践行共产党员标准。

(一)他迎难而上勇担当

2014 年的第一天，燕郊公园的冰湖突然里传来急迫的呼喊声，两名在湖面上滑冰的孩子掉进了冰窟窿，水已经没住了孩子的脖子。危急时刻，王军章和同伴站在刺骨的冰水中，双手推开湖面上的浮冰，拉着孩子向河岸靠近。孩子救上岸后，围观的上百名群众一起为他们鼓掌，现场一片欢呼声。共青团商丘市委在了解到王军章救人的事迹后，授予王军章“商丘市见义勇为好青年”荣誉称号，并号召全市广大团员青年向王军章学习。并获得由中央文明办颁发“中国好人”荣誉称号。

(二)他开拓创新为人民

2016 年 10 月王军章被宁陵县总工会聘为驻北京农民工服务站负责人。自服务站成立以来，王军章拓展新的服务渠道、服务内容，强化为农民工提供创新、创业服务，增加更多的服务内容。结合本地区的实际情况，在服务农民工的工作中进行了大胆探索，开拓创新，采取多种方式，为农民解决实际困难。春运期间，为使家乡部分在京务工农民工能免费返乡，过上一个愉快祥和的春节，王军章积极参加组织“一路平安、让爱回家”农民工返乡公益活动。其中 14 名农民工在此次活动中受益。不但让有车免费坐，还为其赠送保险。真正做到彻底服务于农民工。由于农民工回家的时间不统一，春运期间服务站还主动为其部分农民工代抢回家火车票，能让他们早日与家人团聚。

2018 年 9 月 4 日，宁陵县总工会驻北京农民工服务站，接到宁陵籍在京做遮阳棚打工农民工李伟工友范雷振求助，李伟在施工过程中,用切磨机打掉两个手指,住进北京市朝阳区急诊抢救中心,不知下一步如何维权。服务站站长王军章接到求助后,放下手头一切工作,第一时间在服务站约见到范雷振,具体了解情况。其主要原因是在急诊抢救中心,湖南籍包工头,出医疗费用不及时,尚欠医院医疗费用。因涉及经济纠纷和维权,王军章就以服务站的名义联系同样是宁陵籍的北京浩东律师事务所王剑律师和河南信陵律师事务所的谢创明律师,于9月5日下午三点去医院看望李伟并对当前他们担心的问题进行解决。并让李伟放心,我们宁陵总工会驻北京农民工服务站在北京就是他的亲人,让其安心养病,有问题一定想办法帮忙解决。最终,在服务站的干涉下,湖南籍包工头把医疗费用全部给医院结清,并且双方达成和解,也拿到了满意的赔偿。

2019年5月19日,他接到在北京务工的宁陵县农民工刘文红的求助。他的妻子乔爱琴在北京通州区将军坟村工地打工,5月14日与山东籍工友发生矛盾被包工头的弟弟打伤,当时乔爱琴被打后由于缺少维权意识,并没有报警,同时也失去了最佳的维权时机。之后,包工头给了乔爱琴500元钱就不再过问。根据病情,医生建议乔爱琴做深入检查。一听到医生说要深入检查,刘文红夫妇顿时心急如焚。站长王军章了解情况后,随即联系服务站聘请的信陵律师事务所解创明律师,通过法律手段与包工头交涉,几经周折,最后包工头同意先给看病。由于乔爱琴受伤,他们夫妻都无法工作没有收入,日常生活难以维系。5月29日,王军章会同解创明律师、服务站工作人员邵诗文驱车来到通州区将军坟村工地看望刘文红夫妇,并再次跟包工头交涉,维护乔爱琴受伤期间的合法利益。最终,经过仔细解释事情可造成的法律后果和耐心细致地做思想工作,包工头同意立即支付乔爱琴工资,报销医疗费等补偿费用。

事情得到圆满解决后,王军章说。“在北京务工的每一个宁陵籍农民工都是我们服务的对象,我们服务站会尽一切力量维护他们的合法权益,使在京务工的农民工无后顾之忧。”当一个举目无亲的异乡人,遇到困难时候,首先想到的是家,是家人,而王军章在北京担当了这个角色。排忧解难,解决劳务纠纷。成了他日常接触最多,也最为普通的事情。王正军工作虽然很忙,却对公益事业乐此不疲。他说：小时候在农村，一家有事，全村都来帮忙，所以能帮助别人，是本分，是应该的。而作为一名党员，作为宁陵县在京创业党支部书记，更是不能推脱的责任。不忘初心，方得始终。一个党员的初心，就应该是全心全意为人民服务！

（三）他坚定信念做表率

2017 年 3 月，宁陵在京创业人员第一党支部成立，由王军章担任党支部书记。担当起应该担当的责任，就要以身作则，率先垂范。成立一年多来，多次组织各项活动。让大家利用这个大家庭的平台，发挥党员的模范带头作用。在此期间，号召大家捐款捐物，去通州区宏运启智孤独症儿童康复中心，去看望残疾儿童。积极参加由太平庄社区组织的各种志愿服务等。做到了“做一名合格共产党员，必须联系岗位职责，发挥模范作用，正确把握“职业标准”和“党员标准”，既要成为一个“好公民”，更要成为一个“好党员”。

他立足本职，在自己的工作岗位上切实发挥先锋模范作用。几年来，王军章在工作之余积极参加“河南在京志愿者”组织的各种志愿服务——北京奥运会志愿者安保服务、义务献血、为农民工朋友放电影、慰问农民工子弟、帮助孤寡老人……由于志愿服务工作特别突出，2008 年，王军章获得了北京朝阳区委、区政府颁发的“奥运会安保工作”个人突出贡献纪念证书；为表彰“河南在京志愿者”在国庆 60 周年筹备工作中的突出贡献，2009 年，王军章获得了时任北京市委书记刘淇和市长郭金龙签发的荣誉证书；2011 年由中国爱心工程委员会，中国公益事业联合会授予“爱心使者”荣誉称号；2013 年，王军章积极组织为甘肃岷县地震捐款捐物，共青团河南省委为其颁发了特殊贡献荣誉证书。2014 年 4 月，荣获第二届“商丘青年五四奖章”。2016 年，全国雷锋文化联盟授予“雷锋文化推广大使”荣誉称号，现在也是县政协委员和市劳模。在今年的抗洪救灾中，助力新乡灾后重建，积极主动捐助善款，为河南家乡奉献自己的一分力量。这些荣誉的获得就是对王军章一名党员的工作肯定和鞭策。

（四）他严于律己干实事

关爱生态环境、建设美丽城市是广大党组织和党员的共同责任，每一个党组织、每一名共产党员都有责任、有义务通过自身的示范引领,为城市治理奉献智慧、增添力量;为所在城市社区增添活力。宁陵在京创业第一党支部,积极响应党组织号召,主动承担起卫生死角种植绿植项目,组织党支部党员立即召开主题座谈会,各抒己见,献言献策,支部党员主动捐款。我们支部党员就利用自身优势,联系树苗,购置了1 500棵黄杨,联系运输,安排施工。更好地发挥党支部牵头,党员带头的作用,共同努力,以实际行动为美化社区环境贡献一分力量。启动仪式上,朝阳区高碑店地区工委副书记陆闻宇,对支部给予高度赞扬,他说:"搞好绿化美化建设,巩固发展绿化成果,改善生态环境,提高人民生活质量,促进社会主义精神文明建设。"太平庄南社区党委书记陈玉,还号召其它党支部向宁陵党支部学习。并且在绿地处给特意立了一块牌子,上面写着,太平庄南社区非公党支部——宁陵县在京创业第一党支部,紧密围绕社区党委"1+3"工作模式,积极响应"强党建、勇担当、重实效"号召,结合社区热点难点问题,主动对接社区卫生死角环境整治项目,由支部党员出资采购黄杨,绿化美化环境,既消除安全隐患,又根治卫生顽疾,给广大群众营造了舒适的生活工作环境,为美丽社区建设贡献力量。

2019年6月,宁陵在京党支部被北京朝阳区高碑店地区评为优秀党支部。从参与北京社区建设,到在北京成立商丘务工人员党支部。不仅仅是一个个体在发光,而是一个群体。从单纯的帮助开始,到成为城市形象代言,城市沟通连接资源的桥梁,再从桥梁成为辅助投资创业的实体。这个群体不仅代表了商丘宁陵,代表了河南,也是纯朴、善良、奋斗的国人的缩影。在工作中,他顾全大局,在大是大非面前立场坚定,能够严格贯彻党的路线方针政策。时时刻刻处处用党员的标准严格衡量、约束自己的一言一行,率先垂范,不断增强党的观念,加强党性修养。伟大来自平凡,英雄来自人民。平凡的事业,平凡的人生,不平凡的是一颗为事业甘于奉献的心。王军章同志正是以自己对党的无限忠诚,对事业的无比热爱,在平凡的岗位上谱写了一曲曲感人的华章,如今,他仍旧像以往那样,在自己的岗位上搏激着,奉献者,闪光着。他,不愧为一名优秀的共产党员!